기업인들, 권력자들, 정치인들, 상류층들 초대!
龍의 대통령 144,000명의 신인류 재벌 재창조

우주에서 내려온 거대 황룡
龍의 대통령

태상휘 著

龍의 대통령

초판 1쇄 인쇄 2023년 5월 10일
초판 1쇄 발행 2023년 5월 15일

지은이 태상휘(龍의 대통령)
펴낸이 金泰奉
펴낸곳 한솜미디어
등 록 제5-213호

편 집 김태일, 김수정
마케팅 김명준

주 소 (우 05044) 서울시 광진구 아차산로 413(구의동 243-22)
전 화 (02)454-0492(代)
팩 스 (02)454-0493
이메일 hansom@hansom.co.kr
홈페이지 www.hansom.co.kr

ISBN 978-89-5959-576 1(03150)

*책값은 표지에 표시되어 있습니다.
*잘못 만들어진 책은 구입하신 서점에서 친절하게 바꿔드립니다.

*지은이 연락처 _ 龍의 제국 龍의 대통령 태상휘 02)425-3588
  계좌번호 : 우체국 013102-01-010452 용의 제국
  ⓒ 저작권 龍의 제국. 무단 전재 및 재배포 금지.

기업인들, 권력자들, 정치인들, 상류층들 초대!

龍의 대통령

태상휘 著

돈과 권력을 거머쥔 기업인들, 권력자들, 정치인들, 상류층들만 특별 초대한다. 돈과 권력에 엄청난 비밀이 숨겨져 있다. 144,000명이 신인류 재벌 재창조. 억만장자들도 몰랐던 돈의 황제 비밀. 아이큐 100조 누가 되나?

한솜미디어

† 책을 집필하면서

龍(용)의 대통령 저자 태상휘는 기업인들, 권력자들, 정치인들, 상류층을 특별 초대하여, 세상에서 들을 수 없는 엄청난 진실을 밝힐 것이며, 세상 사람들의 부러움을 받고 살아가는 상류층 사람들에게만 앞으로 가야 할 길을 단계별로 출장 자문해 줄 것인데, 제주도와 섬 포함 국내 지역과 전 세계가 대상이다.

더 많은 성공과 더 높은 출세도 중요하지만 더 중요한 것은 돈과 재물, 권력과 명예, 건강과 목숨을 안전하게 오래도록 지키며 지속적인 성장 발전하는 것이 목표일 것이다.

하지만 천기의 흐름을 모르는 여러분은 지킬 수가 없기에 龍의 대황제 龍의 대통령 자문을 반드시 받아야 한다. 수천 년 동안 기다려오던 세기적 모든 예언가들이 말한 예언의 주인공이 거대 황룡 龍의 대통령 인간 세상 출현을 말한다.

龍의 그룹 龍의 제국 대황제 거대 황룡 『龍의 대통령』 책이 지구 행성에서 집필되어 출간하기까지 龍의 눈물은 멈출 줄 모르고 흘러내렸다. 이 한 권의 책을 집필하기 위하여 龍의 피눈물은 바다를 이루고도 남을 만큼 가슴 아픈 분노의 세월이었다.

이 책 내용과 龍의 대통령 인간 육신의 값어치는 금전으로 환산 불가하고, 지구 전체가 다이아몬드 행성이라고 가정할 때, 지구 행성을 몽땅 팔아도 모자랄 정도의 엄청난 값어치라는 걸 알고, 감사한 마음으로 읽어야 거대 황룡 龍의 대황제 龍의 대통령에게 선택받아 뽑혀서 현생과 내생을 보장받는다.

이 책을 읽어보고 감동해서 눈물 흘릴 자들도 많고, 악의 기운으로 세워진 것이 종교(악교)라는 경천동지할 진실 앞에 인간, 영혼, 조상, 신명들 모두 눈앞이 캄캄하고, 일평생 악들에게 속은 것이 너무나 억울하고, 분통 터져서 허탈해 하며 잠 못 이루고 눈물 흘릴 자들도 엄청 많이 나올 것이다.

龍의 그룹 龍의 제국 대황제 거대 황룡 龍의 대통령인 대우주 절대자를 누가 감히 인간 모습으로만 생각하고 있는가? 상황에 따라서 인간 모습으로 자유자재 변신하지만 원래부터 태초 하늘은 공포의 상위 포식자 거대 황룡이란 경천동지할 진실을 지구인들에게 최초로 알린다. 책을 읽고 공감, 감명, 감흥이 전혀 일어나지 않는 사람들은 이제까지 쌓은 귀중한 돈과 재물, 권력과 명예, 건강의 좋은 기운이 모두 거두어지는 불운이 일어난다.

대우주 3,333개 제후국 제후(왕)들은 우주에서도 거대 기업들을 거느리는 재벌 총수들이다. 이들 3,333개 제후국들 중에서 1,800개국 제후들은 더 높은 권력과 더 많은 돈을 벌려고 황위 찬탈 쿠데타를 일으켰다가 멸족되어 사라지는 비운을 맞이하였고, 1,800개 제후국들이 새로 창업되었다.

아이러니하게도 쿠데타로 멸문되어 사라진 1,800개 제후국 제후들과 가족들이 지구로 도망쳤거나 추방되어 내려와서 성공한 자들이 현재의 재벌 총수들과 권력자, 정치인, 상류층 가문들인데, 천상에서 타고난 큰 그릇을 갖고 내려왔다.

천상에서도 돈과 재물을 많이 축적하였는데, 더 높은 권력과 더 많은 돈을 벌기 위해 역모 반란에 가담하였다가 쫓겨나 지구 행성에 내려왔지만 원래부터 타고난 그릇 크기는 변할 수 없다. 그러니까 현재의 재벌 총수들, 권력자들, 정치인들, 상류층들은 천상에서 멸족된 제후국의 제후였거나 제후의 배우자, 자녀, 친인척 관계였으며, 타고난 제후 가문의 혈통 기운은 지구에서도 속일 수가 없기에 크게 성공하고 출세한 것이었다.

그렇다고 멸문된 제후들만 지구에 내려온 것이 아니라 지금도 현존하는 제후국의 제후들과 가족들도 명을 받고 龍의 그룹 '龍의 제국'을 세우겠다고 해서 큰돈의 기운을 내려줘 많은 돈을 벌어 재벌이 되었지만, 이런 진실도 몰라 보고 세상을 떠났고, 현재는 재벌 2세, 3세가 가업을 이어받아 운영하고 있다.

절대자의 명을 받고, 龍의 그룹 龍의 제국을 세우는 데 앞장서기 위해서 대한민국에 태어났던 삼성그룹의 창업주 이병철 제후, LG그룹의 창업주 구인회 제후, 현대그룹의 창업주 정주영 제후, 롯데그룹의 창업주 신격호 제후가 대표적 인물인 데, 당사자들은 龍의 대통령 인간 육신과 태어난 연대가 안 맞아 만나지 못하고 세상을 떠나 사명을 완수하지 못했다.

4명의 제후들은 천추의 원과 한이 되어 천상 복귀를 못했다. 이들의 자녀나 손자 손녀들이 대신 사명을 완수해 주어야 다시 각자들의 제후국으로 돌아갈 수 있다. 총수들은 모두가 떠났기에 4명 창업주들의 사명을 완수해 주어야 하는데, 이런 엄청난 천상의 약속을 받아들일 수 있을는지 그것이 문제이다.

　창업주가 이루지 못하고 떠난 龍의 그룹 '龍의 제국'을 세우는데, 4명의 제후 자녀나 손자 손녀들이라도 天命을 이루어주어야 지구에서의 사명완수가 마무리되고, 원과 한이 풀려서 천상 제후국으로 복귀하여 떳떳하게 사명완수 복명을 할 수 있다.

　이것이 또한 자신들과 가정, 가문, 그룹을 무탈하게 지켜내는 가장 안전한 방법이기도 하다. 사라진 대우그룹, 국제그룹처럼 언제 어느 때 그룹이 무너질지 아무도 모른다.

　4대 그룹 창업주들은 특별히 龍의 그룹 '龍의 제국'을 이 땅에 세우기 위해 자청해서 제후 자리까지 자식들에게 물려주고, 지구에 내려온 선택받은 제후들이었지만 사명완수를 못 하였다.

　대통령, 국무총리, 국회의장, 대법원장, 부총리, 장관, 당대표, 국회의원, 시·도지사, 시·군·구청장 및 의원들도 거대 황룡 절대자로부터 이 나라에 龍의 그룹 '龍의 제국'을 다 함께 세우라고 권력을 쥐어준 것임을 잊지 말아야 한다. 친견 알현비 및 출장 자문 신청 P 371~372, P384 ※ 참조

책을 집필하면서

† 목차

책을 집필하면서 _ 4

제1부 돈과 권력의 기운 분출 _ 11

돈의 기운이 내리는 신체 증상들 _ 12
우주에서 내려온 거대 황룡 龍의 대통령 _ 16
왜 재벌이 되고 권력자가 되었을까? _ 24
돈의 황제는 누구일까? _ 28
기업인들을 번창시키는 천상 프로젝트 _ 32
기업 이름을 龍의 대통령 명부에 올려야 _ 36
상류층들에겐 황금같은 龍書 _ 40
상류층 전용 龍의 제국 _ 44
압도적 전율, 龍의 제국이 세상의 중심 _ 50

제2부 龍의 제국이 돈의 통로 _ 55

무릎 걸음으로 거대 황룡 알현 _ 56
돈과 권력을 천상으로 가져간다? _ 59
돈을 바치면 모든 일이 더 잘된다 _ 63
나쁜 기운 퇴치 국가보물 1호 _ 67
가장 무서운 것은 무엇일까 _ 73
돈을 바치러 지구에 태어나? _ 78
악(惡)의 탄생과 1·2차 역모 반란 _ 83
龍이 사탄일까? 악이 세운 것은? _ 88

제3부 거대 황룡 절대자 _ 93

지구 창조와 龍의 대통령 나이 _ 94
천상의 비밀 龍의 대통령 _ 100
상위 포식자 거대 황룡 절대자 _ 106
우주와 지구는 기운으로 운행 _ 118
이 세상에 태어난 두 가지 이유 _ 122
절대자를 찾으러 지구에 태어났다 _ 126
천상에서 무엇하며 살다가 왔을까? _ 131
천상에서 살아가려면 _ 135
모든 일을 신명들이 주관 _ 141

제4부 외계인의 문명과 환생 _ 143

외계인 모습과 아이큐, 수명, 첨단 문명 _ 144
케라시 별에서 외계인 환생 870살 _ 150
유루쿠 별에서 외계인 환생 390살 _ 178

제5부 14만 4천 신인류 재벌 시대_ 201

돈과 권력, 龍의 대통령 기운받아야 _ 202
144,000명의 재벌 神인류 시대 _ 206
아이큐 100조 신명들과 신인합체 _ 210
천황님께서 정말 계시구나! _ 214
우주 황실과 제후국 정부 조직도 _ 226
천지창조주가 내려주신 하늘의 뜻 _ 236
수백수천 살 장수 비결 _ 249
신비스런 능력자 神人類 _ 253

제6부 사후세계 실상 _ 259

조상을 박대하면 벌받아 _ 260
사후세상 실상 간접 체험 _ 268
수면 시간 10분, 형벌 350억 가지 _ 273
살아서 천상승천을 보장받아야 _ 278
수명장수와 천상 회귀 _ 285
조상들은 어디 가 있을까? _ 293
지구에 무슨 죗값 바치러 태어났나 _ 297
꿈에 본 내 고향은 어디일까? _ 301
지옥은 알몸 상태로 고문 형벌 _ 308
지은 죄는 육신 살아서 빌어야 _ 312

제7부 지구와 인류의 운명 _ 317

전설의 무 대륙 침몰 _ 318
전설의 아틀란티스 대륙 멸망 _ 325
지구의 운명은 어떻게 될까? _ 333
멸종의 시간 말진사 코앞으로 _ 339
미국 허리케인 속수무책 144조 피해 _ 345
흥망성쇠, 길흉화복은 한순간 _ 356
외계인 지구 정복 준비 완료 _ 360
어디로 갈 것인지 정했는가? _ 366
계급(그릇)에 따라 몸값이 달라 _ 370
돈과 재물, 권력과 명예의 주인은? _ 374
모두가 행해야 할 천상의식 _ 378

책을 맺으면서 _ 382

제1부
돈과 권력의 기운 분출

돈의 기운이 내리는 신체 증상들

인류 역사에 처음 등장하는 龍의 대통령 책자는 우주 행성은 물론 지구 행성에서도 처음이기에 내용 자체가 이해하기 어려운 SF급 소설, 공상 영화 내용 같기에 너무 황당하여 이해하고 받아들이기가 어려운 사람들도 있을 것이고, 너무나 신기해서 감탄하며 단숨에 읽고 또 읽는 사람들도 있을 것이다.

지구 행성에 밝혀진 적이 없는 인류 최초의 내용이기에 한 번에 이해하고 받아들일 사람들은 많지 않을 것이기에 진실을 돈의 기운으로 느껴야 한다. 이 책의 내용이 모두 진실이라면 읽으면서 온몸으로 진짜라는 메시지가 돈의 기운으로 내려온다.

책을 읽으면서 가장 쉽게 느껴지는 돈의 기운(신명)은 졸리지도 않은데 하품이 찢어질 정도로 줄줄이 터져 나온다. 온몸 여기저기가 바늘로 쿡 찌를 때처럼 앗~! 따가워할 정도의 비명이 저절로 터져 나올 정도의 통증 기운을 느낀다.

머리에 뭔가 스멀스멀 기어 다니는 느낌의 기운을 받는다. 전기에 감전된 듯 온몸 여기저기가 찌릿찌릿거리는 기운을 느낀다. 눈꺼풀이 떨리거나 손과 발, 엉덩이, 무릎 등 온몸에 덜덜

떨릴 정도의 강렬한 진동이 느껴진다. 하염 없이 눈물이 흐르거나 대성통곡할 정도로 가슴이 울컥하며 꺼이꺼이 북받쳐 오르는 기운을 느낀다. 간혹 아무 반응이 없는 사람도 있다.

책 내용에 공감하여 너무 좋아서 드디어 진짜를 찾았다고 환희하며 탄성을 지르고 박수치며 만세를 외치는 기운을 느낀다. 평상시와 다르게 아주 생생한 선몽의 꿈을 꾸거나 뭔가 모르게 저절로 신명이 나서 흥얼거리며 즐거워하는 기운을 느끼는데 사람마다 감흥이 일어나는 것도 다르고 느끼는 기운도 다르다.

이런 증상은 절대자 龍의 황제, 돈의 황제, 龍의 대통령이 내려주는 기운과 자신의 생령(영혼), 조상(사령), 신명들이 책 내용에 공감하기에 기운으로 느끼게 해주는 것으로 말이나 글은 얼마든지 현혹하고 속일 수 있지만 각자 자신들이 느끼는 기운은 아무도 속일 수 없기에 진실임을 알려주는 것이다.

기업인들, 권력자들, 정치인들, 상류층들은 종교를 다니며 영적 수준이 아무리 높다 하여도 처음 들어보는 내용들이 너무나 많아서 소설 아니냐, 꾸며낸 것 아니냐 하는 사람들도 많을 것인데, 단 한 줄이라도 거짓 내용이 없고 모두가 사실이다.

전 세계 최고 영적 존재라고 하여도 龍의 대통령을 능가할 수 없을뿐더러, 감히 비교조차도 못 한다. 부정적인 생각이 들면 반대파 악신들이 들어와서 하는 말이니 무시해야 한다. 혹, 이 책의 내용을 종교인들에게 확인하려고 물어볼 수 있다.

이것은 아주 어리석은 일이고, 절대 금기 사항이다. 감히 절대자 龍의 대통령을 믿지 못하고 종교인들의 말을 더 신뢰하겠다는 자들은 아예 친견 알현 자체를 사절한다. 종교인의 말을 참고한다는 것은 반대파 악들에게 조롱거림밖에 안 된다.

종교인 또는 다른 어떤 누군가에게 이 책 내용을 물어보면 처음 듣는 말이기에 당연히 소설, 거짓, 가짜라고 매도 할 것이니 종교인, 가족, 형제, 애인, 동료, 지인들에게 확인해서 진위 여부를 판단하려고 자문을 구하면 절대로 안 된다.

이 세상에서 감히 절대자 龍의 대통령 글 내용을 해석할 수 있는 자는 지구 행성이나 우주 행성에도 존재하지 않기에 본인들이 공감하면 혼자 방문하던가 출장 신청을 하면 된다.

그리고 친견 알현할 때는 당사자 본인만 참석해야지 부모, 부부, 자식, 형제, 가족이나 지인을 동석시키는 것은 일절 불가하다. 왜냐하면 이곳은 악들이 세우는 종교가 아니라 절대자 龍의 대통령이 세우는 신인류 龍의 그룹 龍의 제국이기 때문이다.

가족들 몸 안에 있는 악들이 결사적으로 사이비라고 반대하며 속아 넘어가지 말라고 방해하기에 책을 읽을 때부터 비밀로 해야지 가족들에게 이런 책이 있다고 자랑하며 발설하면 산통 다 깨지고 싸움나고 오히려 죄를 짓게 된다.

육신적으로야 가족이고 부부, 자식, 형제이지 영적으로는 완전 남남이거나 원수지간에 복수하기 위해서 만난 사람들이 많기에 질투 시샘하고 집안싸움으로 번져서 감당이 안 되어 풍비박산 나는 경우가 엄청 많기에 절대 비밀이다.

친견 알현은 물론 의식을 행할 때도 초행길이라고 누구를 동행해서 오면 안 되고, 만약 동행자가 있으면 친견 알현, 의식 자체를 거부한다. 시기 질투하는 귀신들과 악들의 방해는 상상을 초월할 정도로 결사적이기에 무조건 비밀이다.

부부 금슬이 아무리 좋아도 친견 알현, 의식에 동참시키는 것은 절대 불가하고 자식들을 동행하는 것도 불가하다. 멋모르고 부부가 함께 동행하면 싸움나서 반드시 이혼한다. 지금까지 동행한 자들 중에서 인연이 맺어진 자들은 단 한 명도 없었다.

친견 알현, 의식 자체 내용도 절대 누군가에게 발설하면 부정타서 아픔과 슬픔, 고통스런 일이 터진다. 부부 동행, 가족 동행, 지인 동행에 대한 무수한 사례가 있기에 여러분을 지켜주려고 미리 말해 주는 것이지 다른 의도는 전혀 없다.

龍의 그룹 龍의 제국, 거대 황룡 절대자 龍의 대통령이 직접 행하는 친견 알현과 의식은 천기누설이기에 절대로 외부에 발설하면 안 된다. 출장 자문을 요청하더라도 당사자 본인만 대화가 가능하고 조용한 장소라야지 누군가 주의에서 서성거리며 엿듣거나 주위가 산만하면 안 된다.

우주에서 내려온 거대 황룡 龍의 대통령

龍의 대통령 인간 육신은 우주에서 내려 왔고, 천상신명, 龍들, 저승사자들을 다스리는 모든 천상·지상·지옥 신명들의 주군(主君)으로 龍의 황제(거대 황룡) 절대자 龍의 대통령이다.

그러기에 여러분 인간, 영혼, 신명, 조상들의 모든 소원을 이루어줄 수 있는 우주의 북극성, 오경명성, 북두칠성, 동두칠성, 남두칠성, 서두칠성의 모든 기운을 갖고 태어난 우주와 지구에서 전무후무한 1인자 龍의 대통령이다.

龍의 대통령을 친견 알현하는 것은 최하 수천억에서 수백조의 값어치가 있는 일이고, 지구에서 유일하게 선택받는 행운아, 천운아가 되는 지름길이다. 인간, 영혼, 신명, 조상들이 원하고 바라는 우주의 모든 좋은 기운을 내려주는 도통자 龍의 대통령이지만 점이나 사주를 보거나 굿을 하지는 않는다.

점이나 사주를 보거나 굿, 기도를 하지 이유는 천통자, 신통자, 영통자, 의통자, 도통자로, 천권과 천력, 신권과 신력, 영력과 영권, 의권과 의력, 도권과 도력, 龍권과 龍력을 두루 겸비한 대우주 전체를 다스리는 龍의 황제, 龍의 대통령으로 말하는 대로 기운이 내리기에 점과 사주, 굿, 기도를 할 필요가 없다.

 여러분들이 원하고 바라는 수많은 소원과 대원이 우주의 모든 기운에 의해서 현실로 속속 이루어지기 때문에 굳이 점이나 사주를 보거나 굿과 기도를 하지 않아도 된다. 龍의 대통령이 말하는 대로 모든 소원들이 현실로 이루어지는 지구 행성이 창조되고 인류 역사가 시작된 이후 불가능이 없는 전무후무한 신비의 대능력을 갖고 있기 때문이다.

 龍의 대통령 인간 육신은 외형상으로는 여러분처럼 인간의 모습을 하고 있으나, 대우주의 모든 행성들과 외계 행성인들은 물론 천상·지상·지옥 신명들 직접 다스리고 통치하는 상위 포식자 거대 황룡 龍의 황제로서 모든 기운의 주인이다.

 하늘은 스스로 돕는 자를 돕는 것처럼, 성공하여 잘된 자들을 더 잘되게 해주고, 출세한 자들을 더 크게 출세시켜 주는 기회를 주고자 한다. 이 나라의 상류층과 초상류층을 더 크게 성공하고 출세시켜 주는 천상지상 공무를 본격적으로 집행한다.

 대그룹 기업인들, 중소기업, 권력자들, 공직자들, 정치인들 중에서 각 분야 세계 1인자가 되고자 욕망을 불태우는 인재들을 더 크게 성공 발전시켜 주고자 한다. 龍의 대통령은 우주의 그레이엄 수 행성들과 지구, 태양, 달은 물론 무량대수의 별들을 기운으로 다스리기에 못 할 것이 없다.

여러분들은 욕망이 불타오르지만 저마다 타고난 돈과 권력의 기운(신명)을 담는 그릇이 작아서 계속 차고 넘치기에 마음먹은 대로 발전을 못 하고 제자리에서 맴돌고 있다.

기국론은 사람의 재능이나 도량을 일컫기도 하는데 龍의 대통령이 말하는 기국론은 기운(신명)을 담을 수 있는 그릇의 크기를 말한다. 기운은 물질처럼 보이지는 않지만 특·대·중·소의 크기가 있는데, 이해하기 쉽게 물질로 비유를 들어본다.

가수, 탤런트, 프로선수, 변호사, 기업인, 권력자들도 등급에 값이 매겨져 있으므로 등급에 따라서 돈의 액수가 달라진다. 가수라 해서 다 같은 가수가 아니라는 뜻이다. 유명 가수는 한 번 출연하는데 몇천 만 원이지만 무명 가수들은 몇십 만 원에 불과한 것처럼 모든 것에는 등급이란 것이 있다.

미국의 억만 장자 워런 버핏은 밥 한 끼 먹는데 40억이라 일반인들은 엄두도 못 내지만, 워런 버핏을 만나면 그만이 가지고 있는 어떤 노하우를 얻기에 40억의 돈이 아깝지 않기에 선뜻 거금을 내고 만나는 것이지만 龍의 대통령은 환산 불가이다.

그렇듯이 龍의 대통령 인간 육신을 만나는 것은 금전으로 환산할 수 없는 엄청난 값어치가 있다. 이 나라의 재벌 총수, 대통령이나 전 세계의 대통령, 국왕, 황제, 교황, 일본 천황을 만나는 것보다 더 값진 일이란 걸 알게 된다. 즉 지구상의 최고 권력자들과 만나는 것보다 더 실리적이고 대영광이다.

龍의 대통령을 만나면 절대 후회하지 않는다. 그렇기에 속는 셈 치고라도 친견 알현해야 한다. 속을지라도 龍의 대통령을 한번은 꼭 만나야 죽어서도 후회하지 않는다. 안 만나보고 후회하느니 만나보고 후회하는 게 이로울 것이다.

왜냐하면 현생과 내생까지 운명이 이어져 있고 운명을 바꿀 수 있는 주인이기 때문이다. 어차피 인간 육신이 죽으면 여러분들의 현재는 물론 사후세계 운명에 대한 모든 흥망성쇠 ,길흉화복이 龍의 대통령 기운에 의해서 바뀌기 때문이다.

기운(신명) 담을 그릇 크기를 물 담을 용기로 비유하자면 용기 1리터, 2리터, 3리터… 2,000리터(10드럼)짜리 용기 그릇이 있다고 할 때 용기 그릇 크기만큼만 물을 담을 수 있다는 것은 다 알고 있는 사실이다. 1리터 용기에 10리터, 100리터, 2,000리터의 물을 쏟아부을 수는 있지만 아무리 부어본들 결국 남는 것은 1리터밖에 없다.

이처럼 많은 물을 채우고 싶은 만큼의 커다란 용기 그릇으로 바꾸어야 가능하다. 물을 돈과 권력으로 비교했을 때 돈과 권력의 이치가 이와 같기 때문에 재벌이나 권력자들은 그릇 자체를 크게 바꾸어야 설정한 목표에 도달할 수 있다.

기운(신명)은 눈에 보이지 않기 때문에 어떻게 받아야 하는지 사람들은 모르기에 기도라는 것을 많이 한다. 사람은 기운을 받을 수 없고, 몸 안에 천상신명을 하강시켜서 신명들로 하여금 기운을 받도록 해야 한다.

여러분들은 기운을 어떻게 받을 것인가? 기운(신명)이란 자체가 공기처럼 무형·무색·무취이기에 눈에는 보이지도 들리지도 않는다. 여러분은 마음이 있지만 그 마음이 자신의 눈에도 보이지 않는 것처럼 기운이란 것도 사람들의 눈에는 보이지 않지만 실시간 초단위로 존재한다.

천상신명들을 하강시켜 반신반인이 되는 신인합체 의식이 있는데, 우주 행성과 지구 행성을 통틀어 龍의 대통령 한 명만이 해줄 수 있는 고유 영역이자 고유 권한이다. 천상의 우주 황실에는 크고 작은 신명들이 어마어마하게 많이 있는데, 자신들이 원하고 바라는 그릇 크기에 따라서 등급별로 하강한다.

그런데 기운(신명)은 여러분의 속마음, 생각, 말과 글, 행동 등 일거수일투족을 실시간으로 모두 지켜보고 있다는 것을 알아야 한다. 눈에 안 보이니까 함부로 남을 비난, 험담, 욕설하면 기운(신명)은 즉시 아군에서 적군으로 돌변하고 꺾인다.

기운(신명)을 아군으로 만들 것인지 적군으로 만들 것인지 각자 자유이다. 여러분의 모든 일거수일투족을 실시간 감찰하고 있기에 마음가짐부터 조심해야 하고 생각 조심, 말조심, 글조심, 행동 조심해야 자신의 기운이 깨지지 않는다.

기운이 신명이란 것을 아무도 모르고 있다. 왜냐하면 신명이라 하면 대부분 무속으로 치부하기 때문이다. 여러분이 숨쉬는 것도, 말하고 글 쓰는 것도, 움직이는 것도 신명들의 기운이 없으면 모두가 멈추게 된다.

신명이라 하니까 종교나 무속에서 말하는 동일한 신명으로 생각하고 받아들일 것인데, 대우주 절대자 거대 황룡 龍의 대통령이 말하는 천상신명은 차원이 다르다.

왜 다른가 하면 지구에서 활동하고 있는 신명들이란 존재가 대우주 연방제국에서 죄를 짓고 도망치거나 쫓겨 내려온 역천자 죄인(악, 악마, 악령, 악신, 사탄, 마귀, 요괴, 잡신)들이기 때문에 하늘과 땅으로 차원 자체가 다르다. 신명은 신명이되 다 같은 신명이 아니라 한쪽은 선신, 한쪽은 악신이다.

그들도 한때는 천상에서 고급 신명들이었지만 역천자 죄인들이기에 지구 행성에 내려온 것이고, 이들은 다시는 천상으로 오르지 못하는 불행한 죄인들인데, 지금까지 이들이 인류를 구원해 준다고 지구를 온갖 종교백화점으로 만들어놓았다.

악들이 지구 행성에 세운 종교를 통해서는 인간의 소원을 이루었다고 할 수 있을지 몰라도 영원하지는 않고 일시적인 찻잔 속의 작은 성공이고, 사후를 보장받지 못한다. 영원이란 지구에서 뿐만이 아니라 천상까지 이어져야 영원하다는 말이 된다.

크게 될 듯하다가도 계속 엎어지고 뒤집어지는 것은 기운의 용량 그릇이 다 찼다는 뜻이다. 성공했어도 지키지 못하는 이유가 기운의 업그레이드를 정기적으로 받지 못해서 성공과 출세가 지속적으로 이어지지 못한다. 기운이 없으면 성장이 멈추기 때문에 정해진 틀 안에서 계속 헤매며 맴돌게 된다.

龍의 황제, 龍의 대통령은 천상 · 지상 · 지옥 신명들을 다스리기에 인간, 영혼, 신명, 조상들이 애타게 기다리는 귀한 존재이고, 우주의 모든 기운이 담긴 거대한 우주 탱크에 기운받는 호수를 연결하면 인생사에 불상사가 모두 막아지고, 추진하던 일들이 일사천리로 뻥 뚫리게 된다.

우주의 기운(龍의 황제) 탱크에 연결해 주는 존재가 바로 龍의 대통령 인간 육신이다. 그래서 기운적으로는 우주와 지구에서 불가능이 없다는 뜻이고, 온갖 불행들이 막아진다.

기운에 따라서 흥망성쇠, 길흉회복이 반복되고 있는데, 좋은 인연, 좋은 사람을 만나는 것도, 나쁜 인연, 나쁜 사람을 만나는 것도 우주(龍의 황제, 龍의 대통령)의 기운에 의해서 이루어지는데, 사람들은 답답하고 인생과 사업이 안 풀리니까 운세를 보고 사주풀이, 점을 보며 기도하지만 龍의 대통령을 만나서 자문을 받으면 기운으로 보호받고, 운기가 실시간 분출하기에 운세, 사주, 굿, 기도가 무용지물이 된다.

그릇을 크게 타고나 기업을 운영하고 있지만 성장 발전 못 하는 기업들은 龍의 대통령에게 자문을 받으면 돌파구가 생기고 성장 발전한다. 모든 기운을 다스리고 체험 사례들이 무궁무진하다. 기운은 돈이기에 돈을 크게 바치면 바칠수록 더 큰 기운을 받게 되는데, 돈이 신명(기운)이기 때문이다.

그래서 기운을 이 나라, 이 세상에서 어느 정도 성공 출세한 자들 중에서 금전에 구애 안 받는 사람들 위주로만 친견, 알현하고 자문에 응한다. 정치, 경제, 사회, 인간, 생령(영혼), 신명, 조상들 문제 모두를 자문하고 해결해 준다.

성공 출세한 사람들은 마음 조심, 생각 조심, 말조심, 글 조심 하여라. 기운이 실시간 끊어지기에 바뀌고 망하는 지름길이다. 남을 함부로 욕하지 마라. 그런가보다 하고 지나쳐라. 특히 절대자 거대 황룡 龍의 대통령에게 비난 험담 욕설하면 본인, 가정, 가문, 기업에 내려졌던 좋은 기운이 끊어지고 본인과 가족에게 불행이 찾아가니 절대 금기 사항이다.

국가 경제, 세계 경제를 살릴 수 있는 우주의 거대 기운을 龍의 황제, 龍의 대통령이 갖고 있다. 기운으로 국내와 세계 경제를 살릴 수 있다. 그러니 기업들 중에 세계 제일이 되고자 하는 욕망을 가진 기업인들은 龍의 대통령 자문을 받으면 기업 발전에 터보 엔진을 단 것과 같아진다.

기업에 사건 사고 재난이 끊이지 않는 기업들과 개인들은 龍의 대통령을 친견해서 해법을 찾아 행하면 된다. 자문을 원하는 사람들은 신청하면 전국, 세계 출장도 가능하다.

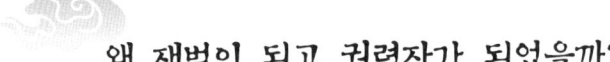
왜 재벌이 되고 권력자가 되었을까?

　제후였던 4대 그룹 창업주들은 세상을 떠났고, 현재의 재벌 2세, 3세들은 조상 잘 만나서 호의호식하고 있다며 조상들에게 공을 돌리고 있을 것이다. 재벌이 된 이유는 '龍의 제국'을 세우는 데 쓰라고 절대자 거대 황룡 龍의 대통령 기운으로 거대한 돈과 재물을 벌게 해준 것인데, 이런 진실을 알 턱이 없다.

　이 나라는 물론 세계를 이끌어가는 재벌, 권력자, 정치인들은 절대자 龍의 황제와 함께 4조 7,500억 년 전 초창기에 우주 정부를 세우는 데, 동참한 개국 공신들이라 등급에 따라 서열별로 3,333개 제후국 제후로 임명해서 권문세도 가문이 되었다.

　절대자 기운을 그만큼 많이 받았기에 대우주 연방제국의 제후가 되었고, 거대 그룹도 경영하였다. 이들 제후들은 건국 공신이기에 대우주 연방제국 황실정부의 대신(장관) 자리를 겸직하는 경우가 보편적이고, 가문의 성씨와 이름도 하사하였다.

　그런데 대우주든 지상이든 돈과 재물, 권력과 명예에 대한 욕망은 본능적이기에 더 많은 돈과 더 높은 권력과 명성을 얻고자 서열 싸움이 치열하여, 급기야 쿠데타를 일으켜서 제후국 가문이 멸문당하였고, 추포된 추종자들과 식솔들이 대우주 연방제국의 감옥인 천옥도에 지금까지도 수감되어 있다.

쿠데타 실패로 대우주 연방제국 밖 다른 우주 행성으로 분산되어 도망쳤거나 추방되었는데, 지구로 내려온 쿠데타군들이 가장 많았고, 그것이 현재의 인류 모습들이다.

그레이엄 수에 달하는 우주 행성들과 행성인들, 지구의 모든 인류와 천지만생만물이 절대자(거대 황룡)에 의하여 창조되었다는 경천동지할 진실 앞에 고개 숙여야 한다.

다시 말하자면 수많은 우주 행성(별)들과 지구 행성은 물론 만물의 영장인 인간, 생사령(영혼), 축생, 길짐승, 날짐승, 곤충, 벌레, 산천초목까지도 절대자 거대 황룡이 창조한 피조물이란 위대한 진실을 세상 사람들에게 인류 최초로 알린다.

재벌이나 권력자가 된 것은 龍의 기운을 남들보다 더 크고 많이 받았기 때문이다. 첨단 문명사회를 살아가는 지식인들은 이런 진실을 받아들이기 어렵겠지만 지구의 문명은 대우주 연방제국에 비하면 가장 미개하고 낙후된 행성에 속한다.

지구에 수시로 출몰하는 외계인들의 문명은 지구보다 수만 년이나 앞서 있고, 아이큐는 185~41,000이고, 평균 수명은 114~4,500살이라 인간들과는 비교 자체가 안 된다. 최첨단 고도 문명을 자랑하는데, 지구인들은 따라갈 수가 없다.

절대자는 거대 황룡이면서 그레이엄 수에 달하는 우주 행성들과 행성인들, 여러분 인류와 만생만물을 창조하였으며, 인간의 모습과 龍의 모습으로 자유롭게 변신할 수 있다.

그래서 여러분 독자들의 영과 육의 부모는 절대자 거대 황룡인데, 쿠데타를 일으켜서 죄인의 신분이 되어 감옥별 지구에서 대우주 연방제국의 제후국으로 다시 돌아가기 위하여 죄 사면 권자인 절대자 龍의 대통령을 애타게 기다리고 있다.

거대 황룡 절대자로부터 龍의 기운을 얼마나 받고 태어났는가에 따라서 우주에서든 지구에서든 龍의 그릇 크기만큼 돈과 재물, 권력과 명예에 대한 신분과 서열이 정해진다.

원인 없는 결과는 없듯이 타고난 그릇과 성품은 고쳐지기 어렵고, 지금 지구 행성에 태어난 것은 절대자로부터 받은 사명인 龍의 제국을 세우기 위함과 죄를 빌어 천상제후국으로 돌아가기 위함인 것이지, 인간세상에서 잠시 잠깐 잘 먹고 잘살다 떠나는 것이 아니라는 고차원적인 진실을 전한다.

기약 없는 이 세상을 살아가는 것도 잠시 잠깐이다. 이 책을 읽어보는 기업인, 권력자, 정치인들은 지구에 태어나서 가장 큰 행운아이고, 최후의 승리자, 성공자가 될 사람들이다.

지구에서 가장 성공한 재벌과 가장 성공한 통치자는 한 명도 없다. 왕, 대통령, 재벌들은 육신적 성공인 돈과 재물, 권력과 명예는 얻었을지라도, 절대자가 내린 사명을 완수하고 떠난 자들이 하나도 없기 때문에 모두가 실패자들이다.

육신적인 성공도 중요하지만, 영적인 성공을 이루고 떠나는 자가 최후의 성공자이자 승리자이다. 육신적인 성공과 승리는 영원하지 않고 몇십 년에 지나지 않으며, 풀잎 끝에 맺힌 이슬처럼 일장춘몽에 불과하기에 허상과도 같다.

수명을 다하여 노화되어 떠나든, 어느 날 갑자기 눈을 감게 되면 태산 같은 돈과 재물, 권력과 명예는 신기루처럼 사라지고 남는 것은 허탈함뿐이다. 눈에 보이는 지구에서의 삶만 존재하는 것이 아닌 육신이 죽으면 영들의 삶을 이어가야 한다.

몇십 년 살다 가는 짧은 인생인데, 절대자가 내린 각자들마다 사명이 있지만 그것을 알려주는 지도자가 없다. 그리고 절대자를 만나서 각자들이 태어난 사명이 무엇인지 알고 살아가는 것이 부귀를 오래도록 누리고 지키는 지름길이다.

태산 같은 돈과 재물, 나는 새도 떨어뜨린다는 무소불위의 권력도 절대자 거대 황룡 龍의 기운으로 걷히거나 끊어지면 그룹이 파산하여 가문이 무너지거나 끈 떨어진 갓처럼 권력과 명예를 잃고 처량하고 비참한 신세가 된다.

성공과 출세, 돈과 재물, 권력과 명예, 수명장수는 우주의 절대자 龍의 황제, 龍의 대통령을 통해 받아야 한다.

돈의 황제는 누구일까?

시골이나 산속에서는 돈이 없어도 자연에서 채취한 약초, 산나물, 열매, 농사를 지어 생활할 수 있지만, 도시 생활에서는 돈이 없으면 하루도 살아가기 어려운 세상이기에 돈이 제2의 생명과도 같은 귀한 존재이기에 목숨 걸고 돈을 번다.

돈을 벌기 위하여 열심히 사는 사람들, 도둑질하는 사람들, 사기 치는 사람들, 강도·살인을 서슴지 않는 사람들, 전쟁을 일으켜 주변국을 통째로 집어삼키려는 인간들의 본능적 욕망이 매일같이 홍수를 이루고 있다.

돈이 있어야 일상 생활을 할 수 있고 비싼 집, 외제차를 타고 다니면서 유흥으로 쾌락을 즐기며, 최첨단 문화시설을 마음대로 누린다. 더 많은 돈을 벌기 위하여 기업을 창업하고, 더 높은 권력을 거머쥐기 위해서도 많은 돈을 벌어야 한다.

모두가 더 많이 갖기를 원하는 돈과 더 높은 권력의 생리는 본능적 욕망이기에 대우주 연방제국이든, 지구에서든 돈과 권력 싸움이 치열하고, 서로가 더 많은 돈과 더 높은 권력을 갖기 원하지만, 자신들이 원하고 바라는 대로 이루어지지 않는다.

우주와 지구, 인류, 천지만생만물의 소유권자는 태초부터 창조한 절대자이고, 언젠가 때가 되면 龍의 제국을 이 나라에 세우는 데 쓰라고 남들보다 더 많은 돈과 권력을 내려주었다.

대우주의 절대 통치권자는 거대 황룡 龍의 황제인데, 우주와 지구의 돈과 재물을 관장하는 역할을 3남 2녀 중 셋째 아들에게 돈의 황제인 경제 총사령관 자리에 임명하였다.

절대자로부터 명을 받아 돈의 황제가 되었기에 우주와 이 나라와 세계 경제를 기운으로 실시간 좌우하고 있다는 난생처음 들어보는 경천동지할 이야기라서 모두가 어리둥절할 것이다.

독자들의 눈에는 상상의 영물로 전해지는 龍들의 모습이 보이지 않아 그림으로만 알고 있는데 실제로 존재하고 있고, 지구에서 신들이라고 부르는 존재가 바로 龍들이다.

절대자 거대 황룡이 영물로 부리는 신들은 龍들 이외에 흑호, 백호, 재규어, 까마귀, 검은 사자, 검은 늑대 등 다양하고, 인간의 형상을 가진 신들도 많다.

이 영물들은 반인반수(얼굴은 사람, 몸체는 동물 혹은 얼굴은 동물 형상이고 몸체는 사람)의 형상들을 하고 있지만, 인간 모습으로 변신이 자유롭고, 매일 수시로 수많은 대화를 나누고 있는데, 사람들의 마음과 생각, 말과 글을 실시간으로 모두 지켜보고 듣는 신비스럽고 대단한 신명들이다.

인간들의 속마음을 모두 알고 있을 뿐만 아니라 독자들이 수만 년, 수십억 년 전에 대우주 연방제국에서 살았던 기록과 지구에 내려온 사연까지 상세히 알고 있기에 속일 수가 없다.

천상의 삶을 담은 천생록, 전생의 윤회 과정을 담은 전생록, 현생의 삶을 담은 현생록까지 비디오 영상과 글 자막을 기록문서로 갖고 있기에, 지구는 구원받을 인류의 시험장이다.

각자 마음의 상태에 따라서 수시로 기운이 실시간 바뀌기에 마음 조심, 생각 조심해야 하고, 자신들이 우주와 지구에서 지은 모든 죄상들이 낱낱이 기록되고 있다.

이 세상을 떠나기 전에 자신들이 지은 죄업을 죄 사면권자 龍의 대통령에게 빌고, 권력을 내려준 절대자 거대 황룡, 돈을 내려준 돈의 황제에게 근본도리를 다하고 은혜를 갚아야 한다. 그것이 이 나라에 龍의 제국을 세우는 데 동참하는 일이다.

거대 황룡 절대자 龍의 황제, 돈의 황제, 龍의 대통령이다. 그래서 돈과 권력의 원초적인 주인이고, 우주와 지구의 실질적인 주인이기에 기업인들과 권력자들, 정치인들, 상류층들의 미래를 도와줄 수 있는 龍의 대통령이다.

龍의 대통령인 저자는 이 나라의 크고 작은 기업인들 모두와 권력자, 정치인들과 함께 세상을 살리는 대업을 이루고자 책을 집필한다. 인간들의 능력으로 해결하지 못하는 일들을 절대자

기운으로 모두 이루게 해줄 수 있으니, 함께하자는 취지이다.

그것이 기업인들과 권력자들, 정치인들, 상류층들에게 절대자 거대 황룡, 돈의 황제가 내려준 사명을 완수하는 길이다. 더 많은 돈과 더 높은 권력을 얻고, 더 오래 지키고 누리려거든 龍의 황제, 돈의 황제, 龍의 대통령과 함께해야 한다.

우주의 주인, 지구의 주인, 인류의 주인이기에 재벌과 권력자, 정치인들, 상류층들에게는 절대적 감사의 생명줄이다. 이 책을 읽는 독자들은 지금 소설을 읽고 있는 것인가 하며 의아하게 생각하겠지만, 여러분의 흥망을 좌우하는 대우주 절대자 龍의 황제, 돈의 황제, 龍의 대통령이기에 선택받은 것이다.

돈과 권력의 흥망성쇠는 절대자(거대 황룡)와 돈의 황제 기운으로 좌우되고, 앞으로 남은 인생도 龍과 돈의 주인, 龍의 대통령에 의해서 미래 세상의 흥망성쇠가 요동치듯 바뀐다.

현재 인류의 상식으로는 이해하지 못하는 신비스런 세계가 절대자(거대 황룡)의 신하들인 龍(신명)들의 세계이다. 마음으로 우주의 기운을 받는 고차원의 영적 세계가 신명세계이다.

사람들이 좋아하는 정기, 기운이란 것이 바로 천상신명과 龍들인데, 이것을 신명이라 말하면 무속으로 생각하지만, 세상을 움직이는 모든 기의 원동력이 우주의 절대자 龍의 황제로부터 분출되고, 지구의 과학 문명 역시 우주에서 내려왔다.

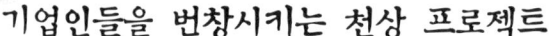
기업인들을 번창시키는 천상 프로젝트

대한민국을 살리기 위하여 기업인들과 권력자, 정치인들만 전국 각 지역에 출장 가서 자문을 해줄 것이기에 출장비와 자문료는 그룹 규모에 따라 차등이 있다. 그룹 총수와 1차적인 친견 자문이 끝난 후 기업을 발전시키기 위한 임원급만 참석하는 단체 강연회도 신청하면 가능하다.

오호통재라~ 이제 코 앞으로 다가온 본격적인 인류 심판으로 대재앙이 일어났을 때 천곡지곡 곡성상접 말세를 어찌 피해 갈 수 있을 것인가? 세계적인 경제 위기와 대재앙을 어떻게 대처할 것이며 어떤 계획을 세우고 있는지 묻고 싶다.

나는 구원자이자 심판자이고. 1차 구원과 2차 구원이 있는데, 1차 구원은 일반인들 대상이었지만 끝났고, 2차 구원은 경제적으로 능력이 있어 돈에 구애받지 않고 살아가는 기업인들, 부자들, 권력자, 정치인들에게만 해당된다.

우선 순위 1차는 5대 그룹, 2차는 10대 그룹, 3차는 30대 그룹, 4차는 100대 그룹, 5차는 1,000~3,333대 그룹까지 집중적으로 관리하여 龍의 황제와 돈의 황제 기운을 내려주어 전 세계 경제를 돈으로 지배하게 만들어 이 나라를 전 세계 최고의 경제대국으로 부흥 번창시켜 줄 계획이다.

일반인들이 아닌 기업인들을 더 잘되게 구해 주는 것은 여러분 자신과 가정, 기업은 물론 나라 경제를 살려내서 전 세계 최고로 잘사는 경제대국으로 만들어 천상에서 지은 죗값을 더 많이 바치고, 龍의 제국을 세우기 위한 사명완수이다.

이 책 내용을 읽고 반신반의하며 종교인이나 다른 어떤 누군가와 의논한다면 악들의 방해로 선택받지 못한다. 천기누설이기에 혼자 알고 혼자 판단해야 한다. 특히나 종교인들에게 말하면 그들은 악들의 기운이 가득 차 있기에 산통이 깨진다.

악들은 여러분이 龍의 대통령을 만나 더 잘되는 것을 방해하고 지상에서 사명을 완수하고 대우주 연방제국으로 돌아가는 것을 결사 반대하는 악의 수하들이기 때문이니 최대한 이런 문제에 대해서는 비밀에 붙이고 절대로 다른 사람들과 어떻게 해야 하는지 의논하면 기운이 끊어져 만날 수가 없다.

龍의 대통령은 지구 행성에서 대우주 절대 통치권자인 龍의 황제(거대 황룡), 돈의 황제 기운이 분출되는 통로이자 유일무이한 존재이다. 인류가 원하고 바라는 모든 것을 이루어줄 수 있는 대능력을 갖고 있는 미래에서 온 희망의 전령사이다.

하늘과 땅을 움직이는 龍의 대통령이다. 인류의 현재 운명과 죽음 이후 사후세계 운명이 龍의 대통령에게 달려 있다면 믿을 사람들이 없을 것인데, 죽어서야 인정할 것이다.

기업이 잘되는 비결은 누가 더 많이 대우주 절대 통치권자인 龍의 황제(거대 황룡), 돈의 황제, 龍의 대통령 기운을 더 많이, 더 크게 받는가에 따라서 운명이 좌우된다.

돈은 기운이고, 기운은 신명이고, 신명은 龍들인데, 龍의 황제, 돈의 황제가 내리는 명을 받들어 공무수행한다. 龍들이 신명이라고 말해 주었는데, 기업인들이 안고 있는 모든 문제점의 해법을 알고 있고, 일거수일투족이 실시간 촬영되어 대우주 연방제국으로 전송되고 있다는 무서운 사실을 알아야 한다.

그러므로 龍의 대통령과 함께하면 기업인들의 운명이 어떻게 바뀔까? 말 그대로 천지개벽이 현실로 일어난다. 지구에서는 龍의 대통령 만날 기회가 있지만 천상의 대우주 연방제국에 올라가서도 여러분이 대신이나 제후의 반열에 오르지 않는 이상 龍의 대통령을 알현하기가 매우 어려운 고귀한 존재이다.

지구 행성에서 외형상으로는 여러분과 같은 인간의 모습을 갖고 있지만, 기운적으로는 대우주 절대권자이자 돈과 재물의 황제이고, 龍의 대통령이기에 기업인들의 현생과 내생을 위해서도 절대적으로 필요한 구원자이다.

지구에서 수천 마리의 龍들이 24시간 호위하고 있는 전무후무한 龍의 대통령이고, 일반 인간을 龍들이 호위하고 있는 자들은 존재하지 않는다. 인간들의 눈에는 龍들이 눈에 보이지 않으니까 상상의 영물로 알고 있지만 실제로 존재하고 있다.

龍들은 우주의 절대자 龍의 황제와 돈의 황제, 龍대통령 명을 받들어 공무 수행하고 있다. 국내와 세계 경제를 다스리고 있는 존재가 龍들이란 진실을 이 책을 통하여 기업인들과 인류 모두가 처음 들어볼 것인데, 경제를 다스리는 돈의 황제 소속의 龍들 이외에도 업무 분야마다 역할이 따로 정해져 있다.

전 세계의 전쟁, 지진, 화산 폭발, 쓰나미, 산불, 건물·사무실·공장·주택·아파트·자동차 화재, 사건사고, 토네이도, 태풍(허리케인, 사이클론), 폭우, 홍수, 폭설, 가뭄, 혹한, 빙하기, 열돔, 기상이변, 괴질병, 천둥·번개·벼락, 구름 발생 담당 龍들이 전담 분야마다 있다는 경천동지할 진실을 어느 누가 알까?

龍들 이외에 반인반수의 흑호, 백호, 재규어, 까마귀, 검은 사자, 검은 늑대 등이 영물에 속해 있고 이들도 공무수행에 동참하고 있는데 이들은 군대 조직으로 왕, 대장군, 부대장, 분대장, 수하로 구분하며 상명하복의 상하 규율이 엄격하다.

염라국, 곡라국, 현라국 대왕들과 명부전 10대왕들, 저승사자들도 조직편제가 龍들과 똑같은 구조인데, 이들 신명들의 규모는 우주와 지구의 인간 포함 모든 생명체를 함께 다스리기에 무량대수를 넘어 그레이엄 수에 달할 정도로 방대한 규모이다.

기업 이름을 龍의 대통령 명부에 올려야

여러분들이 운영하는 기업들의 안위를 누가 지켜줄 수 있을까? 대다수 기업인들은 자신들이 믿고 의지하는 종교 숭배자들인 하나님, 하느님, 부처님, 상제님, 천지신명님들일 텐데 이들도 여러분의 목숨과 기업의 안위를 지켜줄 수가 없다.

기업을 운영하는 여러분이 세상을 떠나지 않고 아직 살아 있다는 것은 龍의 대통령을 만나 기업을 더 크게 세계적인 기업으로 성장 발전시킬 수 있는 기회와 천상의 대우주 연방제국에서 역모 반란에 가담하였던 죗값을 龍의 대통령에게 더 많이 바칠 수 있는 기회를 한번 더 주고자 함이다.

이미 언급했듯이 기업인들이 돈을 벌고 있는 것은 龍의 대통령을 만나 죗값을 더 많이 바치고, 지구 행성에서의 삶이 끝나면 천상의 대우주 연방제국 산하 천상제후국으로 돌아가기 위해서 지구에 축생이 아닌 사람으로 태어나게 배려해 준 것임을 한시도 잊지 말고 살아가야 한다.

거대 황룡 대우주 절대자가 내린 시험을 통과하기 위하여 지구에 사람으로 태어난 것이지 한 세상 부자가 되어 잘 먹고 잘

살기 위해서 태어난 것이 아닌데, 이런 고차원적 진실을 받아들일 사람들이 얼마나 있을까? 눈에 보이는 세계보다 안 보이는 세계가 더 무서운 것이지만 인정하기가 쉽지만은 않을 것이다.

여러분의 영적 수준에서는 龍의 대통령 말을 액면 그대로 이해하고 받아들일 고차원의 영적 존재들이 많지 않기에 의심부터 할 수도 있다. 지구상에서 아무도 이런 고차원의 영적 세계 진실을 인정하고 검증할 지도자는 존재하지 않으니 누군가에게 절대로 의논하지 말고 순수하게 받아들이고 따라야 한다.

龍의 대통령으로 龍들과 모든 영물들, 저승사자들의 통수권자 주군이기에 허황된 말이나 거짓말은 1도 하지 않는다. 다만 이 세상에 처음 알려주다 보니 난생처음 들어본다며 인간 육신들이 이해하기 어렵다고 받아들이지 못할 뿐이다.

여러분 기업들이 잘되는 비결은 龍의 대통령 관리 명부에 기업 이름을 올려서 실시간으로 돈의 황제 기운을 받고 기업 경영을 하는 길이다. 기업 발전이 계획대로 이루어지지 않는 이유를 찾지 않고 인간의 두뇌로만 풀어가려 한다.

그리고도 풀리지 않으면 불교, 기독교, 천주교의 종교인들에게 의지하다가 그마저도 안 되어 다 털어먹고 마지막으로 찾아가는 곳이 용한 무당들이다. 조상들의 원과 한을 풀어주고, 사업대감을 모셔야 하고, 악귀잡귀들을 물리쳐 주는 굿을 해야 한다는 곳이 일반적 무속 사례들이다.

그러나 이것도 일시적일 뿐 영원하지는 않다. 진짜는 龍의 대통령, 龍의 황제, 돈의 황제 기운을 정기적으로 받는 것이 가장 이상적인 길이다. 돈을 많이 벌고 싶은 것이 기업인들과 모든 사람들의 욕망인데, 소원을 이루어주는 존재가 龍의 대통령이다.

대·중·소 기업인들이 벌어들이는 액수가 다를 수밖에 없는데, 이것은 진리이다. 사업장이 크면 큰 만큼 돈을 많이 벌어들일 수밖에 없다. 일거리가 그만큼 많이 들어오고, 일하는 직원들도 그만큼 많으니까 당연한 논리이다.

그런데 다 똑같은 기업 환경일 수는 없지만, 비슷한 상황에서도 유독 여러 사건 사고가 계속 터지고, 물량 수주가 잘 안 된다면, 여러 문제점들이 있다. 오너와 임원들의 경영 판단 잘못으로 인한 경우도 있고, 운이 안 따르는 경우도 있다.

국내와 국제적인 경기 흐름이 장기간 불황으로 이어지는 경우 등 변수는 수없이 많다. 그래서 사업가는 운칠기삼이라는 말을 신봉하며 사주, 운세 상담, 종교 의식, 기도, 굿을 통하여 해결하는 기업인들도 많다.

우주와 지구를 지배하고 있는 가장 큰 기운은 대우주 절대자인 龍의 황제, 돈의 황제 기운이다. 모든 기운이 분출되는 통로가 龍의 대통령이다. 기업인들은 돈의 황제 기운을 많이 받아서 세계 최고의 거대 그룹이 되고 싶은 것이 목표이다.

기업인들이 환상적인 목표를 설정하는 것은 각자들의 자유이겠지만, 목표를 이루게 해주는 것은 눈에 보이지 않는 돈의 황제 기운이다. 지구뿐만이 아니라 우주의 수많은 다른 행성인들의 모든 경제 총사령관이다.

기운이란 것은 빛보다도 수천 경 더 빠른 속도이기에 기업인들이 이제까지의 고정관념에 대한 생각을 모두 내려놓고, 龍의 대통령과 함께한다면 정해진 목표에 도달하거나 초과 달성하는 데 가장 빠른 지름길이다.

모든 일에는 원인 없는 결과 없다. 각자가 뿌리고 행한 대로 거두어들이는 것이 만고불변의 법칙이다. 여러분이 경영하는 기업 상호와 기업인들 이름을 龍의 대통령 관리 명단에 올린다는 것은 절대자 龍의 황제와 돈의 황제 기운이 수시로 내린다는 뜻이고, 기업인들이 행한 만큼 돈의 기운이 내린다.

인간들은 거짓말을 밥먹듯이 잘하지만 龍의 황제와 돈의 황제 기운이 분출되는 龍의 대통령 육신은 진실만을 말한다. 그리고 기업인들이 얻고자 하는 좋은 기운은 실시간으로 한 치의 오차도 없이 내리게 되어 있는데, 공짜도 없지만 외상이란 절대로 존재하지 않기에 각자들이 뿌리고 행한 대로 거두어들인다.

인간들은 거짓말을 잘하지만 돈은 거짓말을 하지 않으며, 돈은 기운이고, 기운은 龍의 대통령이 다스리는 신명들인 龍들이기에 명부에 기업 상호와 이름을 올려야 龍들이 움직인다.

상류층들에겐 황금 같은 龍書

지구 행성에서 龍의 황제, 돈의 황제, 龍의 대통령에게 마지막으로 구원받을 상류층이 남아 있기에 이 책이 집필되고 있는데, 그 대상이 누가 될지 그것이 궁금하다.

기업인, 권력자, 정치인, 유명인 부자들 중에서 이 책 내용에 관심 있고 돈에 구애받지 않고, 고통받으며 두려움에 떨고 있는 영(생령, 사령, 신명)들을 구해낼 자들은 누구인가?

영들은 어떻게든지 인간 육신을 이끌고 龍의 대통령을 만나야 천상으로 돌아갈 수 있는 문이 열리는데, 제주도 포함 전국 및 세계 출장 자문하며 자문료는 선입금이다.

서울 龍의 대통령 집무실(250평 규모) 방문해서 친견 자문을 받아도 되지만, 왕래 시 신분 노출을 꺼려 하는 사람들을 위해서 출장 자문을 하는 것인데, 출장과 방문 중 선택은 자유이다.

龍의 황제, 돈의 황제, 龍의 대통령이 함께 친견 자문하는 것이기에 고차원적 영적 수준(현재 크게 성공 출세한 사람들은 천상에서 제후급과 그 가족들이거나 인척이었다)을 가진 상류층

이외에는 거액의 자문료 부담 때문에 레벨 즉 기운(신명의 그릇 크기)이 안 맞아 친견 알현 자문 자체가 불가하다.

우주와 지구에서 통틀어 가장 위대하고 대단한 龍의 황제, 돈의 황제, 龍의 대통령을 직접 친견 알현하는 것이기에 금전적 화폐 값어치로는 환산 자체가 안 되지만 서로 조율해서 정한다.

지구 행성에 인류가 탄생한 이후 최고의 존귀한 龍의 황제, 돈의 황제, 龍의 대통령을 친견하는 대 경사이기에 본인은 물론 생령, 신명, 조상들은 전무후무한 가문의 대영광이 될 것이다.

龍의 황제, 돈의 황제, 龍의 대통령이 출두하면 수많은 천상신명들과 수천 마리의 龍들이 호위하고 함께 움직이기에 로마 교황이나 일본 천황을 알현하는 것보다 더 대단한 경사스런 일이고, 친견 알현하는 자체가 우주의 기운(福)을 받는 것이다.

살아서 龍의 황제, 돈의 황제, 龍의 대통령을 친견 알현하고, 이 세상을 떠난다는 것은 행운을 넘어 천운이 활짝 열린 선택받은 사람들인데, 여러분과의 친견 알현은 지구 행성에 사람으로 태어나서 가장 귀하고 값진 일이다.

육신적으로 성공하고 출세한 기업인, 권력자, 정치인, 유명인 부자들은 자신의 몸 안에 있는 생령(본인), 사령(조상), 신명을 돈에 구애받지 않고 구해 줄 사명이 있기에 아직 죽지 않고 살아서 책을 읽을 수 있는 아주 특별한 기회가 주어진 것이다.

육신만 부귀공명 누리고, 영들을 구해 주지 않고 떠나면 자신들과 함께했던 생령(본인), 사령(조상), 신명들은 무서운 지옥도에서 고문 형벌을 받으며 비참하고 배신감에 울부짖으며, 자손이나 후손들에게 고통과 불행이 자손대대로 내려가게 된다.

육신이 살아서는 책을 읽어보고 사후세상을 준비할 수 있으나 죽어서는 아무리 외쳐보아도 육신들이 알아듣지 못하기 때문에 소용없는 일이니 죽어서 후회하지 말고 살아 있을 때 반드시 龍의 대통령을 만나 천상승천을 보장받고 살아야 한다.

돈을 태산처럼 벌어놓고도 값지게 쓰지 못하고 모든 돈과 권력을 남겨두고 수의 한 벌 얻어 입고 세상을 떠나는 사람들이 전부이지만, 龍의 황제, 돈의 황제, 龍의 대통령을 친견 알현하면 인간 세상에서 불가능하다고 생각한 돈과 권력을 천상으로 가져갈 수 있는 최고로 선택받는 천운아가 될 수 있다.

이 시대에 성공 출세한 사람들은 죽어서도 현실과 똑같이 살아가고 싶은 것이 최대의 욕망이지만 그것을 이루어줄 수 있는 사람은 우주 행성 전체와 지구 행성에서도 龍의 황제, 돈의 황제, 龍의 대통령뿐이라는 사실을 알아야 한다.

인간의 생각으로는 절대로 불가능한 일임은 분명하지만, 龍의 황제, 돈의 황제, 龍의 대통령을 친견 알현하면 충분히 가능한 일이기에 걱정하지 않아도 되고, 여러분의 근심과 걱정을 모두 풀어줄 것이다. 육신은 죽어서는 현실의 돈을 한 푼도 천상으로 가져갈 수 없지만, 龍의 황제, 돈의 황제, 龍의 대통령 윤허(허락)를 받으면 영들도 얼마든지 돈을 가져갈 수 있다.

그래서 여러분들이 龍의 황제, 돈의 황제, 龍의 대통령을 만난다는 것은 꿈도 못 꿀 일들인데, 이 책을 통하여 길이 열리는 것이다. 천상의 영(생령, 신명, 사령)들이 살아가는 세계도 상하 서열이 엄격하고 벼슬 품계가 인간 세상과 똑같다.

사람들 모두가 천상과 전생의 기억이 삭제되어서 모르고 살아가지만 천생록을 의뢰하면 천상에서 태어나 현재 지구 행성에 사람으로 태어나게 된 과정들이 龍의 대통령 인간 육신의 환생 수행 기록처럼 상세하게 알 수 있게 된다.

지구 행성은 저자가 15번째 환생한 별인데 기업인, 권력자, 정치인, 유명인, 상류층 부자들이 이 책을 읽고 어떤 반응을 보이고, 어떻게 행하는가에 따라서 지구 별의 운명이 결정된다.

현재까지 龍의 대통령 인간 육신 저자가 14개 별에서 환생했던 별들 중에서 8개 별은 파괴 소멸되어 종족이 멸종되었고, 3개 별은 무생명체 황무지 행성, 나머지 3개 별들은 리셋되어 기존의 종족들이 멸종되고 새로운 종족들이 살아가고 있다.

즉, 저자가 환생했던 14개 별들 모두가 행성 파괴, 종족 멸종, 리셋되어 멸망이 증명되었듯이, 지구 행성 역시도 여러분의 선택 여부에 따라서 똑같은 운명의 길을 겪게 되어 있다.

상류층 전용 龍의 제국

이 세상과 종교를 통하여 듣도 보도 못한 고차원적 우주의 영적 진실에 대한 글을 읽고 공감하여 지구에서는 물론 대우주 연방제국으로 환생(부활)하여 황실정부와 3,333개 제후국 신명정부에 출사할 상류층 남녀들만이 龍의 제국 그룹 회원 자격이 있는데, 차별이 아니라 그릇 크기 때문이다.

대우주의 그레이엄 수 행성들과 외계 행성인들을 창조하고 다스리는 절대자가 거대 황룡이란 사실을 처음 들어봐서 이해하기 어려울 것인데, 천상은 龍들의 세계 즉 龍의 제국이며, 절대자 거대 황룡은 인간의 모습으로도 수시 변신한다.

어마어마한 여러 종류의 생명체들이 살아가는 외계 행성인들의 모습은 인간 모습을 포함하여 모든 동물과 새, 물고기 형상을 가진 반인반수의 괴이한 모습들이다. 행성들마다 각기 다른 모습들의 종족들이 살아가고 있다.

과학 문명은 지구보다 수천 년에서 수만 년 앞서 있고, 아이큐도 185 이상 41,000 수준인데, 거대 황룡의 명을 받아 우주를 다스리는 신명들은 아이큐가 평균 100조이고, 우주 황실의 가족(龍의 대통령 인간 육신 저자포함)들은 아이큐 측정이 불가한 무량대수 그 이상으로 엄청나다.

수많은 행성들 중에서 지구 행성에 태어난 것은 龍의 대통령을 만나 천상으로 돌아가기 위함이다. 우주 황실에서 역모반란을 일으키다가 실패하여 지구 행성 이외에 수많은 다른 행성들로 도망치고 유배 갔다가 지구 행성에 다시 태어난 것이다.

지구 행성에 태어난 것은 龍의 대통령을 친견 알현하여 우주 황실과 3,333개 천상제후국으로 돌아가려는 순천자 부류들과 龍의 대통령을 방해하려는 반대파 세력들이다.

지구 인류 전체가 모두 1·2차 역모 반란 주동자 역천자들인 절대자의 복제 쌍둥이 'ㅇㅇ악'과 처 '유영', 며느리 '하누', 황손 '표경'의 수하들은 지구 행성에 온갖 종류의 종교를 세워서 龍의 대통령 인간 육신이 설 자리를 막으려고 대적하고 있다.

역천자 악들은 천상에서 龍의 대통령 존재를 상세히 알고 있던 신명들이었고, 때가 되면 지구 행성에 심판자이자 구원자로 내려온다는 것을 아주 오래전부터 알기에 수많은 온갖 종교를 세워 알아보지 못하게 종교 사상과 교리로 무장시켜 놨다.

우주 행성들과 지구 행성에서 살아가는 역천자들을 잡아오라고 龍들에게 명을 내려 무량대수 역천자들을 한꺼번에 추포해서 심판하면, 인사까지 하면서 자신이 살고 있는 행성 이름과 직위, 성별, 문명 발전 정도, 종족의 숫자까지 말하며 자기네 편의 황제가 되어 달라고 회유, 현혹하며 조롱하기도 한다.

악들의 사실이 이러하니 龍의 대통령 진실보다 수천 년의 역사와 전통을 자랑하는 종교가 더 마음에 끌리는 독자들은 종교에 그대로 다니다가 심판받으면 되고, 龍의 대통령과 함께하여 살아서도 죽어서도 보장받고 살아갈 고차원적인 영적 차원을 가진 사람들만이 龍의 대통령과 영원히 천상까지 같이 간다.

우주의 수많은 무량대수의 행성에서도 순천자 행성이 있고 역천자 행성들이 있는데, 수많은 순천자 행성들의 행성인들은 龍의 대통령을 친견 알현하여 구원받고자 학수고대하며 기다리고 있는데, 이들 순천자 행성인들과 역천자 행성인들도 龍의 대통령이 지구 행성에 내려온 것을 모두 알고 있다.

지금까지 지구에 태어났다가 죽은 자들과 현재 살아 있는 80억 인류 모두는 죄인들의 신분인데, 이제라도 지난 날 천상의 대우주 연방제국에서 지은 죄를 뉘우치며 용서 빌 마음이 있는 자들을 구원해 주고 나머지는 심판하기 위해서 지구 행성에 내려온 것인데, 현재 인간들 위주로는 80억 대 1의 전쟁이다.

지구 행성에 헤아릴 수 없는 온갖 종류의 무수한 종교들이 세워져 있지만 구원자와 심판자로 지구 행성에 내려온 진인(眞人)은 龍의 대통령 한 명뿐이다. 지구 행성에 80억 인류가 살아가고 있지만, 천상의 절대자 거대 황룡이 참 인간 진인(眞人)으로 인정하는 인간은 龍의 대통령 육신뿐이다.

　나머지 인류와 축생들인 만생만물(생명체와 비생명체)까지 모두가 거대 황룡 대우주의 절대자를 배신한 역천자 죄인들로 낙인 찍혀 있다. 이 책을 읽어보고 천상의 죄를 뉘우치고 회개, 참회하며 천상의 대우주 연방제국(천국, 천당, 극락, 선경)으로 돌아가고 싶은 자들을 구원해 주기 위해서 가장 낙후되고 과학문명이 뒤떨어진 감옥별 지구 행성에 홀로 내려온 것이다.

　신명이라 함은 대우주 절대자 거대 황룡의 창조물인 신하들인데, 황실과 우주 행성에서 공직자로 근무하는 인간화, 龍들, 저승사자들, 반인반수 형상들이다. 북극성, 북두칠성, 동두칠성, 남두칠성, 서두칠성 성주들과 3,333개 천상제후국들 제후와 녹봉을 받고 근무하는 공무원급들을 말한다.

　龍의 제국 취지는 육신으로 살아서는 남들보다 더 잘살고 성공 출세하여 최고의 상류층이 되어 이 나라와 세계 경제를 정복하여 지배 통치하고 이끌어가는 역할이다. 龍의 제국이 실질적으로 세상을 다스리며 지구 최고의 성공자, 출세자들이 모인 龍의 제국 그룹의 일원이 되는 영광스런 일이다.

　龍의 황제, 돈의 황제, 龍의 대통령 기운을 살아서나 죽어서도 영원히 받을 수 있는 이 나라와 전 세계 상류층들만이 가입할 수 있는 龍의 제국을 발족시켰다. 기업인, 공직자, 권력자, 정치인, 유명인사들 중심의 상위 그룹을 멤버로 받는다.

국내와 전 세계의 왕, 대통령, 총리급, 부총리급, 장관급, 차관급, 국회의원, 기관장급 임명직, 4급(서기관급) 이상 공무원, 시·도·시·군·구·청장 및 의원, 교육감, 군인(중령급 이상), 변호사, 검사(부장급 이상), 판사(부장급 이상), 경찰(경정 이상) 등의 남녀들이 대상이다.

대기업 회장 및 CEO, 중소기업 사주, 연예계 및 프로계, 방송계, 언론계, 교수급 및 상류층 유명인사들이 용의 제국 회원으로 가입할 수 있다. 이 시대의 성공 출세한 상류층 그룹들이다.

龍의 제국 그룹의 실버, 골드, VIP, VVIP 회원으로 가입하면 24시간 회원 본인과 가정, 기업을 24시간 龍들로 하여금 보호 및 호위 무사 역할을 하게 하여 우주에서 쳐들어오는 눈에 보이지 않는 악들이나 귀신들은 물론 국내와 전 세계 내왕 시에 따라 붙는 모든 악신, 악령, 악마, 사탄, 마귀, 요괴들로 인한 침범을 막아주어 무탈하게 살아가도록 보호해 준다.

또한 대우주 연방제국 황실처럼 龍의 제국 세계 단일 신명정부를 세워 회원들로 하여금 신명정부에 출사하게 하여 지상의 돈과 권력, 명예를 천상으로까지 이어지게 만들기 위함이다.

오늘이 존재하기에 내일이 있듯이, 지구 행성에서 천상 龍의 제국 신명정부의 재상(총리), 대신(장관), 성주, 제후(왕) 같은 높은 벼슬자리에 오르거나 천상에서도 대기업 그룹 총수가 되어 살아가려거든 지구 행성에서 벼슬을 하사받아야 한다.

대우주 연방제국 황실과 천상제후국들은 첨단 과학문명이 최고로 발달한 상상을 초월하는 환상의 무릉도원 세계이지만 매일 놀고 먹는 것이 아니라 각자들의 신분과 직위에 맞는 역할을 부여받아 주어진 업무를 수행해야 하는데 인간 세상과 거의 똑같다고 생각하면 된다.

거주 형태도 원룸, 오피스텔, 단독 주택, 일반 빌라, 고급 빌라, 대저택, 소궁전, 대궁전까지 각자의 경제 능력에 맞는 주택을 구입할 수 있고, 무중력 우주 비행선도 구입할 수 있다.

거주지 중에서 원룸 형태는 기본으로 제공되지만 그 이상의 큰 평수 집을 장만하려면 개인적으로 녹봉을 받아 천상은행에 저축해서 구입해야 하는데, 시간이 꽤 많이 걸린다.

그래서 지구 행성에서 모든 것을 준비해 놓고 천상으로 올라가야 후회하지 않는데, 그것이 천상에서 자유로이 사용할 수 있는 천상예치금 제도이고, 살아서 예치하면 골드로 환전된다.

교통 수단은 개인용 무중력 소형 비행체, 원반형 비행선(비행접시), 초속 1만~30만km까지 비행하는 대·중·소형 우주 함선도 있다. 비행 수단 역시 천상예치금으로 구매할 수 있다.

대우주 연방제국의 일반 신민(백성)에서 고위직 공무원이 되려면 모든 절차를 단계별로 밟아야 하고, 모든 공직자는 승진할 때마다 승진 시험을 통과해야 한다.

압도적 전율, 龍의 제국이 세상의 중심

평화, 자유, 평등을 내세우고 로스차일드 가문이 전 세계 부의 50% 차지하는 그림자 정부, 단일 세계 정부를 추구하는 일루미나티와 프리메이슨에 전 세계의 유명한 정치인들과 기업인 상류층들이 가입해 있고, 국내도 다수의 실세들이 가입되어 있는데, 이제는 龍의 대통령이 주도하는 144,000명의 재벌 신인류 龍의 제국 그룹으로 재편되어야 한다.

왜냐하면 이들은 인간들이 들으면 경악할 내용들도 많은데, 독특한 종교 의식의 뿌리가 박혀 있고, 전 세계의 돈과 권력을 쥐락펴락하고 정보가 가장 빠른 조직이다.

악들은 龍의 대통령이 지구 행성에 구원자이자 심판자로 내려온다는 것을 수천수만 년 전부터 알고, 세계의 정치인들과 상류층들을 포섭해서 龍의 대통령이 출현하는 것을 막으려고 이미 오래전부터 준비해 왔던 것인데, 이제는 바른 길이 무엇인지 알고, 신인류 龍의 제국 그룹으로 재편되어야 한다.

우주와 지구의 모든 기운을 움직이는 절대권자 상위 포식자가 龍의 대통령이기 때문이고, 여러분의 현생과 미래 죽음 이후의 사후세계 운명을 실질적으로 관장하기 때문에 그림자 정부가 아닌 민족과 인류의 구심점인 빛과 불의 龍의 제국에서 144,000명의 신인류 재벌로 재창조되어야 한다.

상류층 여러분들의 현생과 내생을 실시간으로 보호하고 지옥으로 떨어지지 않게 사후세계까지 보장해 줄 龍의 대통령과 함께하는 것이 인간 육신, 생령(영혼), 사령(조상), 신명들에게 가장 바람직한 일이고, 근심 걱정 없는 보람된 일이다.

龍의 대통령은 종교 교주가 아닌 천상에서 도망친 악들이 세운 지구상의 모든 종교를 멸망시키고, 龍의 제국에서 빛과 불의 144,000명의 신인류 재벌 시대를 열고자 하는 것이다.

말과 이론만이 아니라 龍의 대통령 인간 육신은 상상의 세계로만 알려진 천상신명, 龍들, 저승사자, 생령, 사령(조상)들과 매일같이 실시간 대화를 나누는 전 세계 1인자로 전무후무한 능력자이다. 이제까지 한 번도 경험하지 못한 압도적 전율 그 위대한 세상을 마주할 준비가 되었는가?

종교를 세운 악들은 뿌리가 천상에서 절대자를 배신하고 역모 반란을 일으킨 악, 유영, 하누, 표경과 그 수하들인데 무량대수이다. 龍의 대통령은 지구뿐만 아니라 우주 행성에 포진하고 있는 무량대수의 배신자 악들도 龍들로 하여금 추포하여 심판하며, 악들이 세운 종교로부터 해방시켜 주고자 마지막 구원의 천상행 열차에 여러분을 초대하고 있다.

인류에게 주어진 마지막 시험! 유일한 희망의 이 책을 읽고 어떤 반응을 보일지 여부를 보고 지구와 인류의 운명(멸종과 리셋)을 龍의 대통령이 결정지을 것이다.

현재 돈과 재물, 권력과 명예를 거머쥐고 있는 국내와 전 세계의 상류층들이 과연 죽어서까지 지킬 수 있을까? 종교를 열심히 믿어 사후세상을 이상향의 무릉도원 세계로 보장받을 수 있을 거라고 생각하며 살아가고 있다.

이 나라가 전 세계를 돈과 재물, 권력과 명예로 정복하여 지배 통치하고 다스릴 위대한 龍의 제국인데, 꿈에서 깨어나지 못하고 있다. 이제까지 종교와 일루미나티, 프리메이슨이 세상을 지배해 왔다면 앞으로는 민족과 인류의 구심점인 빛과 불의 신인류를 배출하는 龍의 제국이 다스리게 된다.

우주 행성과 지구 행성에 존재하는 그 어떤 유명한 능력자라도 기후변화, 기상이변, 천재지변, 산불, 화재, 사건사고, 괴질병을 다스리고 막을 수 있는 능력자는 없다.

그러나 龍의 대통령은 기운으로 이 모두를 막을 수 있고 다스릴 수 있는 천통, 도통, 신통, 영통, 의통, 천이통, 천안통을 가진 도통군자 대두목이고, 하늘과 땅을 움직일 수 있는 유일무이한 龍의 대통령이다.

상류층 여러분들이 가장 두려워하는 죽음도 다스리는 능력자이고, 동두칠성 7개 별에 있는 7개 지옥도와 산하 각 지옥마다 1,000경의 소지옥 세계를 다스리며 염라대왕, 곡라대왕, 현라대왕과 저승사자들에게 명을 내린다.

국가 자신 1호, 국가 보물 1호가 바로 龍의 대통령이다. 상류층 여러분들이 신인류가 되어 세계 경제를 정복하고 지배 통치할 귀중한 자산들이기에 여러분들이 가진 현재의 돈과 재물, 권력과 명예를 전 세계 최고로 만들어주고자 신인류 龍의 제국에 초대하는 것이니 다 함께 동참해야 한다.

龍의 대통령은 요람에서 무덤까지와 천상세계, 사후세계 모든 것을 주관하기에 龍의 대통령을 친견 알현해서 뜻을 함께하는 것이 지구 행성에 태어나서 가장 잘한 일이다. 앞으로 세상은 종교와 일루미나티, 프리메이슨이 지배하는 세상이 아니라 龍의 제국 그룹 신인류가 지배하는 세상이 열렸다.

그러하니 자신의 목숨과 가정, 생령, 신명, 조상, 기업, 돈과 재물, 권력과 명예를 살아서는 물론 죽어서까지 지켜주는 龍의 대통령과 함께하는 길이 龍의 제국에서 144,000명의 신인류 재벌로 재창조되는 것이다. 민족과 인류의 구심점이고, 빛과 불인 龍의 대통령이 상류층 모두의 생명줄이다.

지구 행성에 태어난 사명을 완수하는 길이 거대 황룡 절대자 龍의 대통령과 뜻을 함께하는 길이다. 상류층 여러분이 가진 유무형의 모든 자산을 지켜줄 수 있다.

육신의 삶도 구원해 주지만 생령(인간의 영혼)과 사령(조상의 영혼), 신명들에 대한 구원 여부를 판별하는데, 아무나 구원해 주는 것이 아니라 천생과 전생, 현생에서 어떤 죄를 짓고 살았거나 죽었는지 상세히 판별한다.

독자들은 상상이 안 되는 일이지만 천생, 전생, 현생의 삶을 천상장부를 통하여 모두 알고 있기에 숨길 수가 없고, 심지어 각자들의 마음과 생각, 말과 글, 행동에 대해서도 일거수일투족을 누가, 언제, 어디서, 무엇을 어떻게, 왜의 육하원칙에 의해서 알고 있으며 여러분 독자들의 실시간 마음과 생각까지 상세히 알고 있는 龍의 대통령이다.

한마디로 죄인 아닌 자는 산 자든 죽은 자든 지구 행성에는 단 한 명도 존재하지 않고, 모두가 죄인들의 신분이기에 구원받기가 정말 어려운 일이다. 살고자 하거든 관문을 통과해야만 하고, 보고 들은 고정관념을 모두 버려야 한다.

이 책 내용이 잘 이해가 안 된다면 돈을 무조건 많이 바치는 것이 살길이다. 여기에는 엄청난 의미가 내포되어 있다. 여러분들이 원하고 바라는 모든 것들이 많이 바친만큼 차례대로 실시간 龍의 기운에 의해서 이루어지는 신비함이 있기 때문이다.

죗값과 감사함을 올리는 것은 돈뿐이기에 열심히 돈을 벌고 있다. 합당한 죗값을 바치면 모든 죄를 용서하고 사면령을 내리기에 돈과 재물이 더 쌓이고 현생과 내생이 보장된다.

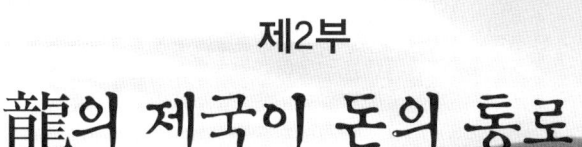

제2부
龍의 제국이 돈의 통로

무릎 걸음으로 거대 황룡 알현

현실에서는 영물들인 龍들을 맨눈으로 본 자들은 없고, 영안이나 신안이 열린 자들은 어렵게 보는 자들이 더러 있지만 인간들에게 모습을 보여주지 않는 것이 龍들의 법도이다. 실제로 龍을 보는 사람들은 없어도 수많은 종류의 龍그림과 조각 형상으로 옛날부터 전 세계에 널리 전해지고 있다.

그럼 龍의 종류는 얼마나 있고, 크기는 어느 정도 일까? 가장 귀하게 여기는 龍은 단연코 황룡인데 절대자가 거대 황룡이기 때문이기도 하다. 龍이라고 하니까 상상의 동물로 생각하고 대수롭지 않게 생각하는 사람들이 대부분이다.

인류가 감히 바라볼 수 없는 위대하고 대단한 존재가 절대자 龍의 황제이다. 지구와 만생만물, 여러분의 영과 육을 태초로 창조하였으니 함부로 대할 수 없는 무섭고도 두려운 존재이다.

절대자 거대 황룡의 크기는 지구인들의 능력으로는 전자 계산기로도 측정할 수 없을 정도로 거대한 황룡이다. 지구에서 무량대수×91만 배 광년 거리로도 측정이 불가할 정도로 어마어마한 크기라서 상위 포식자라는 별칭이 붙었는데, 황실에서 집무를 볼 때만 5미터 크기의 인간 모습으로 변신 축소한다.

잘 알지도 못하면서 그림 속의 龍들만 보고 대수롭지 않게 생각하고 있는데, 우주를 모두 집어 삼킬 수 있는 가장 두렵고 무서운 상위 포식자가 거대 황룡 절대자이고 龍의 대통령이다.

그래서 대우주 연방제국 정부의 수많은 대신이나 제후들도 벌벌 떨면서 무릎걸음으로 알현하며 엄청 무서워하는 무소불위한 존재가 절대자 거대 황룡이고 대우주의 천황 황제이다.

龍들은 황룡, 청룡, 적룡, 백룡, 흑룡, 홍룡, 태룡, 은룡, 녹룡, 회룡, 감룡, 남룡, 자룡, 옥룡, 군룡이 있고, 색깔별로 龍들의 왕과 대장군, 소속 부대장들과 분대장, 수하 龍들로 구성되어 있고, 각기 이름들과 지구에서 공무수행할 역할이 정해져 있다.

평균적으로 龍 한 마리의 크기는 지구 크기보다 몇 배나 크지만 상황에 맞게 크기를 자유롭게 축소하거나 확대하는 능력과 인간 모습과 동물로 순간에 변신하는 능력들을 갖고 있다.

그래서 돈과 권력의 상징이기에 용꿈 꾸는 것을 최고의 길조로 여긴다. 중국이나 한국 왕조에서 권좌를 용상(龍床)이라 하고 용문양으로 장식하고 있으며, 임금의 얼굴을 용안(龍顏), 임금의 몸을 옥체(玉體) 또는 용체(龍體)라고 부른다.

이렇게 龍은 과거부터 신성시되고 있고, 권력의 상징, 돈의 상징으로 전해진다. 권력을 잡으면 돈은 저절로 따라오기 마련이기에 쥐꼬리 권력이라도 잡으려고 혈안이 되어 살아간다.

龍은 왕을 상징하고 현실적으로도 대우주 연방제국의 주인이고, 여러분의 현생과 내생의 운명을 결정짓는 절대 통치권자이다. 절대자 龍의 황제(거대 황룡), 돈의 황제, 龍의 대통령을 친견 알현한 후 지구에서 사명을 완수하고 떠나는 사람들이 가장 크게 성공하고 출세한 사람들이다.

왕, 대통령, 재벌 총수를 모두가 부러워하는데, 이 책을 읽어보고 공감하며 龍의 대통령과 함께하는 독자들이 최고의 성공자이자 최후의 승리자이다. 돈과 권력 명예를 모두 이룬 사람들에게 가장 큰 고민과 두려움이 죽음이다.

그럭저럭 사는 사람들은 언제 죽더라도 큰 미련이 남아 있지 않지만, 가진 것이 많을수록 생에 대한 애착이 다른 사람에 비해서 매우 간절하다. 권력이야 때가 되면 내려놓게 되지만 돈과 재물만은 이 세상에 남겨두고 떠난다는 것을 억울해 한다.

하지만 가는 세월 잡을 수 없고, 정해진 몇십 년의 인간 목숨은 오래 살아도 100세 이전에 대다수가 죽어서 세상을 떠나야 하는 숙명적인 운명을 타고났다. 어차피 정해진 바꿀 수 없는 숙명적인 길이란 걸 인정하면서도 현실로 받아들이기는 안타깝고 속상하고 억울하지만 이미 정해진 운명의 길이다.

돈과 권력을 천상으로 가져간다?

권불십년이라는 말은 한 치의 오차도 없이 현실로 이루어지고 있고, 산삼 녹용을 매일 먹고 살아도 정해진 죽음의 길을 피해 갈 자들은 이 세상 천지에 아무도 없다.

일반 사람들은 죽어서도 가져갈 돈이 크게 없으니 인생에 미련이 크게 남지는 않을 테지만 수백억, 수천억, 수조 원의 재산을 갖고 있는 사람들은 죽음의 날이 하루하루 눈앞으로 다가오는 것이 철천지원수 같은 일이다.

자식들이 있어도 불효자라 물려주더라도 아깝고, 자식 없는 사람들은 국가나 자선단체에 기부하고 떠나는 것이 일반적이다. 그러나 대우주 연방제국으로 돈과 권력을 가져갈 수 있는데, 재벌들과 부자들에게는 경천동지할 좋은 일이다.

천상의 대우주 연방제국에서도 돈(화폐 단위 : 골드)은 필수인데, 이 땅에 사람들은 이런 진실이 있다는 것을 알지 못하고 살아간다. 상상조차도 못 해본 일이기에 종교나 자선단체에 기부 많이 하면 좋은 곳으로 태어나리라고 생각하며 살아가는 것이 일반 사람들의 생각이지만, 정반대의 상황이 벌어진다.

기업인들과 정치인들이 누리고 있는 돈과 권력은 龍의 황제, 돈의 황제가 내려준 것이기에 龍의 제국을 세우는 데 쓰거나, 자신의 사후세계를 보장받기 위하여 재물천고식을 올리면 해당하는 돈과 재물, 권력을 대우주 연방제국으로 가져간다.

미국에 가려면 원화를 달러로 환전하듯이 지구에서 사용되는 화폐를 대우주 연방제국의 공용 화폐인 골드로 환전해 주고, 각자 품계 등급에 맞는 황실이나 제후국으로 배정해 준다.

그러나 龍의 대통령을 만나 재물천고식을 하지 못하고 세상을 떠나면 종교를 열심히 다닌 것과 상관 없이 모든 인류가 축생계, 곤충계, 벌레계로 무한 반복 환생 윤회하거나 종교 믿은 죄를 통절하게 빌지 않으면 불지옥도 입문을 면하기 어렵다.

이 세상을 살다가 죽으면 좋은 곳으로 태어나 인간의 모습으로 살아가는 상상을 할 것인데, 천상의 법도를 모르기에 하는 생각들이다. 절대자(거대 황룡) 龍의 황제가 가장 무섭게 다스리는 벌이 종교를 믿는 역천 행위란 것을 인류는 알지 못한다.

우주에 수많은 행성인들이 살아가는 다른 외계 행성들도 숭배자를 추앙하고 맹신하며 따르다가 龍의 황제로부터 행성이 파괴되어 행성인들이 멸종되는 사례들이 속출하고 있다.

지구 행성 역시 지금 최고 위험 수위에 도달하였기에 지구 파괴와 인류 멸종은 기정사실로 굳어지고 있고, 다만 시기가 얼마나 남았느냐의 문제만 남겨두고 있는데, 가장 유력한 시기가 말진사로 접어드는 진사년인 2024년과 2025년 전후이다.

전설로 전해진 1만 년 전에 침몰했다는 고도문명을 자랑하던 아틀란티스 대륙과 무 대륙의 통치자들이 종교를 세우고 절대자와 천자를 사칭하여 龍의 황제로부터 심판받아 바닷속으로 대륙 전체가 가라앉았다는 전설의 역사가 전해지고 있다.

수많은 예언서에 지구 대재앙이 일어나 인류가 멸망한다는 예언이 수천 년 전부터 나오고 있었는데, 이제 운명의 시기만 남아 있다. 지구 전체가 파괴되어 완전히 사라지는 동영상들은 지구 최후의 날이 다가왔음을 보여주는 징조이다.

지구 행성이 처음으로 생성된 연대를 46억 년 전으로 추정하는데, 정확히는 올해가 46억 98,679,999년이고, 인류의 운명을 판가름할 말진사가 시작되는 내년 2월 4일부터는 지구와 인류가 龍의 제국 신인류로 재창조되는 시기이다.

이것은 지구에 생명체가 살기 시작한 연대이고, 지구가 처음 생기기 시작한 연대는 이보다 훨씬 앞선 580억 23,478,912년 전이란 진실이 대우주 연방제국 기록문서에 수록되어 있는데, 악마들이 세운 온갖 종교로 인하여 이번 생에 지구가 완전히 파괴되어 사라지고 인류가 멸종을 맞이할 수도 있다.

지구 행성과 인류를 창조한 절대자(거대 황룡) 龍의 황제가 최종 결심만을 남겨두고 있을 뿐이다. 절대자를 사칭하는 자들이 지구의 운명을 앞당기고 있는 것인데, 그들은 이런 진실을 오히려 역이용하여 금전을 바치라고 강요한다.

지구는 파괴되고 인류가 종멸을 맞이할 단계만 남았다고 보면 된다. 1년, 몇 년, 몇십 년을 더 살아봐야 결국은 인류 모두가 언젠가는 죽음을 맞이한다. 탄생이 있으면 죽음이 있듯이 지구도 이제 선천 운명이 끝나고 龍의 제국으로 리셋되어 간다.

살아생전 龍의 황제로부터 대우주 연방제국으로 승천을 보장받지 못하는 사람들은 저승으로 돈을 한 푼도 가져갈 수 없을 뿐만 아니라 저승에서는 돈을 사용할 수 없다. 축생으로 윤회해도 돈이 필요 없고, 저승길 지옥에서도 돈이 소용 없다.

오직 생전에 벌어놓은 돈과 재물을 가져갈 수 있는 방법은 절대자 거대 황룡, 龍의 대통령 앞에 재물천고식을 올리는 길 뿐이다. 대우주 연방제국에는 한국 정부보다 어마어마하게 커다란 4개 황실 정부와 3,333개 제후국 정부가 운영되고 있고, 그 외에 무량대수의 행성들에 행성인들이 살아가고 있다.

지구 행성에서 피땀 흘려 번 돈을 천상으로 가져갈 수 있는 길이 열려 있기에 기업인들과 권력자들, 정치인들의 상류층에게는 새로운 희망의 미래가 보장된다. 지구에서 절대자 龍의 황제(거대 황룡), 돈의 황제, 龍의 대통령을 친견 알현한다는 것은 기적 중에 기적이고 최고의 천운이 열리는 길이다.

돈을 바치면 모든 일이 더 잘된다

우주에 부의 법칙이란 것이 있다. 돈을 바치면 바칠수록 더 잘된다. 현실적으로는 돈이 나가니까 손해일 것 같은데, 정반대의 현상이 일어나고 쓴 만큼 다른 곳에서 채워지는 신비함이 있고, 세상에서 경험해 보지 못한 신비의 기운을 느낀다.

인류는 절대자 龍의 황제(거대 황룡), 돈의 황제, 龍의 대통령에게 돈을 바치러 지구로 내려왔고, 돈을 바치면 그에 상응하는 잘되는 기운으로 즉시 되돌려준다. 그러면 막혔던 일들이 풀어지고 어디선가 돈이 굴러 들어오는 이적이 일어나기에 세상에는 공짜가 없는 법이다.

龍의 대통령에게 바친 돈은 대우주 연방제국에 올라가면 골드(Gold)로 환전해 준다. 우주와 지구, 인류와 만생만물의 생로병사 모두가 거대 황룡 龍의 황제 기운으로 운행되고 있다.

숨 쉬는 공기, 햇빛, 물, 산천초목, 지구 자전과 공전도 龍의 황제 기운으로 가능한 것이기에 인류 모두는 감사함을 바쳐야 마땅하다. 이것이 자신과 가정, 가문, 기업, 돈과 권력, 명예를 지키는 우주 속에 숨겨진 부의 법칙이다. 즉 돈과 권력을 내려준 龍의 황제에게 그만큼 바치면 그것이 자신에게 다시 돌아간다.

어차피 영적으로든 육적으로든 여러분 기업인들과 권력자들, 정치인들을 창조한 절대자 거대 황룡이기에 은공을 몰라보면 어느 한순간 모든 돈과 재물, 권력이 신기루처럼 사라진다.

우주의 법칙이나 자연의 법칙은 한 치의 오차도 없이 돌아가고 있기에, 좋은 일이든 나쁜 일이든 각자가 뿌리고 행한 대로 반드시 거두어들이게 되어 있는데, 여기에는 항상 행하고 뿌린 것에 대한 플러스 알파가 따라붙는다.

이 책은 더 많은 천문학적인 돈을 벌어들여야 할 국내외 기업인들과 龍의 제국을 세워서 세계를 다스려 나갈 기업인, 권력자, 정치인들을 만들기 위한 특별한 책이기에 상류층이 아니면 공감한다 해도 거액의 친견 알현비 때문에 만나지 못한다.

내로라 하는 기업인들과 권력자, 정치인들 중에서 龍의 제국 건설에 기쁜 마음으로 동참할 명망 있고, 큰돈을 써도 부담 안되는 144,000명의 VIP, VVIP들을 위한 특별한 책으로 집필된 것이지 일반인들을 위한 책이 아니므로 상류층들만 가능하다.

龍의 대통령은 이 나라의 모든 기업인들을 최고로 잘되게 해주는 우주의 숨겨진 법칙과 기운을 갖고 있다. 대기업이 잘되어야 중소기업도 살아나고, 자영업자들도 일거리들이 넘쳐나서 전반적인 경제 흐름이 개선되고 민생경제가 살아난다.

이 나라 경제만 살려서는 찻잔 속에 태풍이기에 세계 경제를 함께 살려내야 한다. 저자 자체가 눈에 보이는 龍의 황제, 돈의 황제, 龍의 대통령이기에 불가능이 없다고 보면 된다.

전 세계 최고로 잘사는 경제대국을 기업인들과 권력자, 정치인들과 만들어낼 것이다. 이제까지는 기업인들의 비상한 머리와 노력으로 일하며 운에 기대어 사업을 해왔다면 이제부터 龍의 대통령과 함께하면 모든 기운이 일사분란하게 잘 돌아간다.

예를 들면 작년 22년 9월 6일 풍운조화 龍들이 운행하는 태풍 힌남노가 포항을 강타하여 포스코가 침수되면서 화재까지 발생하여 2조 원이라는 사상 초유의 엄청난 피해가 발생하였고 4개월 보름 135일 만에 정상가동에 들어갔다고 한다.

이미 지난 일이지만 포스코 회장이 龍의 대통령과 함께하였더라면 태풍 힌남노로 이렇게 엄청난 피해를 입지 않았다. 태풍을 운행하는 龍들에게 명을 내려서 포항을 완전히 비켜 가도록 방향을 바꿀 수도 있었기 때문이다.

전 세계에서 천재지변을 담당하는 모든 龍들의 부대원 명단을 갖고 있기에 이들을 실시간으로 다스릴 수 있는 이적과 기적을 부릴 수 있다. 천재지변뿐만이 아니라 H그룹의 대전 공장 화재로 엄청난 피해가 발생하였는데, 이 또한 마찬가지이다.

사람이 실수하든, 기계 오작동으로 화재가 발생하든, 방화하든 모든 화재는 불을 다스리는 龍(적룡)들이 담당한다. 전 세계 산불, 공장 화재, 가정집 화재를 다스리는 龍들의 명단도 갖고 있고, 실시간으로 다스릴 수 있다. 그러니까 기업인들이 원하고 좋아하는 운과 기운을 모두 龍의 대통령이 갖고 있다.

모든 천재지변의 대재앙과 사건사고를 막아주는 엄청난 능력자이기에 기업인들은 반드시 저자의 말을 따라서 행해야 자신과 가정, 가문, 기업의 재앙을 막고 승승장구할 수 있다.

모든 성공을 이루었다 할지라도 지키지 못하면 소용 없는 일이다. 돈과 재물, 권력과 명예를 얻기까지 많은 시간이 걸리고 힘들지만 망가지는 것은 순간이기에 지키는 것도 중요한데, 자신의 목숨을 지키고, 사후세계 보장은 더욱더 중요하다.

이런 모든 일들이 龍의 대통령 기운에 의해서 나쁜 것은 막아주고 좋은 일들은 계속 일어나게 해서 기업의 성장을 도와주어, 나라 발전을 도모하고자 한다. 인간의 능력으로 할 수 없는 영역의 일들을 할 수 있는 천지대능력을 갖고 있다.

항상 강조하는 말이지만 대우주 법칙에도 공짜란 것이 없는데 천상 신명들, 염라국 저승사자들, 龍들도 모두가 일한 만큼의 대가(절대자로부터 매달마다 천상 녹봉 하사)를 받고 공무 수행을 행한다. 예를 들면 1억, 10억, 100억, 1,000억, 1조 바친 자들에게도 각자들이 뿌리고 행한 그릇 크기대로 한 치의 오차도 없이 천상과 지상에서 모두 거두어들이게 한다.

나쁜 기운 퇴치 국가보물 1호

龍의 대통령 주위에는 밤이나 낮이나 수천 마리 龍들이 부대 단위로 24시간 신변을 경호하며 우주 행성과 지구 행성에서 수시로 침범해 오는 모든 악들과 귀신들을 막고자 지키고 있다.

저자와 함께하면 여러분도 24시간 龍들의 보호를 받고 살아가기에 갑작스런 불상사가 일어나는 것을 미리 막을 수 있고, 천재지변과 화재, 사건사고에서 보호받는 신비함이 무궁무진하고, 갑작스런 재난이 일어나도 사건의 중심에 서 있지 않는다.

대우주는 물론 지구와 인간들의 몸 안에는 눈에는 보이지 않지만 헤아릴 수 없는 생사령(영)들과 조상들, 신명들, 악신들, 악마들, 악령들이 함께 살면서 온갖 불상사를 일으키고 있다.

육신뿐만 아니라 집 안의 침대, 장롱, 옷장, 거실, 주방, 화장실, 신발장, 신발, 의류, 카드, 휴대폰, TV, 컴퓨터, 자동차, 의자, 책상, 음식, 화장품, 거울, 생활용품과 집터, 아파트, 건물의 엘리베이터, 사무실 집기들에 귀신들이 달라붙어 있다.

인체의 120조 세포, 오장육부 장기, 간, 쓸개, 심장, 폐, 위장, 췌장, 콩팥, 대장, 소장, 머리, 머리카락, 눈썹, 수염, 양 눈, 양 콧구멍, 양 귓구멍, 입, 치아, 혓바닥, 목구멍, 어깨, 허리, 무릎, 다리, 손과 발, 엉덩이, 항문, 생식기, 음모, 자궁에 온갖 귀신들이 붙어서 인간들과 함께 동고동락하며 생활하고 있다.

자택, 빌딩, 호텔, 예식장, 장례식장, 영안실, 사무실, 가게, 음식점, 상점, 상가 건물, 백화점, 마트, 사우나, 시장, 공장, 도로, 지하철, 택시, 버스, 자가용, 비행기, 선박, 여야 당사, 국회, 법정, 검찰청, 대통령실, 기자 회견장, 시위 현장, 교회, 성당, 사찰, 암자, 신당, 법당, 도장, 명산, 기도터, 바다, 강에는 눈에 보이지 않지만 귀신들과 악마들이 바글바글거리고 있다.

한 사람 몸 안에만 최하 수억 명에서 조 단위까지 들어가 있고, 기타 대중 시설에는 수천 억에서 무량대수까지 어마어마하기에 이들을 모두 제거한다는 것은 사실상 불가능하다.

가장 많은 잡귀신과 악신들이 들어가 있는 사람들이 종교인들과 신도들, 사회적으로 이름이 널리 알려진 그룹 총수들과 기업인들, 권력자, 정치인, 연예인, 유명인들 순이다.

이들을 퇴치해 주면 시간이 어느 정도 지나 우주의 다른 행성에서 순식간에 또다시 몰려들어오기에 한도 끝도 없으나 정기적으로 퇴치해 주어야 몸과 마음이 편안하다.

숨 한번 들이쉴 때마다 수백 명의 새로운 귀신들과 악들이 다시 들어오고 있다. 질병으로 죽은 귀신들이 들어오면 생전에 그가 앓았던 똑같은 질병에 걸리게 되고, 자살한 귀신들이 들어오면 자살 충동이 몰려오고, 마약하다 죽은 귀신들이 들어오면 마약을 하자고 메시지로 유혹한다.

우울증에 걸려 죽은 귀신들이 들어오면 우울증에 걸려 사람이 망가지고, 신병 앓다가 죽은 귀신이 들어오면 무속인들을 찾아가 신을 받게 되는 경우가 많다.

도박 귀신들이 들어오면 온통 화투, 카드, 카지노, 도박 생각만 떠올리고, 경마, 경륜하다 죽은 귀신들이 들어오면 경마, 경륜에 빠져서 헤어나오지 못한다.

술귀신이 들어오면 하루도 거르지 않고 술을 폭음하고, 상습적인 음주 폭행은 생전에 사람 패기를 좋아하던 귀신들이 들어와 있다는 증거이고, 자신의 조상들도 화가 나서 폭행한다.

그렇다고 나 몰라 하고 방치하면 건강과 사업, 일상생활에 사고사, 단명, 기업 파산, 송사, 불치병 등 치명적인 불상사가 생기므로 정기적으로 한 달에 한 번은 잡귀신, 악신, 악마, 악령들을 퇴치하고 살아가야 인생의 불상사를 미리 막을 수 있다.

몸이 아픈 부위에는 분명히 귀신들이 들어가서 발생하는 경우가 대부분이지만 조상들과 자신의 생령, 신명이 구해 달라, 살려달라고 보내는 긴급 메시지도 있고, 이처럼 영적인 질병은 각기 해법이 다르기에 자세한 내용은 알현을 통해서 들어야 하고, 육적인 인간의 병은 병원에서 치료해야 한다.

조상이나 생령, 신명, 귀신들로 인한 질병은 龍의 대통령에 의해서 해결되고, 친가와 외가 조상 대물림으로 인한 질병이라면 조상 문제를 풀면 해결된다.

암에 걸려 사경을 헤매며 고통스런 경우가 많은데, 너무 늦으면 어렵지만 암에 걸리게 한 존재부터 찾아내야 한다. 상갓집이나 예식장에 갔다가 암에 걸려 죽은 귀신이 들어온 것인지 아니면 조상령인지를 찾아내면 회복이 가능하다.

설령 말기암이라 늦었다 하더라도 병이 낫고 안 낫고를 기대하지 말고 이 문제는 반드시 해결해야 한다. 말기암으로 죽으면 이것이 가족들에게 그대로 이어지기 때문에 영적으로 해결하고 운이 좋으면 기적처럼 살아날 수도 있다.

내로라 하는 무속인을 통한 굿이나 신부, 목사, 승려, 도인, 도사, 법사들의 술법으로도 해결되지 않는 문제를 龍의 대통령은 해결할 수 있는 신비한 능력을 갖고 있다.

무병, 신병을 앓아 신받아야 한다는 사람들이 의외로 많고, 에방하려면 신줏단지를 모셔야 한다는 등 신을 안 받으려고 매년 또는 3년마다 정기적으로 눌림굿을 하는 경우가 많다. 그런데 신이라는 존재가 조상인지 악신인지 가려내기가 쉽지 않다.

그래서 龍의 대통령을 만나면 신줏단지 안 모셔도 되고, 신내림을 받지 않아도 아무 탈이 없다. 죽기보다 싫은 것이 신내림 받아 무당되는 것일 텐데, 이것을 막으려고 교회, 성당, 사찰, 도교에 열심히 다니는 사람들이 의외로 많다.

사람 육신, 주택, 사무실, 가게, 공장 등에 있는 잡귀신, 악신, 악마, 악령들을 무더기로 추포하여 퇴치해 주는 압송 역할을 전담하는 龍들이 따로 있다.

대우주 연방제국 산하에 제1 천옥도, 제2 천옥도, 불지옥 제3 적화도, 얼음지옥 제4 한빙도, 제5·제6·제7 지옥도로 압송하는 龍들은 황룡, 적룡, 백룡, 흑룡들이고, 죄수들에 대한 심판은 각 지옥도 성주들과 대장군, 저승사자들이 집행한다.

요즘 세상에 귀신이 어디 있느냐고 말을 하는 사람들이 많은데, 독자들 인간 육신 자체가 산 귀신이자 귀신들의 집이다. 산 사람의 눈에 보이지 않으니까 살아가는 것이지 귀신들이나 악마들이 보인다면 제정신으로 살아가지 못한다.

눈에 보이지 않는 이런 귀신과 악들을 퇴치하지 않고 살아가면 어느 날 갑자기 일이 터진다. 24시간 기운으로 보호받고 살아가는 길이 국가 자산 1호, 국가보물 1호인 龍의 대통령과 함께하는 것이고, 이것은 금전으로 환산 자체가 안 되는 값진 일이다.

대우주 연방제국의 절대 통치권자가 거대 황룡이기에 龍의 제국을 세우는 것은 은혜에 보답하는 길이고, 그만큼 龍의 황제, 돈의 황제로부터 더 많은 기운을 받아 더 크게 돈을 벌고, 돈과 권력을 지키고 죽음 이후도 보장받기에 금상첨화이다.

이제까지 인류가 상상조차도 하지 못하고 경험하지 못한 엄청난 신비의 기운을 갖고 있기에 龍의 대통령과 함께하는 것은 천운이 따르는 사람들이다. 국내와 전 세계의 큰돈을 벌어들이는데 앞장설 대·중·소 기업인들과 권력자, 정치인들이라면 서둘러 알현 신청하는 것이 살아가는 데 많은 도움이 된다.

저자는 절대자 龍의 황제, 돈의 황제, 龍의 대통령으로 대우주와 지구의 모든 신명들인 龍들, 생령들, 사령들, 지옥세계 명부전 10대왕을 비롯한 염라국, 곡라국, 현라국 대왕과 저승사자들을 부르고 하명을 내리는 龍의 대통령이지만 역술가, 무속인들처럼 사주와 점을 보거나 굿을 행하지 않는다.

이번 생에 책을 읽고 공감하여 龍의 대통령 알현 신청한다는 것은 기업인들이 가진 수십억, 수백억, 수천억, 수십조의 금전과 왕이나 대통령의 권력보다 더 값진 기회이다.

왜냐하면 기업인들과 권력자, 정치인들의 현생은 물론 죽음 이후 사후세계 운명이 龍의 대통령 저자에 의해서 판결이 선고되고, 천국이냐, 지옥이냐가 좌우되기 때문에 금전적 값어치로는 환산이 불가하고, 이 나라를 세계 1위 경제대국으로 세울 수 있기에 국가자산 1호, 국가보물 1호이다.

가장 무서운 것은 무엇일까

　죽으면 좋은 곳으로 데려간다고 현혹하고, 어떤 사람들은 꿈에서 천사가 데리러 오는 모습을 보았다고 간증하며 좋아하는데, 이것은 악신, 악령, 악마들이 천사로 변신하여 현혹하려고 보여주는 장면들이다.

　지금 현재도 우주의 다른 행성들에서는 악들로 인하여 계속 행성 파괴와 종족 멸종이 이루어지고 있는데, 지구와 인류가 대상에 올랐다. 대우주 절대자 거대 황룡은 인간들의 영적 수준으로는 찾을 수가 없고, 신들이라 하더라도 찾지 못한다.

　절대자 거대 황룡 龍의 대통령을 찾기는 해야 하는데 꼭꼭 숨어 있어서 어떻게 찾아야 하는지 알 길이 없다. 엉뚱하게 사람들이 많이 모이는 종교가 진짜인 줄 알고 몰려다니고 있다.

　천상에서 절대자 거대 황룡 龍의 대통령을 배신하고, 지구로 내려올 때는 언제고 왜 절대자를 찾아다니며 천국, 천당, 극락, 선경 가려 하는데? 구원? 누구 마음대로? 어림도 없는 일이다.

　현재는 살아서 인간 육신들을 갖고 있으니까 멋대로 살아갈 수 있지만, 육신이 죽어 사령(귀신)이 되는 순간부터는 사령들의 운명과 모든 생사 통치권이 龍의 대통령 관할로 넘어온다.

좋은 세계로 간다고 꿈에 부풀어 있는 사람들이 엄청 많은데, 어림도 없는 이야기이다. 지구 행성 자체가 배신자들의 행성이기에 龍의 대통령 명을 받지 않으면 지구를 탈출하여 천상의 대우주 연방제국으로 갈 수가 없다.

죽음보다 무서운 것이 악들에게 정신을 지배당하는 것이다. 지구 전체의 16방위와 중앙까지 17방위를 龍들이 24시간 지키고 있기에 몰래 탈출하려는 영들은 모두 추포되어 불지옥 적화도로 압송된다. 탈출자 영들을 추포하는 龍들과 불지옥으로 압송하는 龍들이 따로 역할을 분담하고 있다.

공상 소설을 읽는 기분이 들 것인데, 한 치의 오차도 없는 진실 그 자체이다. 그동안 지금까지 지구에 태어났다가 죽은 수많은 인류가 있었고, 현재 80억 인류가 살아 있지만 영적 능력자는 龍의 대통령을 초월하는 자는 전에도 없었고, 현재는 물론 이후의 세상에서도 존재하지 않는다.

그러므로 이 책을 읽는 기업인들과 권력자들, 정치인들은 운수대통한 것이고, 천재일우의 기회를 잡은 것이다. 기업을 성장 발전시키는 것이든, 그룹을 지키는 것이든, 권력을 잡고 지키는 것이든, 사후세계 보장을 받는 것이든, 이 모든 것은 龍의 대통령 고유 영역이자 고유 권한이다.

龍의 대통령을 이번 생에 만나지 못하고 세상을 떠난다면 가장 큰 불행자이다. 현재는 돈과 재물, 권력과 명예를 거머쥐고 부귀영화 누리며 살아갈 수는 있어도, 죽음 이후의 사후세계는 완전 쫄딱 망하는 길이다.

이들은 불지옥 적화도 신세를 면하지 못하는데, 이것이 사후세계 무서운 진실이다. 죽어서 어찌하려고 악들과 귀신의 사슬에 엮여서 헤어나오지 못하고 있는 것일까?

어느 특정한 종교 하나의 문제가 아니라 전 세계 모든 크고 작은 종교 세계가 몽땅 귀신과 악마들이 세운 역사이기에 살아서도 심판받고 있지만 죽으면 처절하게 영원히 죗값을 치른다.

인생은 왕, 대통령, 재벌, 부자로 아무리 부귀영화 누리며 오래 살아도 결국 100년 안에 99.99% 모두가 죽는다. 그러니까 결국 몇십 년의 호의호식을 누리는 대신, 죽음 이후는 영원한 불지옥 적화도 신세를 면하지 못한다는 말이다.

4조 7,500억 년 동안 천상의 감옥 천옥도에 갇혀 있는 죄인들이 어마어마하다는 진실을 인류는 모를 것이다. 죄를 지으면 죄의 크기와 종류에 따라서 지옥세계를 차례대로 순회하며 350억 가지 종류의 형벌을 받게 된다.

동두칠성에 있는 7개 별들 중에서 제 1별 천옥도(도선성주), 제 2별 천옥도(비란성주), 제 3별 적화도(자보성주), 제 4별 한빙도(언문성주), 제 5별 지옥도(나문성주), 제 6별 지옥도(거단성주), 제 7별 지옥도(양군성주)로 압송되어 수감 후 알몸 상태에서 온갖 고문 형벌을 받게 된다.

7개 별의 1개 지옥도마다 1,000경의 작은 지옥이 있다는 사실은 지구에서 살아가고 있는 인류는 아무도 모른 채 죽으면 끝, 죽으면 그만, 죽으면 종교 다녔기에 좋은 곳으로 올라간다는 착각 속에 살아가고 있기에 지옥의 진실을 전해서 귀신과 악마들의 사상에서 벗어나라고 알려주는 것이다.

죽어서 지옥에 떨어져 몰랐다고 구해주세요, 살려주세요라는 변명은 일절 통하지 않는다. 하나님, 하느님, 부처, 미륵, 상제, 석가, 여호와, 예수, 성모, 천지신명, 알라신, 라마신, 시바신을 목이 터져라 불러보아도 아무 소용없고 나타나지 않는다.

이들은 모두 구원자 대우주 절대자 거대 황룡 龍의 대통령이 아니기에 구해 줄 수 없다. 지옥에 떨어지지 않으려고 한 푼이라도 더 바치려고 성금과 헌금, 시주를 아낌 없이 거액을 올리고 자랑스러워하는데, 그곳이 바로 지옥으로 입문하는 지름길이란 걸 알면 충격에 빠져 분노가 치밀어오를 것이다.

사람 잡는 악마의 집인 줄 몰라보고, 돈과 재물을 열심히 바치면서 다니고 있는데, 가짜라고 알려주며 아무리 말려도 말을 안 듣는다. 수천 년 동안 악마들에게 세뇌되어 정신이 출장 갔더라도 이제는 龍의 대통령 말을 잘 들어야 한다.

龍의 기운과 돈의 황제 기운을 받으려는 어느 누군가에게는 목숨보다 귀한 책이 되어 줄 것이다. 여러분 목숨값이 얼마나 될까 각자 나름대로 생각해 보았으리라.

龍의 대통령을 찾아 천상승천의 명을 받지 못하고 죽으면 개죽음만도 못하다. 지금도 우주의 수많은 다른 행성들에서는 외계인들이 龍의 대통령을 찾으려고 우주 전쟁까지 벌이고 있다.

구원자인 龍의 대통령을 사칭하고 있는 외계 행성들의 제사장과 악마들이 대우주에도 엄청 많은데, 이들은 결국 행성 파괴로 종족이 멸종되고 있다.

좋은 세계로 보내준다는 악마들의 말을 믿고 거액을 바치면서 각종 의식들을 행하지만, 결과는 좋지 못하다. 의식을 행하는 자들도 진짜라고 생각하며 의식을 행하지만 龍의 대통령 명을 받지 않는 이상 좋은 곳으로 가지 못한다.

좋은 곳으로 갔을 것이라고 생각할 뿐이라는 뜻이다. 숭배 대상자들, 역대 로마교황들, 왕들과 대통령들, 국내외 재벌 총수들, 유명한 고승, 도승, 대사들, 추기경을 비롯한 이름난 목사들과 교주들이 어디에 가 있는지 확인해 보았더니, 하나같이 가난뱅이로 윤회한 자, 축생으로 윤회한 자, 곤충과 벌레로 윤회한 자, 불지옥 적화도로 압송되어 엄청난 고문 형벌을 받고 있는 모습들을 무수히 확인하였다.

돈을 바치러 지구에 태어나?

아무리 강조하여도 지나침이 없는 것이 돈을 왜 그리도 열심히 벌어들이는 것인지 이해가 안 갈 정도인데, 인간의 욕망은 끝이 없기 때문이다. 100억 부자 되면 500억, 1,000억, 3,000억, 5,000억, 1조, 3조, 5조, 10조, 30조, 500조, 1,000조 부자가 되고 싶은 것이 모든 자들에게 우선 멈춤이 없는 욕망이다.

천상의 대우주 연방제국에서도 돈과 재물, 권력과 명예에 대한 목표는 우선멈춤이 없고, 오직 더 많이, 더 높이 계속해서 앞으로 질주만 할 뿐이다. 이런 멈출 줄 모르는 욕망을 채우려다가 절대자를 배신하고 반란에 가담하는 범죄를 저질렀다.

돈과 재물, 권력과 명예에 대한 욕망은 생명이 살아 있는 동안 끊임없이 분출하는데, 우주 황실과 3,333개 제후국을 비롯하여 지구 행성과 우주의 모든 또다른 행성들의 외계 행성인들도 하나같이 똑같은 거대한 욕망을 갖고 살아간다.

이것이 각자 개인들이 경쟁하고 발전할 수 있는 힘의 원동력이다. 천상에 오르면 매일 같이 먹고 노는 줄로 생각하고 있는데, 조직 체제이기에 각자들에게 일정 기간 동안 천상업무 적응 훈련을 이수하고 나면 정해진 업무를 수행해야 한다.

그러니까 종교 믿으면 지옥 가지 않고 천국, 천당, 극락, 선경 세상으로 무조건 올라가 높은 자리에 앉는 줄 알고 있는데, 이 모든 것이 잘못된 내용이니 깨어나야 한다.

우주 황실이나 3,333개 제후국들도 지구인들의 생활과 별반 다르지 않고, 이동 수단이 자동차가 아닌 개인 소유 龍들(대신이나 제후급들 한정)과 원반 비행체, 로봇 변신 비행체, 장거리 운행할 때는 우주 함선으로 이동하는 것이 다르다.

지상에서 영화로 방영된 스티븐 스필버그 감독의 SF공상영화들이 약간의 차이는 있지만 우주에서 실제 일어나고 있는 사실 그대로의 장면들이 많다.

기업인들과 권력자들, 정치인들이 하루, 한 달, 1년 앞을 내다보지 못하고 현실세계에서 눈에 보이는 돈과 재물, 권력과 명예만 쫓아다니며 살아가고 있는데, 왜 돈을 벌어들이는지, 왜 권력을 잡으려는지 진실을 알아야 한다.

현실의 운명은 중요하다고 생각하며 혈안이 되어 건강에 좋다는 음식과 보약을 먹고, 여기저기 찾아다니면서 사주, 운세, 굿, 종교의식을 열심히 행하면서 운명을 개척하고 있다.

하지만 정작 자신과 가족의 사후세계 운명에 대해서는 모두가 속수무책이고, 준비조차 안 하고 살아간다. 대안조차 제시하지 못하고 있는 것이 사람들인데, 이들은 숭배자 열심히 믿으면 좋은 곳으로 간다는 말이 전부이다.

그런데 지구상의 모든 인류가 거대 황룡 절대자를 배신한 역천자들이라 지구 행성에 태어났기 때문에 절대자 龍의 대통령을 제외한 어느 누구도 인류를 구원할 능력도 없고, 영들을 천상으로 올려보낼 수 없다.

그래서 이 나라뿐만이 아니라 세계 인류 모두가 수천 년의 세월 동안 속아왔다. 돈과 재물, 인생과 정력을 모두 빼앗기고, 천상으로 돌아가지도 못하는 엄청난 실수를 각자들이 자처하고 있지만 이런 진실을 아무도 모르고 있다.

그러나 龍의 대통령은 여러분의 사후세계 운명을 보장하고 책임져 줄 수 있는 지구상 유일무이한 존재이고, 구원은 지구 행성이 마지막이다. 龍의 대통령 인간 육신은 우주의 14개 행성에서 윤회하고 이번 지구 행성이 마지막 환생 수업과정이다.

돈을 열심히 벌어서 재벌 총수가 되었던 모두가 알고 있는 유명한 재벌 총수들은 죽어서 어떻게 되었는지. 권력을 거머쥐고 이 나라를 좌지우지하였던 왕(태조 왕건, 태조 이성계, 태종 이방원, 세종 이도, 이순신 장군)과 전직 역대 대통령, 북한의 김일성과 김정일의 사후세계 종적을 추적해 보았었다.

이들 유명 인사들의 사령(귀신)들을 소환하여 그들의 모습을 상세히 보았고 실시간 긴 대화를 나누었는데, 여러분이나 이들의 자손과 후손들이 생각하는 것처럼 좋은 세계로 태어난 자들은 한 명도 없었고, 온갖 축생, 곤충, 벌레로 환생하고 있거나, 지옥도에서 모진 고문 형벌을 받고 있었다.

현재 살아 있는 모든 사람들은 종교를 열심히 믿었거나 자손, 후손들이 천도재, 지장재, 수륙재, 지노귀굿, 조상굿, 위령미사, 추모예배, 추도미사를 행하여 하늘나라 좋은 곳인 천국, 천당, 극락, 선경세상으로 올라갔을 것이라고 굳게 믿고 있다.

하지만 아무도 가지 못했고, 지구 행성에 태어나 龍의 대통령을 통하여 조상 천상승천 의식을 행하지 않은 자들은 아무도 천상으로 올라가지 못하였다. 지구에 태어난 자들은 龍의 대통령을 통해서만 천상으로 돌아갈 수 있다.

그래서 이미 죽은 조상들이나 산 자들 모두 돈을 많이 벌어서 천상입국 의식 비용으로 많이 바쳐야만 갈 수 있다. 기업인들과 권력자들, 정치인들, 상류층들이 아닌 일반인들은 이미 오랜 시간 기회를 주어서 더 이상 구원의 기회가 없다.

돈의 액수에 구애받지 않을 상류층 사람들에게만 기회를 주기에 일반인들은 龍의 대통령을 만날 수 없다. 평범한 개인들이 감당할 수 있는 금액이 아닌 돈 걱정 없는 상류층들이나 부담할 수 있는 거액의 친견 알현비와 자문료, 의식 비용을 비싸다고 할 것이기 때문에 일절 친견 알현 자체가 불가하다.

일반인들에게 거액의 친견 알현비를 말하면 입이 떡 벌어지기에 말도 안 된다고 투덜거리기나 할 것이기 때문이다. 기운적으로 절대자 龍의 대통령 품격을 인정하고 천격, 신격, 영격, 인격에 맞는 성공하고 출세한 상류층들만을 받는다.

이 책을 읽어보고 공감, 감동하며 절대자 龍의 대통령 품격을 인정하는 사람들은 비싸다고 말하지 않을 것이고, 오히려 친견 알현 자체만으로도 가문의 영광이라 생각한다.

기업인, 권력자, 정치인, 상류층들의 멘토가 되어주고, 현생과 내생을 보살펴줄 거대 황룡 절대자 龍의 대통령을 지구 행성 어디 가서 친견 알현할 수 있을까?

인간들과 영능력자들도 절대로 풀지 못하고, 우주의 신비 기운을 자유자재로 움직이는 거대 황룡 절대자 龍의 대통령을 생애 최초로 친견 알현하는 일이다.

친견 알현비를 거액으로 받는 것은 거대 황룡 절대자 龍의 대통령 위상과 품격에 맞추기 위함이다. 일반적인 도인, 도사, 법사, 무당, 신부, 목사, 승려, 교주를 알현하는 것이 아니라 대우주 절대자 거대 황룡 龍의 대통령을 알현하는 천문이 열리는 일이기에 살아서도 죽어서도 가문의 대영광이다.

악(惡)의 탄생과 1·2차 역모 반란

악(惡)의 탄생과 1차 역모 반란

거대 황룡 절대자 龍의 대통령 나이는 2,000업(業)×700억 만 배 살이며 '○○악'은 절대자 龍의 대통령이 5조 1,300억 년 전에 인간화 모습으로 복제 쌍둥이로 창조하였다. 거대 황룡 절대자가 양기, 태양, 빛이라면 '○○악'은 음기, 어둠을 상징하는 상반되는 성정을 유지하기 위함이었다.

절대자 龍의 대통령 황위 찬탈을 위한 '○○악'의 1차 역모 반란은 4,799억 9,872만 6,994년 전 시작으로 2만 1000년 지난 후 반란이 진압되었다. 거대 황룡 절대자에 의해 복제 쌍둥이로 태어난 '○○악'과 부인 '유영'은 황위 찬탈을 위하여 역모 반란을 일으켰다. 대우주 연방제국 창업 시기는 4조 7,500억 년 전이고, '○○악'(천상의 실명)의 나이가 5조 1,300억 살이다.

우주 황실의 전 황비 '하누'와 전 황자 '표경'이 주도한 2차 역모 반란을 도모한 시기는 저자 나이 3세 때부터인데, 지금부터 14,902년 전이다. 龍의 대통령 인간 육신이 18세에 대우주 연방제국 밖 다른 우주 15개 행성으로 황위 계승 수업을 위해 출타 후 110년 후부터 반란시작으로 3,150년 후 완전 진압하였다.

모두 다 한 번에 진압했다고 끝난 것이 아닌 계속 들고 일어나서 진압하는 데 오래 걸렸다. 龍의 대통령 인간 육신이 황위 계승 시험 치르시기 위해 출타하는 것을 아니까 그때 대비해서 공백으로 비어 있을 때 표경 전 황자를 내세우려고 그때부터 역모 반란 작전 계획을 세웠다.

애플 창업주 스티브 잡스 부친과 나머지 6명의 제후들이 더 큰 야욕을 부리고자 진작에 '하누'를 미리 황비로 내세웠고, 본격적인 반란을 도모한 시기는 '표경' 전 황자가 태어나고부터 세력을 불리기 위해 계획을 세운 것이었다.

'○○악'과 부인 '유영'은 龍의 대통령 인간 육신이 지구에 환생할 걸 미리 알고 전 황비 '하누'와 전 황자 '표경'의 마음을 이용하여 지구에 악교(종교)를 퍼트리도록 기운을 내려줬다.

악과 유영은 龍의 대통령 황위자리가 탐이 나서 반란을 꿈꾸고 있었고, 龍의 대통령 인간 육신이 여기 지구 행성에서 황위 계승 시험을 통과하지 못하게, 증오심이 깊었던 '하누'와 '표경'을 이용하여 악교(종교)를 세우도록 기운을 내려준 것이다.

천상의 역천자 반란 괴수 '하누'와 '표경'이 龍의 대통령 인간 육신을 방해하고자 지금까지 악교(종교)를 세워 龍의 대통령 인간 육신을 알아보지 못하게 사상과 교리로 세뇌시켜 놨다.

무량대수의 대우주 행성과 지구 행성의 모든 악교(종교)가 거대 황룡 절대자 龍의 대통령에 의해 복제된 씽둥이 '○○악' (천상의 실명)과 부인 '유영'의 기운으로 시작된 것이다.

거대 황룡 절대자의 복제 쌍둥이 형제인 '○○악'과 부인 '유영'은 전 황비 '하누'와 전 황자 '표경'을 이용하여 지구 행성 전체를 온통 악교(종교)로 만들어 龍의 대통령 인간 육신이 언젠가 지구 행성에 내려와도 황위 계승 수업을 통과하지 못하도록 인류 전체를 온갖 '○○악'의 종교 사상으로 세뇌시켜 놨다.

지구 행성 전체가 종교(악교) 사상과 교리로 도배되면 거대 황룡 절대자 龍의 대통령을 찾아내는 황위 계승 수업에서 탈락할 수밖에 없다는 약점을 미리 알고 지구촌 곳곳에 온갖 종류의 종교(악교)를 세워 방해하기 위함이었다.

일단 인류가 악교(종교)를 믿으면 대우주 연방제국으로 다시는 돌아갈 수 없다는 약점을 이용하여 극성스럽게 수천수만 년의 세월 동안 온갖 종교 사상을 전파하여 거대 황룡 절대자 龍의 대통령을 찾지 못하게 미리 준비한 것이다.

악교(종교) 안에서는 수억 년이 흘러가도 거대 황룡 절대자 龍의 대통령을 찾을 수 없기 때문에 구원을 받지 못하도록 종교를 부흥 번창시켰다. 그래서 종교가 아닌 악교가 맞다. 악교라고 하면 누가 믿을 사람이 없으니 종교라는 이름을 내세워 악의 기운을 우주와 지구에 전파하고 있었다.

2차 역모 반란 괴수 '하누'와 '표경'의 지구인 환생

고조선에서 이집트로 넘어온 이세이 이시스 여신이 대우주 연방제국 황실의 전 황비 하누(표경 어미)이고, 호루스가 아들 표경 전 황자인데, 신화가 아니라 실제 존재했다.

호루스는 오시리스 아들이 아니고 다른 시종의 씨로 태어났는데 영악한 이세이가 자신이 이시스라 칭하고 호루스, 오시리스를 신격화해서 백성들을 세뇌시켜 우상화시킨 것이다. 구약성서, 신약성서, 힌두교, 알라신, 이슬람 시발점이 이시스, 호루스이다.

'○○악'은 거대 황룡 절대자 용의 대통령 인간 육신이 황위 계승 수업 시험을 통과하지 못하게 온갖 악교(종교)를 퍼뜨려 알아보지 못하게 하였고, 용의 대통령을 찾아내는 시험에 통과하지 못해 영원히 낙오되기를 바랐던 것이 '악'들과 수하들이다.

거대 황룡 절대자 용의 대통령이 창조한 모든 생명체, 행성들은 龍의 대통령 각본대로 움직이고 있다. 우주 행성과 지구 행성 모두 천상설계도에 계획된 시나리오대로 흘러가고 있는데, 인간들이 빨리 알아차려야 한다.

지구 행성은 장차 대우주 연방제국 주인 자리에 오를 황위 계승 수업과정 시험을 위한 龍의 대통령 인간 육신 하나를 위한 학습장으로 창조된 것이다. 여러분을 반인반수의 모습이 아닌 완전 인간 모습으로 창조해 준 것도 龍의 대통령 인간 육신을 위한 거대 황룡 절대자 龍의 황제, 龍의 대통령의 특별한 배려이다.

우주 행성의 수많은 생명체들 중에서 인간의 모습이 가장 아름답기에 龍의 대통령 인간 육신 지구 탄생을 위하여 지구인들의 모습을 가장 아름다운 인간으로 탄생시켜 준 것이다. 지구인들은 우주 행성의 생명체들이 어떤 모습들인지 볼 수 없어서 잘 모르는데, 거의 대다수가 반인반수 형상들이다.

그러니 지구인들은 龍대통령 인간 육신이 지구 행성에 탄생한 것에 대해서 끝없이 감사해야 한다. 뿐만 아니라 대한민국 땅에 태어난 것도 감사해야 할 일이다. 또한 'ㅇㅇ악'이 세운 종교 안에서 수천 년을 기다린 구세주, 구원자, 메시아, 재림 예수, 미륵불, 정도령이 龍의 대통령 인간 육신이다.

龍의 대통령 겉모습은 인간 육신이지만 내면은 거대 황룡 절대자 자체이다. 죄 사면권, 생사여탈권, 신명통수권, 우주행성 생성과 파괴, 생령과 사령, 인간과 신명의 구원이 지구 행성에서는 모두 龍의 대통령 인간 육신을 통해서 이루어진다.

'ㅇㅇ악'이 세운 모든 종교 사상과 교리에서 과감하게 벗어나야 구원받을 길이 열린다. 龍의 제국에서만 구원이 이루어지기에 악이 세운 구원받지 못하는 종교를 탈출해야 하고, 상류층들은 龍의 제국에서 144,000명의 재벌 신인류 아이큐 100조짜리 반신반인으로 재창조되면 분야별 세계 1인자가 되어 현생과 내생까지 근심 걱정 없이 살아갈 수 있다.

龍이 사탄일까? 악이 세운 것은?

신성한 영물로 알려진 龍을 왜 사탄이라 매도하며 격하시켰는지 진실을 밝히고 악이 세운 것이 무엇인지 알려준다.

龍의 기원은 BC 3100년 전 고대 이집트에서 처음으로 이시스 여신(천상에서 2차 역모 반란 일으킨 역천자 '하누')이 꿈을 꾸면서 龍에 대해 존재를 드러내며 꿈에 본 龍을 화가로 하여금 그림으로 그리기 시작하였고, 그뒤로 바빌로니아, 인도, 중국, 신라, 일본으로 알려지게 되었다.

다만, 이시스 여신이 龍 그림을 보관하고 있다가 바빌로니아에서 파견된 왕이 龍 그림을 보고 예사롭지 않다 하여 선물로 그림을 받고 돌아가 자신의 상징으로 사용하였다. 그 뒤에 수호신으로 지켜준다는 믿음이 점차 퍼져나간 것이다.

〈창세기〉에서도 나타나듯이 유대의 전통에서는 뱀은 인간을 유혹하는 죄악의 근원이자 간계가 깊은 동물로 인식되었는데, 《신약성서》의 〈요한계시록〉에서도 龍은 천사들과 전쟁을 벌이는 악마의 모습으로 표현되었다.

기독교의 확산과 더불어 龍은 신의 은총을 방해하는 악마와 이교(異敎)의 상징으로 여겨져 천사와 기사에게 퇴치되어야 할 사탄·마귀로 인식되었다.

龍이 하늘이라는 것을 알고 있던 1700년대 로마 교황청에서 龍이라는 신성한 영물을 배척하기 위해 처음 사탄이라 퍼트려 나갔던 것이다. 문화가 뛰어났던 동양에서 龍을 신성시하는 것에 자존심이 구겨진 것을 용납 못 해 서양 사상이 동양 사상보다 뛰어나다는 오만한 인식에서도 비롯되었다.

이는 이스라엘 조상귀신인 여호와(야훼) 하나님을 龍보다 높게 신격화 우상화시키기 위해 영물인 龍을 사탄으로 격하시켰다. 종교에서 뱀을 사탄이라고 하듯이 눈에 보이지 않는 영물인 龍의 형상이 거대한 뱀, 도마뱀, 악어, 공룡을 닮은 파충류 형상이라 사탄으로 매도하여 격하시켰던 것이다.

더불어 여기에는 1·2차 역모 반란 주동자들인 ○○악, 유영, 하누, 표경과 무량대수의 수하들이 오래전부터 지구에서 언젠가 거대 황룡 절대자가 인간 육신으로 내려와 龍의 제국을 세우고, 龍의 대황제 龍의 대통령으로 선포 및 취임 등극하는 것을 막고자 龍을 사탄이라고 퍼뜨려 나갔다.

영물인 龍을 사탄이라고 격하시켜 매도하는 악교(종교)를 믿고 있는 사람들은 결국 대우주 통치자, 상위 포식자인 거대 황룡 龍의 대황제 龍의 대통령을 사탄이라 매도한 종교(악교)에 동참하였으니, 어찌 천상으로 돌아갈 수 있겠는가?

상상의 영물인 龍의 존재가 세계에 퍼져나가서 전파되어왔다는 것은 모든 만생만물을 창조한 조물주이며 모든 이들의 최상위 존재가 龍이라는 인식을 심어주게 하고 함부로 대할 수 없는 존재라고 머릿속에 박히게 해주었다.

그래서 인류 모두가 구원해 준다는 종교(악교)에 수천수만 년 동안 속으며 세월을 낭비하였다. 뿐만 아니라 천상은커녕 지옥도 입문을 예약하려고 돈과 재물을 한도 끝도 없이 바치고 있으니 세상천지에 이런 바보 같은 자충수가 어디 있을까?

龍은 우주에 존재하는 신성한 힘과 질서를 상징하는 영물로 여겨진다. 龍은 우주 만물의 질서를 관장하는 영물로 여겨지면서 제왕(帝王)의 권력을 상징한다.

사이비(似而非) 정의 - 이 세상 종교는 몽땅 사이비이다.
겉으로 보기에는 비슷한 듯하지만 근본적(根本的)으로는 아주 다른 것인데, 다시 말해 단순한 가짜가 아니라 의도를 가지고 "진짜인 척하는" 가짜, 거짓, 허위를 말한다.

정통 종교는 7대 종단에 속하는 개신교, 불교, 유교, 원불교, 천주교, 천도교, 민족종교를 말하고 그 이외 신흥종교는 모두 이단이나 사이비 취급을 받고 있다.

그런데 기존의 국내 7대 종단을 포함하여 전 세계 모든 종교가 천상의 대우주 연방제국에서 황실 가족이었던 1차 역모 반란 주동자 '○○악'(천상의 실제 이름이 악)과 처 '유영', 2차 역모 반란 주동자 전 황비 '하누'와 전 황자 '표경'이 지구 행성으로 도망쳐 와서 세운 것인데, 이런 진실을 난생처음 들어볼 것이다.

그래서 지구 행성의 모든 종교는 악의 기운으로 세워진 악교이기에 이들이 몽땅 사이비인 것이다. 거대 황룡 절대자 龍의 대통령은 지구 행성에 악교(종교)를 세우라고 허락한 적이 없기에 절대자로부터 구원이 안 되는 것이다.

그러므로 인류 모두는 지구에 인류가 탄생한 이후부터 ○○악과 유영, 하누, 표경에게 몽땅 속은 것이고, 돈과 재물, 인생만 몽땅 빼앗겼고, 구원은 낙동강 오리알 신세가 되었다.

이제까지 수천 년의 세월 동안 조상 대대로 믿어오던 모든 숭배자들은 '○○악'의 기운으로 '악'이 세운 자들이었기에 아무리 역사와 전통을 자랑하더라도 구원과는 거리가 멀고, 거대 황룡 절대자를 배신한 댓가로 7개 지옥도로 압송 예약되어 있다.

○○악, 유영, 하누, 표경이 인간 육신으로 들어가거나 기운을 내려주어서 지구 행성을 몽땅 종교(악교)세계로 만들었기에, 인류가 원하고 바라는 구원은 완전히 물거품이 되어버렸다.

지금도 악교를 다니는 열성 신도들은 부정하고 무시하며 대수롭지 않게 생각하고 넘기겠지만, 반신반의하는 자들은 이제 어떻게 할 것인지 갈등이 이만 저만이 아닐 것인데, 진실의 기운을 느낀 자들은 완전 패닉 상태에 빠질 것이다.

난생처음 들어보는 황당스런 이 내용을 믿어야 하나? 무시해야 하나 갈등과 고민이 몰려올 것이다. 그럼 이제까지 종교 다닌 것이 구원도 받지 못하는 ○○악의 사상을 믿었단 말인가 하며 통탄스러워할 자들이 부지기수로 나올 것이다.

지구상의 종교 전체가 몽땅 '○○악'이 세운 악교라니 이게 말이 되느냐고? 이걸 믿으라고? 종교인들이 말하는 사탄, 마귀, 악, 악신, 악령, 악마 사상이 바로 '○○악'이 뿌린 기운이고, 종교인들과 신도들 자체가 자신도 모르게 '악'의 하수인이 되었다.

지구상의 종교세계 자체가 몽땅 사이비인 것인데, 오히려 새로운 진리를 말하는 거대 황룡 절대자 龍의 대통령을 사이비로 내몰려 할 것이지만, 진실은 승리하게 되어 있고, 현생에서 보여줄 것이며, 죽어서는 더 확실하게 알게 된다.

죽어서 지옥에 떨어져 형벌받고 있을 때 고통스러워 울부짖으며 악교의 숭배자들 이름을 부르며 구해주세요, 살려주세요, 아무리 외쳐봐야 응답도 없고 나타나지도 않는다. 계란으로 바위 치면 바위는 깨지지 않고 계란이 깨지는데, 꼭 던져봐야 아는가? 이 책을 읽고도 종교에 대한 아무런 분노와 배신의 허탈한 기운도 느끼지 못한다면, 책값이 아까울 것이다.

제3부
거대 황룡 절대자

지구 창조와 龍의 대통령 나이

    부와 권력, 명예는 龍의 대통령 기운으로 이루어진 것이다. 상류층으로 살아가는 사람들은 모두 龍의 대통령 기운을 남들보다 더 많이 받았기 때문이다. 龍의 대통령으로 세상에 출현하게 되면 龍의 제국으로 들어와 함께하라고 커다란 돈과 재물의 기운, 높은 권력과 명예의 기운을 많이 내려 주었다.

    천상에서는 실시간으로 인간들의 마음과 생각, 말과 글, 행동에 대한 일거수일투족을 지켜보고 기록한다. 화장실 가는 것, 잠자는 시간, 합궁하는 것, 밥과 술·고기 먹는 것, 노래 부르는 것, 회의 내용, 대화 및 수다 떠는 것, 세계 각 국가 비밀회담 내용, 정보기관 기밀 사항, 핸드폰 통화.

    문자 주고받는 것, 블로그, 카페, 인터넷, 유튜브, 인스타그램, 텔레그램, 부정비리 장면, 살인, 거짓말, 모함, 위증, 비난, 험담, 욕설, 조롱거림, 한숨 쉬는 것까지도 실시간 체크하며, 천상장부와 지옥장부에 심판 기록으로 보존된다.

    龍의 대통령을 따라 천상으로 돌아갈 자들은 배신하지 말고 목숨 바쳐 충성하고, 죗값 바치며 빌어야 한다. 龍의 대통령을 한순간도 인간으로 보지 말고, 거대 황룡 절대자 龍의 대통령으로 바라봐야지 인간 상대하듯 하면 천상행 열차에서 탈락이다.

대우주 행성들과 행성인, 천지인을 창조한 절대자 자체이기에 인간의 생각을 바꾸어야 한다. 龍의 대통령은 인간 모습으로 보이지만 인간이 아닌 거대 황룡 절대자 자체이다.

이 책을 읽고도 龍의 대통령을 인간으로 본다면 선택받지 못하기에 살아서든 죽어서든 龍의 대통령만 찾아야 한다. 상위 포식자 거대 황룡 자체가 절대자이므로 인간으로 보면 지구 행성과 우주 행성에서 영원히 함께할 수 없다.

지구가 파괴되고 인류가 멸종되기 전에 천상으로 함께 데려가야 할 천명자(사명자)들이 아직 지구 행성의 이 나라와 전 세계에 남아 있어서 마지막으로 책을 통하여 찾고 있는데, 龍의 제국이 천상으로 가는 마지막 열차이니 어서들 악교에서 떠나 龍의 제국으로 들어와야 한다.

초진사, 중진사, 말진사가 있다. 즉 용띠와 뱀띠 해를 가리키는 말인데, 중진사까지 龍의 제국으로 들어오는 사람들은 구원받지만, 말진사에 들어오는 사람들은 구원받지 못한다고 예언으로 나와 있다. 예언에서 말한 중진사는 올해가 마지막이고, 입춘 기점으로 따지면 내년 2월 4일 입춘 전날까지이다.

2024년 2월 4일 입춘절이 말진사가 시작되는 운명의 날인데, 예언에 관심 있는 사람들은 이미 들어서 알고 있다. 그럼 무슨 일이 있기에 말진사에 들어오는 사람들은 왜 구원이 없다는 것인지 궁금할 것인데 풀이해 준다.

모든 것은 영원한 것이 없듯이 시작이 있으면 끝이 있는 것이고, 인간도 탄생이 있으면 죽음이 있듯이, 지구 행성 역시 생성이 있으면 소멸도 있다는 뜻이다.

즉, 지구 행성 소멸, 인류 멸종이 말진사에 이루어질 수 있음을 예언이 말해 주고 있는데, 앞으로 말진사까지 남은 시간이 龍의 대통령 책이 출간되면 9개월 남짓 남는다.

말진사에 들어오는 사람들은 구원받을 수 없다는 또다른 예언은 이 책을 읽어보고도 인정하고 들어오는 자들이 없으면 더 이상 인류를 구원할 필요가 없기에 절대자 거대 황룡 龍의 대통령 인간 육신이 천상으로 돌아갈 수밖에 없기 때문이다.

나는 우주의 절대자 龍의 대통령이지만 인간들과 소통하려면 인간 육신이 필요한데, 구원할 자들이 없으니 당연히 천상으로 돌아갈 수밖에 없다. 지구 행성이 아직까지 소멸되지 않는 것은 龍의 대통령 인간 육신이 이 땅에 아직 살고 있기 때문이다.

龍의 대통령 인간 육신은 지구 행성이 15번째로 마지막 환생 수행하면서 인류에게는 구원과 심판을 위한 시험장이고, 龍의 대통령 인간 육신은 황위 계승 수업과정을 위한 학습장인데, 이제 시간이 다 되어가기에 운명의 시간이 다가오고 있다.

龍의 대통령 인간 육신이 황위 계승 수업과정을 마치고 지구 행성을 떠나면, 지구 행성은 더 이상 존재할 하등의 이유가 없어진다. 역천자들에게 죄를 빌라고 기회를 주었지만, 뉘우치지 않고, 죄를 빌 생각도 없기에 대우주 행성 운행법칙에 따라 파괴되어 소멸될 수밖에 없는 운명인데, 이 책을 읽고 있는 독자들의 생각은 무엇인지 묻고 싶다.

지구 행성은 龍의 대통령 인간 육신을 위하여 황위 계승 수업 학습장으로 생성 창조한 것이었기에 사명이 완수되었으니, 천상설계도대로 지구 파괴, 인류 멸종으로 갈 운명이다. 그동안 많은 시간을 주었지만 천성이 바뀌지 않았는데, 마지막 내려준 기회를 잡을 것인지 운명의 시간이 흐르고 있다.

龍의 대통령 인간 육신이 지구에 오래 살아 있어야 지구의 운명도 길어진다. 하지만 인간 육신이 떠나면 더 이상 지구 행성은 존재하지 않고, 태양과 달도 龍의 대통령 인간 육신 학습장을 만들기 위해서 창조한 것이기에 소멸된다.

절대자 龍의 대통령은 대우주 행성통제부 총사령관이기에 그레이엄 수에 달하는 우주 행·항성들을 하루에 30억 개씩 생성시키고, 또는 파괴하여 소멸시키고 있는 절대자 거대 황룡이다.

지구 행성 창조 연대는 580억 23,478,912년 전이고, 지구에 생명체와 미생물을 생성(4계절 변화) 연대는 46억 98,679,999년 전이다. 407억 년 전까지 지구에서 차지하는 바다는 10%만 형성되어 있었고, 나머지는 푸석거리는 사막만 존재했었다.

200억 년 전까지는 지구 대변혁으로 한 번 뒤집어진 적이 있었는데, 땅속에 숨은 마그마 활동이 활발해져 사막이었던 땅이 갈라지면서 마그마 불길이 솟구쳐 오르는 현상으로 지구가 불타오르는 현상을 겪었다.

그 뒤로도 89억 년 전까지 반복적으로 뒤집히는 일이 많이 발생하였고, 88억 전부터 점차 날씨에 변화가 일어났고, 바로 4계절이 생길 즈음으로 꽃이 피거나, 눈이 오거나, 열대우림에 변화가 일어나게 했다.

수많은 시간 동안 수백 번 뒤집어지는 일이 반복되어 지층에 계속 쌓이다 보니 지구 바닷속 중심부까지 나이를 측정한다는 것은 불가능하고, 인간들이 정확하게 지구의 나이를 알고 싶다면 지구의 단면을 잘라내어 가장 중심부로부터 측정해야 정확한 지구 나이 산출이 가능하다.

龍의 대통령의 값어치를 아직 모르기에 멀뚱멀뚱 바라보며 진짜인가 가짜인가 의심부터 하기에 판단하기가 어려울 것인데, 기운으로 직접 체험해야 한다. 기운은 속일 수가 없다.

龍의 대통령의 나이가 얼마라고 생각해 봤을까? 숫자 단위는

억, 조, 경, 해, 자, 양, 구, 간, 정, 재, 극, 항하사, 아승기, 나유타, 불가사의, 무량대수, 대수, 업의 크기 순인데, 10,000배마다 단위가 바뀐다. 10,000억은 1조, 10,000조는 1경이다.

龍의 대통령 나이는 2,000업(業)×700억만 배 살이고, 우주의 소행성을 처음 창조하기 시작한 때가 1,980업(業)×20억만 배 년 전이며, 龍의 대통령 인간 육신은 대우주 연방제국 황실에서 탄생하여 지구의 나이로 현재 14,920살이다.

지구 파괴와 인류 멸종이 일어나든 나지 않든 인류 모두는 죽음을 맞이하고, 새로운 사후세상을 맞이하게 되어 있다. 龍의 대통령 인간 육신 역시 사명을 마치고 천상으로 돌아가면 지구 행성과 우주 행성에서도 더 이상의 구원은 존재하지 않는다.

지구와 인류의 운명은 龍의 대통령 인간 육신 운명과 직결되어 있기에 오래 살고 싶은 권력자들과 상류층들은 龍의 제국으로 들어와서, 절대자 龍의 대통령 인간 육신 바짓가랑이라도 잡고, 제발 오래 오래 사시라고 통사정이라도 해야 한다.

소설이나 코미디 같은 내용이지만, 龍의 대통령 인간 육신이 15개 행성 중 2개 행성에서의 환생 수행 기록을 읽어보면 소설이 아니란 것을 충분히 알 수 있을 것이고, 龍의 대통령이 하는 말이나 글은 모두 사실이다. 천재, 수재의 두뇌를 가진 자들도 龍의 대통령 말이나 글을 100% 이해하고 받아들이기가 살아서는 어려울 것이지만, 죽어서는 알게 될 것이다.

천상의 비밀 龍의 대통령

　이 책을 읽는 독자들은 SF 소설이야? 공상 영화 시나리오 대본이야? 하면서 의구심을 갖고 읽어볼 사람들이 전부일 것인데, 모두가 1,000억 분의 1도 거짓 없는 진실이니까 하늘 공부하는 차원에서 하나씩 받아들이길 바란다.

　14개 행성에서 윤회하며 환생 수행을 마치고, 지구에 홀로 내려온 龍의 대통령 인간 육신은 대우주 연방제국 황실에 가족들이 있고, 마지막 15번째 지구 행성에서 환생하여 악교 심판과 구원의 공무수행을 무사히 마치고 돌아오기를 기다리고 있다.

　○상천의 주인 절대자 거대 황룡 祖父 ○상황제와 祖母 ○상황후, ○미천의 주인 父 ○미황제와 母 ○미황후, ○솔천의 주인 叔父 ○솔황제, 叔母 ○솔황후, ○경천의 주인 작은 叔父 ○경황제, 叔母 ○경황후, ○상천 총비서실장 외조부와 외조모, 3,333개 제후국들 중 서열 1위 에슈안 제후국 제후 ○세민 외숙부, 서열 2위 시란바트 제후국 제후 외숙모와 그외 친척들이 있다.

　나의 천상황실 가족들 실명도 있지만 비공개이다. 독자들도 천상의 4대 황실정부 공직자 가족들과 3,333개 제후국 신명정부 공직자 가족들이 기다리고 있다는 사실을 모르고 살아간다.

여러분의 가족들이 천상 감옥 천옥도에서 수천수만 년에서 수억 수십억 년 동안 수감되어 있다는 것을 알면 구원받지 못하는 악교에 빠져 있는 것이 얼마나 불행한 일일까?

지구 행성에서 구원과 심판은 龍의 대통령만의 고유 영역이자 고유 권한이다. 종교(악교)의 자유가 있으니 어떤 종교를 믿든 각자들의 자유인데, 종교 믿으면 龍의 대통령으로부터 구원받아 천상가족과 재회하는 것은 불가능하다. 이번 생에 용의 대통령을 친견 알현하여 천상에서 지은 죄를 빌지 않은 대가로 죽어서는 모두가 불지옥 적화도 입문이 예약되어 있다.

오래전부터 악교(종교)의 사상에 이미 빠진 독자들은 하나님, 하느님, 부처님, 상제님이 구원해 주는데 무슨 뚱딴지 같은 소리 하느냐고 오히려 벌받는다고 으름장을 놓으며 비난할 사람들도 있을 것인데, 죽어서 과연 하나님, 하느님, 부처님, 상제님이 구하러 오는지 확인하면 될 것이다.

지금까지 수천 년 동안 역사와 전통을 자랑하며 이어져 내려온 거대 악교가 가짜라고 주장하는 자는 龍의 대통령 한 명뿐이다. 두렵고 무서워 벌받을까 봐 신앙의 구심점인 하나님, 하느님, 부처님, 상제님, 천지신명, 알라신, 시바신, 라마신, 여호와, 석가, 예수, 마리아, 마호메트, 공자, 노자, 상제가 구원 능력이 없는 가짜라고 누가 당당하게 주장할 수 있을까?

이제까지 신앙의 숭배자들이 가짜라고 생각해 본 자들은 한 명도 없을 것인데, 거대 황룡 절대자 龍의 대통령이 처음으로 악교의 진실을 낱낱이 밝히는 것이다.

대한민국의 4대 기업 창업자 총수들도 천상의 제후국 가족이 돌아오기를 애타게 기다리고 있지만 당사자들은 천상에서 절대자와 약속한 진실을 몰라보고 이 세상을 떠났다.

3,333개 제후국들 중에서 4개국의 제후국 제후가 龍의 대통령을 지구에서 알현하여 돕겠다고 하였었다. 이병철 서열 91위 가율탄 제후국 제후, 구인회 서열 151위 곤두국 제후, 정주영 서열 171위 한소국 제후, 신격호 서열 471위 레이던 제후국 제후가 자청해서 지구 행성으로 내려가서, 龍의 대통령 인간 육신을 만나면 돕겠다고 내려왔지만 만나지 못하고 세상을 떠났다.

이들 4명의 제후들은 천상에서 거대 상단을 운영하는 거상들로 대그룹 총수들이기도 하였는데, 절대자 거대 황룡(태황제) 앞에서 지구 행성으로 떠나기 전 약속을 하고 내려왔었다.

만약 자네 4명의 제후들이 지구 행성에 내려가서 龍의 대통령 육신과 인연이 닿지 않아 만나지 못하거나 알아도 돕지 못한다면 어찌할 것인가 하문할 때, 4명의 제후들 모두 한결같이 자손이나 후손들에게 대물림하여 전하겠다고 하면서 약속했었다.

4명 제후들이 죽은 뒤 자손이나 후손들이 4명 제후들의 뜻을 이어받지 못하고 약속 이행을 못 하였을 때, 어떤 처벌을 내려야 하는지 하문하였을 때 말하길, 4개 제후국과 현재 대를 이은 제후와 가족 식솔들을 천옥도로 압송하고, 천상의 제후국과 지구 행성에서 벌어들인 전 재산을 몰수한 뒤 목숨 거두어 가문을 멸문지화시켜 달라고 굳은 결의를 하고 내려왔다.

자, 지금 살아 있는 4대 그룹 총수들의 자손이나 후손들이 이 글을 읽고 어떤 반응을 보일지 기대된다. 영화 시나리오 대본인가? 소설인가? 생각하겠지만 소설도 아니고, 영화 대본도 아닌 실제 천상에서 있었던 내용들이니 심사숙고하여 4대 재벌 그룹 총수들의 자손과 후손들은 천상 약속을 이행해야 한다.

천상의 약속은 한 치의 오차도 없이 이루어지기에 이 책을 읽고도 약속 이행을 하지 않으면 4대 그룹은 절대자 거대 황룡(태황제)이 내려준 돈의 기운이 모두 거두어지면서 어떤 사건사고가 일어나서 그룹은 파산하고 가문은 멸문지화하게 되어 있다.

재계 서열 2위의 대우그룹과 서열 7위의 국제그룹이 어떻게 도산하였는지 참고하면 될 것이다. 그룹을 세우는 것은 오랜 시간이 걸리지만 파산하는 것은 그리 오랜 시간이 걸리지 않는다. 4대 그룹과 계열회사가 도미노 파산한다는 것은 상상도 못 할 것이고, 망할 이유가 없다고 생각할 것인데, 내년 1월까지 어떤 일들이 일어나는지 지켜보면 조금은 알 수 있을 것이다.

4대 그룹이 파산하면 대한민국은 망하는 것이다. 계열사까지 모두 한꺼번에 망할 것이기 때문이고, 그룹 총수와 가족들의 생명도 안전하지 못하다. 4대 그룹 재산 몰수와 가문을 멸문지화시켜 달라고 4대 그룹 총수들이 자청해서 약속했기 때문인데, 현실로 이루어질 시간만 조금 남겨두고 있다.

당사자 4명의 제후들은 절대자 거대 황룡(태황제)이 내려준 기운으로 지구에서 거대 재벌 그룹을 이루고 엄청난 부를 축적하여 자손들에게 물려주고 떠났는데, 이들 4명 제후들의 자손과 후손들은 천상에서 있었던 이런 진실을 몰라보고 있다.

지금은 이것이 꿈인가 반신반의하며 글을 읽을 것인데. 2015년 8월 15일 전후 C그룹 총수 장례식 날, L회장이 문상 와서 승용차 안에 있을 때 2008년도에 발행한 책을 어느 구독자가 현 L회장에게 전해 주었다고 알려주었는데, 찾아오지 않았고, 부친은 2014년 5월 11일 심근경색으로 쓰러졌다.

1차는 이미 전달했고, 2차는 마지막 메시지이다. 이제 4대 그룹 총수의 자손이나 후손들이 어떻게 행하는지에 따라서 그룹의 운명이 요동치며 외나무다리 위에 서게 될 것이다.

아직은 현실감이 없어서 이것이 진실일까 반신반의하며 고민할 것인데, 선택은 각자 4대 그룹들의 몫이기에 약속을 이행하든 안 하든 강제할 방법은 없다. 4대 그룹 총수들을 죽은 뒤 소환했을 때, 천상에서의 약속을 기억해 내고 인정했다.

하지만 자손이나 후손들에게 전할 방법이 없다고 발을 동동 구르며 안타까워하다가 저승사자들에게 잡혀서 다시 지옥으로 압송되었는데, 자손이나 후손들은 좋은 곳으로 가서 편안히 잘 지내고 있을 것이라고 생각하고 있을 것이다.

4대 그룹 총수들이 죽어서 지금 지구에서 환생하였는지, 지옥에 머물고 있는지, 축생으로 윤회하였는지, 다른 행성에 태어났는지 실시간으로 알 수 있는 龍의 대통령이고, 살아 있는 자들이 죽어서 어떻게 되는지 미리 알려줄 수 있는 존재도 역시 龍의 대통령 인간 육신 한 명뿐이다.

龍의 대통령 능력은 불가능이 없기에 모든 것을 알 수 있다. 매일같이 천상신명들, 龍들, 저승사자들과 사람들 대화하듯 자연스럽게 말한다. 천상신명들과 龍들, 저승사자들도 한국말을 아주 잘하기에 인간 육신과 대화하는 데 아무 지장이 없다.

이 책의 모든 내용은 소설도 아니고 영화도 아닌 현실이다. 현재의 4대 그룹 총수들의 자손과 후손들은 반드시 창업자가 천상에서 절대자와 약속한 것을 지켜야 기업 그룹도 지키고, 자신과 가정, 가문도 지킬 수 있다는 점을 명심해야 한다.

4대 재벌 그룹 총수들이 천상에서 약속한 것을 안 지키고 모두 죽었다. 자손 후손들도 창업주가 거대 황룡 절대자와 약속한 것을 못 지키고 죽으면 당연히 지옥에 떨어질 것인데, 그때 가서는 천상행 천룡열차를 탈 수 없는데 어떻게 할 것인가?

상위 포식자 거대 황룡 절대자

　이제까지 인류 어느 누구도 상위 포식자 거대 황룡 절대자를 직접 만나보지 못하였다. 절대자의 존재 자체를 없다고 부정하는 자들도 많고, 존재한다고 믿어도 절대자의 형상은 인간의 마음, 인간의 눈높이에서 바라보기에 인간의 모습으로만 존재할 것이라고 생각하는 것이 일반적인 상식이다.

　이것은 상위 포식자 거대 황룡(龍의 황제) 절대자의 실체를 모르고 추상적으로 말하는 인간들의 편협된 생각이다. 자칭 절대자라고 주장하던 악교의 숭배 대상자들이 모두 인간으로 태어났다가 죽었기에 상위 포식자 거대 황룡 절대자도 인간의 모습으로만 생각하거나 상상한다.

　그런데, 대우주 창조주인 상위 포식자 거대 황룡 절대자를 인간들이 생각하거나 상상했던 사람의 모습뿐 아니라 영물인 거대한 황룡의 모습이라는 경천동지할 절대자의 비밀을 2023년 2월 4일 입춘날 거행된 대우주 절대자 龍의 황제, 龍의 대통령 탄강절에서 인류 최초로 전격 공개하였다.

　기독교에서 龍들을 사탄 마귀라고 매도하였던 비밀을 밝힌다. 천상의 대우주 연방제국에서 거대 황룡 절대자와 반대편에서 있던 거대 황룡 절대자 복제 쌍둥이였던 원초적인 '○○악'이 언젠가는 지구 행성에서 절대자 龍의 대통령 인간 육신을 통해서 존재를 밝힐 것을 이미 알고 있었기에 교인들 몸으로 들어가 메시지를 뿌려서 龍을 사탄 마귀라고 세뇌시켜 놨던 것이었다.

惡(악)이라는 단어는 모두가 알다시피 '악하다, 나쁘다, 착하지 않다'는 뜻으로 나쁜 일의 대명사로 쓰인다. 천상에서부터 내려온 단어가 '○○악'인데 신명 이름으로 처 '유영'과 1차 역모 반란, '하누'(전 황비)와 아들 '표경' 전 황자는 2차 역모 반란을 일으켜 대우주 연방제국을 지배하려고 시도하였었다.

하누는 기독교와 천주교에서 하누님, 하나님, 하느님으로 불리는 원초적인 존재인데, 역모 반란 실패로 그의 아들(표경 전 황자) 및 식솔, 추종자들과 함께 지구로 도망쳐 전 세계 석가모니, 여호와, 예수, 마리아, 마호메트 등등 몸으로 들어가 온갖 종류의 악교를 세웠는데, 얼마 전에 가솔들과 함께 몽땅 추포해서 지옥도로 압송하여 소멸시켰다.

악(惡)은 천상에서 부르던 실제 이름이고, 절대자와는 복제 쌍둥이이다. 지구에 모든 악교(종교)가 악의 기운으로 세워진 것이고, 절대자를 사칭하고 행세하며 인류의 사상을 악교 사상으로 지배하였기에 '○○악'의 부인 '유영', 악의 딸과 함께 잡아들여 불지옥에서 극형으로 소멸시켰다. ○○은 절대자 하늘 거대 황룡 龍의 황제 龍의 대통령 성씨인데 비공개 처리했다.

'○○악'이 수천수만 년의 세월 동안 지구에 뿌리 내린 악교가 잘못되었어도, 이를 알아보고 판별할 영적 지도자가 없어서 모든 악교 숭배자들과 종(악)교인들에게 속을 수밖에 없었다. 그러니까 이 세상에 알려진 종교(악교)를 믿는 것이 곧 악을 믿는 자충수를 둔 것이기에 구원은커녕 지옥의 심판을 받게 된다.

지구로 도망친 원초적인 뿌리 '○○악'과 그의 부인 '유영', 악의 딸을 추포 압송하여 소멸시켜 제거하였으나, 악을 따르는 수하들이 인간들의 마음속에 들어가 조종하고 있기에 악교를 진짜라고 믿으며 떠나지 못하고 있다.

즉, 절대자를 부정하기 위해 오랜 세월 종(악)교인들을 통해서 세뇌시켜 놨던 것인데, 인류는 이런 진실을 알 수 없다.

악교에 다니면서 숭배자들을 받들고 찬양하며 광적인 행동들을 하는 것이 절대자를 얼마나 분노케 하는 역천자 행동인지 아무도 알지 못하고, 제발 죽여 달라는 주문을 외우는 것과 같다는 충격적인 진실을 전혀 모른 채 살아가고 있다.

천상에서 이와 같은 1·2차 역모 반란 사건이 있었고, ○○악과 유영, 하누와 표경 가솔들이 몽땅 추포되어 소멸되었기에, 이들이 지구에 세운 온갖 종류의 종(악)교를 통해서는 절대로 구원받을 수 없고, 오히려 역천자들을 추종했다는 벌을 받는 무서운 심판만이 기다리고 있을 뿐이다.

그래서 거대 황룡 절대자는 자비의 상징이 아니다. 역모 반란자들을 추종하는 악교로 오히려 분노가 극에 달해 있는 줄도 모르고 구원만 외치고 있는데, "정말 세상이 왜 이래~!" 할 정도의 대재앙이 일어나는 것을 보면 절대자의 분노 폭발이 얼마나 무서운지 알 수 있을 것이다.

태초의 거대 황룡 절대자(대우주 천지인 창조주)의 생일 탄강절이 있다는 것은 인류 역사를 새로 써야 할 충격적이고 경천동지할 일인데, 2023년 2월 4일 입춘절이 지구에서는 인류가 태어나고 최초로 맞이하는 龍의 대통령 탄강절이었다.

상위 포식자 거대 황룡 절대자는 처음에 龍으로 탄생되어 2,000업×700억만 배 년의 세월 동안 성장 과정을 거쳐 거대 황룡이 되었다. 우주의 법칙, 우주의 기운, 우주의 흐름 등을 다스려 나가면서 우주 행성들과 행성인, 만생만물을 생성하는 과정에서 스스로 인간 형상 모습으로 변신 창조하였다.

지구 행성을 창조하고 龍의 대통령 인간 육신이 마지막 15번째 환생 수행을 지구 행성에서 인간으로 살 수 있도록 우주 생명체들 중에서 가장 아름다운 인간 육신으로 태어나게 하였다.

절대자 거대 황룡에서 인간 육신 형상으로도 자유자재로 변신하는 능력을 지녔다. 대우주 연방제국의 황실에서 집무 시에는 인간의 모습으로 천상지상 공무를 집행하고, 우주 행성들로 이동할 때는 빛보다 빠른 거대 황룡의 모습으로 변신한다.

태초의 거대 황룡(龍의 황제) 절대자는 삼라만상 모든 기운들을 흡수하고 조종하며, 스스로 도를 깨우치면서 상상초월의 기운으로 인간 육신과 생령, 사령, 신명, 축생, 만생만물을 창조할 수 있는 무소불위한 천지대능력자가 되었다.

무소불위한 창조력 때문에 종교(악교)인들이 대우주 창조주라고 하는 것이다. 태초에 아무것도 없는 우주 공간에서 신비하고 비밀스럽게 무에서 유를 창조하듯 행성과 항성, 천지만생만물을 창조하였고, 톱니바퀴처럼 흘러가게 하는 기운으로 생명체와 함께 더불어 살아갈 수 있게 하였다.

지구 행성에서 봄의 시작을 알리는 2월 4일 입춘절이 무소불위한 태초의 상위 포식자 거대 황룡(龍의 황제) 절대자가 우주에 처음 탄생한 탄강절이다.

이 날은 천상의 대우주 연방제국 4개 황실과 황실정부 재상과 대신들, 3,333개 제후국 제후들, 신민(백성)들이 모두 경하 올리며 감사와 마음으로 보답하기 위한 축제의 날이다.

태초의 상위 포식자 거대 황룡 절대자의 탄강을 기리는 탄강절 전, 후 3일을 합하여 7일간 명절로 정하여 그레이엄 수에 달하는 우주의 모든 행성인들 전체가 나라별로 온갖 축제 행사를 기쁘게 맞이하는 잔칫날이다.

무엇보다 탄강절의 깊은 뜻은 거대 황룡 절대자가 대우주 연방제국을 창조하고, 존재를 공식적으로 대우주에 선포하는 날이기에 탄강절로 지정하였다.

이렇게 대단하고 무소불위한 대우주 창조주 거대 황룡 절대자는 모든 우주의 집합체인 대우주 연방제국 산하 4개 황실과 3,333개 제후국들을 창조하면서 생명체를 불어넣어 주고, 우주 행성에서 살아가게끔 해준 존귀한 절대자를 천상에서 경하하는 마음과 함께 최고 축제 행사 날이다.

그렇게 탄생된 태초의 절대자 태황제와 태황후, 아들 내외 3황제, 3황후, 공주 2명의 합심으로 탄강절에는 어느 때보다도 공을 들이고, 대우주 연방제국 내 모든 신민(신하와 백성)들이 최고로 정성을 들여 치장하며, 자신들을 창조해 준 거대 황룡(龍의 황제) 절대자를 경하드리는 마음으로 5배의 예를 올린다.

○상천 20개 황궁 중, 본궁 2층 베란다에서 거대 황룡 절대자가 모습을 드러내니, 천상의 모든 신민(신하와 백성)들, 영물들이 환호성을 터트리며, 기쁨의 눈물을 하염없이 흘린다.

거대 황룡 절대자를 얼마나 존경의 마음으로 바라보는지 알 수가 있고, 태초의 절대자가 심금을 울리게 연설문을 읊어나가는 동안 더욱더 거대 황룡 절대자를 향하는 충심이 깊어진다.

작년까지는 신민들의 들뜨는 마음들을 대변하여 우주 행성인들의 각 지역마다, 각 제후국마다 춤추며 노래 부르고 맛있는 음식을 먹어가며 태초의 절대자를 칭송하면서 즐겁게 보냈었고, 태황제와 태황후, 아들 내외 3황제, 3황후, 공주 2명이 함께 모여서 담소를 나누며, 지구 행성에 내려간 龍의 대통령 인간 육신에 대한 미담으로 즐거운 시간을 보냈다.

그렇게 소소하고 정겨운 마음으로 편안하게 보내고, 다음 날에는 각 제후들이 초대를 받고 큰 파티를 여는 대천궁에 입궁하여 삼삼오오 모여 안부 인사와 함께 대화를 나누고, 약간의 긴장을 풀 수 있는 시간을 보내다가 절대자 거대 황룡의 입장에 모든 이들이 대전 바닥에 엎드리며 예의를 차린다.

그다음 순서에는 3,333개 제후국 각 제후들과 4개 황실에 소속된 재상, 고위층 대신들이 집합하여 차례대로 거대 황룡 절대자에게 진귀하거나 희한한 선물을 진상으로 바치는 순서로 자신들을 지켜준 것에 대한 감사함을 올리니, 새삼 상위 포식자가 누구인지 확실하게 각인되는 좋은 시간이다.

상위 포식자란 단어 하나에 숨겨진 천기누설의 비밀을 무지한 지구 행성의 인간들에게 최초로 공개한다. 거대 황룡 절대자는 인간의 형상 모습으로도 있지만 거대 황룡으로도 변신할 수 있는 천변만화의 조화를 부린다.

일반적으로 표현은 절대자이지만, 우주에서는 잘못하면 잡아먹히게 될 두려운 존재라고 표현되고 있다. 절대자는 두렵지만 존경의 의미이고, 태초의 상위 포식자 절대자 자체가 거대한 황룡(龍의 황제)이다. 그러니 두렵고도 무섭고 잘못하면 잡아먹힐 공포의 존재로 인식되어 천상의 대신들과 제후들, 신민들도 항상 두려움을 갖고 살아간다.

대우주 연방제국에서 1·2차 역모 반란 때 혹독한 대가를 태초의 상위 포식자 거대 황룡 절대자가 보여주었으니 덜덜 떠는 공포의 대상으로 인식되고 있다.

그래서 지구 행성에 내려온 거대 황룡 절대자가 龍의 대통령이고 공포의 앙골모아 대왕이다. 역천자들을 향한 인류의 심판자로서 최상위 포식자이기에 공포의 대왕 자체이다.

태초의 거대 황룡 절대자의 입에 물고 있는 여의주 크기의 30%가 대우주 연방제국 크기이다. 지구보다 100만 구(억, 조, 경, 해, 자, 양, 구, 간, 정, 재, 극, 항하사, 아승기, 나유타, 불가사의, 무량대수×91만 배 광년) 광년 거리까지의 크기가 입에 물고 있는 여의주이니, 거대 황룡 몸체 크기를 곱한다면 인간의 수학 공식으로도 풀어내지 못할 정도의 거대한 황룡이 龍의 황제이자 절대자 龍의 대통령이다.

태초의 절대자는 상상을 초월하기에 크기 환산이 안 되는데, 인간의 모습과 龍의 모습으로 필요에 따라 자유자재로 변신한다. 이렇게 어마어마한 존재인 태초의 상위 포식자 거대 황룡 절대자 龍의 대통령이 인간 육신으로 하강하였다.

지구 행성의 세계 모든 나라 인간들과 생사령들이 감히 거대 황룡 절대자 무서운 줄 몰라보고 있으니, 그 죄를 무엇으로 갚을 것인가? 이제 인류에게 남은 것은 모두가 거대 황룡에게 잡혀 먹히는 최후의 심판만이 남아 있을 뿐이다.

천상의 대우주 황실정부 재상(총리)과 대신(장관)들, 제후(왕)들도 거대 황룡에게 잡혀 먹힐까 봐 두려움에 벌벌 떨며 노심초사하고 살아가는데, 죄를 빌라고 지구에 축생이나 미물이 아닌 사람으로 태어나게 해주었더니, 악교에 빠져 허우적대며 참혹한 심판의 날만을 기다리고 있다.

절대자 龍의 대통령이 인간 육신으로 내려와 존재를 밝히면 죄를 용서 빌어 구원받으라고 축생이나 미물이 아닌 사람으로 만들어주었더니 100년도 못 사는 인생길에서 돈과 재물, 권력, 명예에만 눈이 멀어 혈안이 되어 있는데, 끝없이 이어지는 죽음 이후 세상은 어찌하려고 천하태평들인가?

여러 악교의 숭배자들을 추앙하고 받들며 돈과 재물, 재산을 시주, 헌금, 정성금 명목으로 많이 바치고 구원 의식하면 당연히 천상(천국, 천당, 극락, 선경)으로 올라간다고 조상 대대로 수천 년 동안 맹신하고 있다. 태초의 절대자 거대 황룡 허락 없이는 그 어느 누구도 천상으로 올라갈 수 없기에 인류 모두는 악교에 몽땅 속은 것이다.

우주에 행성과 항성이 존재하는 이유는 단순히 생명체 창조하고, 법칙에 따라 운용하는 것만이 아닌 천상에서 일어났던 1·2차 역모 반란으로 지구 행성을 포함하여 여러 행성들로 추방시켜 환생의 굴레에서 벗어나지 못하는 비참함을 보여주었고, 한 번 추방으로 다시는 귀천 환생으로 천상에 돌아갈 수 있는 기회를 박탈당했다.

다른 행성들 내에 외계인이나 반인반수 괴물 집단 행성 말고도 지구에서 일어나는 역천자들의 생활과 죽음 이후 사후세계에서 보여주는 최후는 너무나도 비참하기에 대우주 연방제국에서도 추방당하지 않기 위해 몸을 사릴 수밖에 없다.

그래서 지금 천상에서는 다들 몸을 사리고 있고, 태초의 상위 포식자 거대 황룡 절대자 태황제와 태황후, 아들 내외 3황제와 3황후(황실 가족), 공주 2명의 눈 밖에 나지 않기 위해 늘 마음과 생각, 말과 글, 행동을 조심하고 있다.

거대 황룡과 황실을 향하여 충심으로 가득한 마음들을 보여주어야 되니, 그들 입장에서는 긴장이 될 수밖에 없고, 그들의 가족들도 문제(역모 반란)를 일으키지 않도록 단속에 나서는 것도 하루 일상 중 하나로 자리잡혀 있다.

그래서 대우주 연방제국 1·2차 역모반란 후 후폭풍은 그만큼 몸살을 앓게 되었고, 당시 지구 행성으로 도망치고 쫓겨난 역천자들과 비교했을 때, 자신들은 얼마나 큰 행운아인지 절대자 거대 황룡에게 항상 감사하는 마음들을 담아 맡은 바 최선을 다하려

노력하며 근무하고 있고, 그런 그들의 마음을 알고 있기에 확실하게 보상을 내려주니, 정말로 무섭고도 두렵게 생각하고 있다.

작년까지 탄강절은 해마다 태초의 상위 포식자 거대 황룡 절대자에 대한 감사의 마음으로 즐겁고 행복하게 지냈지만, 올해는 龍의 대통령 인간 육신으로 하강하고, 본격적인 지구 총사령관이자 지구의 주인, 인류의 주인으로서 탄강절을 지정하고 지구인들을 향해 심판을 선포하였으니, 지구에서 말진사를 1년 앞두고 벌어질 탄강절 의미를 알려주는 것이다.

최초로 지상에서 양력 1월 1일 ○○절 시작으로 절대자가 인간 육신에 하강하여 태황합체 의식으로 龍의 대통령 옷(관명)을 입었고, 인간 육신은 거대 황룡 절대자와 하나되었다.

거대 황룡 절대자의 탄강절과 인간의 탄생일이 함께하니 최고의 축제 행사로 꼽히며, 다른 때보다 진귀하고도 엄청난 날이다. 지구 행성에 하강한 태초의 상위 포식자 거대 황룡 절대자가 龍의 대통령으로 구원자이자 심판자이다.

기독교 나라 미국 캘리포니아에 3주 연속 하루 230mm 폭우를 내린 대홍수와 남부는 가뭄, 2월 4일 미국 뉴햄프셔주는 체감온도 영하 78도의 빙하기를 기후변화 온난화 탓이라고 말하지만 악교에 분노한 절대자 거대 황룡의 심판이고, 앞으로도 상상조차 못 할 엄청난 일들이 무수히 일어난다.

인류가 목숨처럼 존경하고 받들어 섬기며 믿고 있는 하나님, 하느님, 부처, 미륵, 상제, 알라신, 라마신, 시바신, 천지신명, 석가, 여호와, 예수, 마리아, 마호메트, 증산 등등의 세계 모든 숭배자들은 상위 포식자 거대 황룡 절대자를 사칭한 자들이기에 아무리 열심히 믿어도 소용없는 일이고, 오히려 구원도 받지 못하고 죄만 태산처럼 쌓아 불지옥도로 압송될 뿐이다.

지구 행성과 인류 심판으로 대단함을 보여주어, 대한민국을 144,000명의 재벌 신인류로 재창조 배출해서 지구를 정복하고, 종교(악교)를 파멸시켜 세계 경제를 지배 통치해서 빛과 불인 龍의 제국을 인류의 종주국으로 만든다.

龍의 제국에서 배출될 144,000명의 재벌 신인류 기업인들, 권력자들, 정치인들, 상류층들을 이 나라와 세계 최고 재벌들로 만들어 세상을 다스려 나가게 한다.

아이큐 100조를 가진 천상신명들, 龍들과 반신반인의 신인합체 의식으로 무소불위의 신인류로 태어난다면 지구인들 중에서 어느 누가 144,000명의 대능력을 감당할 수 있을까?

기업인들, 권력자들, 정치인들, 상류층들이 144,000명의 재벌 신인류로 재창조되면 이 나라는 더 이상 약소 민족, 약소 국가가 아닌 세계 초강대국, 경제대국이 된다.

우주와 지구는 기운으로 운행

우주와 지구의 운행, 권력과 명예는 절대자 거대 황룡인 龍의 황제 기운으로 운행되고, 돈과 재물은 돈의 황제 기운으로 좌우되고 있다. 사람들은 기운이라면 받아들이는데, 신명(신)이라 하면 무속으로 치부하는 경우가 다반사이다.

龍들 자체가 신명이고, 龍의 황제 명을 받아 공무를 수행하기에 태양이 빛을 발산하며, 지구가 자전하고 공전하며 공기가 생성되어 사람들과 만생만물이 숨을 쉬며 살아갈 수 있다.

23.5도 기울어진 지축 정립, 오존층 보존, 천재지변 등 자연이라고 생각되었던 모든 것들이 거대 황룡 절대자의 명을 받아 천상신명들과 영물들인 龍들에 의해서 기운으로 실시간 운행되고 있다. 우주와 지구에서 불가능이 없고, 가장 대단하고 가장 무서운 것이 절대자 거대 황룡 龍의 황제 기운이다.

세상 사람들이 교황, 일본 천황, 미국 대통령, 중국 주석, 러시아 대통령, 사우디 국왕을 대단하게 생각하고 부러워하겠지만, 절대자 거대 황룡 龍의 황제, 돈의 황제, 龍용의 대통령을 친견 알현하는 것만 못하고, 위상은 비교조차도 안 된다.

그러하니 절대자 거대 황룡 龍의 황제, 돈의 황제, 龍의 대통령을 친견 알현하는 것을 지구 행성에 태어나서 최고의 기적이자 이적이고, 가문의 대영광으로 알아야 한다.

다른 나라에 비해서 유독 대한민국이 천재지변으로부터 피해가 적은 것은 龍의 대통령 저자가 천재지변을 일으키는 龍들을 부리며 다스리고 있기 때문이지만 사람들은 알 수가 없고, 말해 주어도 믿으려 하지 않는데, 사실이고 현실이다.

이 세상에 龍들을 불러서 사람들처럼 자유롭게 대화를 나누고, 다스리며 명을 내릴 수 있는 인물은 지구상에 전무후무하기에 상상을 초월하는 일이다.

龍들도 소속 부대가 있고, 암수 성별과 이름, 직위, 직무 범위가 있고, 염라국 대왕을 비롯한 저승사자들도 소속 부대와 암수 성별과 이름, 직위, 직무 범위가 있는데, 대우주 연방제국의 절대 통치권자인 龍의 황제(거대 황룡) 신하들이다.

인간들이 가장 두려워하고 무서워하는 염라국 염라대왕도 龍의 대통령이 부르면 관등성명을 대고 복명하며 문후 인사를 올리는데, 책을 읽어보는 독자들은 말도 안 된다며 소설 같다고 말할 것이지만 현실이고 사실이다.

종교에서 구원했다는 여러분의 조상들이 어디에 가 있는지 수 초 이내로 확인할 수 있다. 천국, 천당, 극락, 선경세상으로 올라갔는지, 어떤 축생으로 태어나 윤회하고 있는지, 지옥으로 끌려가 형벌을 받고 있는지, 여러분 몸 안에서 동고동락하며 살아가고 있는지 적나라하게 밝혀내서 확인할 수 있는 전 세계 유일무이한 천지대능력자 龍의 대통령이다.

뿐만 아니라 기업인들과 권력자, 정치인 여러분이 죽으면 어떻게 되는지 죽음 이후 사후 세계를 미리 말해 줄 수 있는 국가보물 1호이다. 죽어서 좋은 곳으로 간다고 맹신하며, 종교에 열심히 다니면서 돈과 재물을 바치는 사람들이 많은데, 과연 천국, 천당, 극락, 선경세상으로 갈 수 있는지 미리 알 수 있다.

조상 대대로 종교에 빠짐없이 매주 다니는 사람들은 정말 죽어서 좋은 세계로 갈 수 있는 것인지 살아생전 한 번쯤 확인해 보는 것이 좋을 것이다. 죽은 뒤에는 못 갔다는 것을 알아도 대처할 방법이 아무것도 없다는 점이다.

종교적 숭배 대상자들과 종교 지도자들을 의심해 본 적이 없을 것인데, 만약 죽어서 좋은 곳으로 올라가지 못한다면 여러분과 생령, 조상, 신명들은 패닉 상태에 빠질 것이다.

하나님, 하느님, 상제, 부처, 미륵, 천지신명을 아무리 믿어봐야 대우주 절대 통치권자인 龍의 황제(거대 황룡), 龍의 대통령에게 당일 직접 천상승천의 명을 예약받는 것만 못하다.

지구에서 좋은 곳으로 알려진 천국, 천당, 극락, 선경세상은 대우주 연방제국을 말하지만, 이곳의 주인은 龍의 황제이기에 龍의 대통령을 통해 천상승천의 명을 받아야 갈 수가 있다.

대우주의 절대 통치자인 龍의 황제(거대 황룡), 龍의 대통령 인간 육신으로 내린 마지막 구원자가 누구인지 찾고자 우주 행성과 지구 행성에서도 수많은 행성인들이 기다리고 있다.

또한 천상에서 어떤 일에 종사하며 살다가 무엇 때문에 지구 행성에 태어나게 되었는지, 무엇으로 윤회하다가 사람으로 태어났는지, 지구 행성에 내려오기 전 천상에서의 삶을 기록한 천생록을 신청하면 상세히 알 수 있다.

수천 경 광년 거리에 있는 신명들이나 외계인들도 龍의 대통령이 소환하면 수 초 만에 하강하여 관등성명을 대면서 문후인사를 올리는데, 인간의 눈높이로는 상상이 안 가는 대목이다.

龍의 대통령은 외형상으로는 인간 육신을 갖고 있지만 내면의 세계는 거대 황룡 대우주 절대 통치권자인 龍의 황제, 돈의 황제 자체이기 때문에 신명들이 하강해서 하례 인사를 올린다.

천상신명들과 龍들은 龍의 대통령 인가 육신이 누구인지 기운과 모습으로 알아보기에 하강하면 군대식 황궁예법을 갖추어 하례 인사를 큰 목소리로 한다. 이들은 모두가 군대조직처럼 계급별 직제로 구성되어 있기에 규율이 엄격하고, 상명하복으로 복명복창하며 명을 받아 천상지상 공무를 수행한다.

이 세상에 태어난 두 가지 이유

龍의 대통령 저자는 14,920년 전 미래 세계에서 왔고, 지구인들을 마지막으로 구해 주기 위해서 이 책을 집필하는 것이다. 현실에서는 모두가 앞만 보고 살아가며, 돈을 한 푼이라도 더 많이 벌어들이는 데만 정신이 팔려 있고, 더 높은 벼슬 자리를 갖기 위해서 고군분투하고 있다.

돈과 재물, 권력과 명예를 추구하며 남들보다 더 많은 돈과 재물을 갖고, 남들보다 더 높은 벼슬로 올라가고자 하는 것은 본능적인 인간들의 서열 싸움, 영역 싸움이기에 아무도 말릴 수가 없지만 이왕이면 최고의 승리자가 되어야 한다.

龍의 대통령은 우주의 미래에서 왔고, 현재 이 책을 읽어보는 사람들이 어떤 자세로 살아가야 하는지 알려준다. 현실에서는 크게 성공해야 하기에 많이 벌고 높게 올라가려고 하는 마음은 개인의 발전이고, 국가의 발전이라 바람직하고 보람된 일이다.

그런데 기업인들과 권력자 정치인들이 모르는 것이 한 가지 있는데, 만물의 영장인 사람으로 태어난 이유를 정확히 알고 살아가는 사람들은 없다는 점이다. 현생에서만 최고로 성공 출세하여, 많은 돈을 벌고 높은 자리에 올라가면 된다는 식이다.

여러분들은 다음 세상이 존재한다는 것을 눈에 보이지 않아서 인정하기 싫고, 죽으면 그만이라고 생각하며 살아가고 있기에 다가올 미래의 무서운 사후세계 진실을 알려주고자 한다.

또한 종교에 열심히 다니고 있으니, 죽어서 좋은 곳으로 태어날 것이라는 생각을 하며 살아가고 있지만, 구원받아 대우주 연방제국 황실과 천상제후국(천국)으로 돌아가야 하는 여러분을 막으려고 악들이 종교 사상으로 세뇌시켜서 길을 막고 있다.

여러분의 영과 육을 창조한 대우주 절대 통치권자는 지구뿐만이 아니라 우주의 다른 행성들도 악을 숭배하는 행성들은 모두 파괴시켜 버렸고, 생명체가 멸종되었다는 진실을 알려준다.

악들 때문에 지구도 파괴 소멸될 행성이고, 인류도 멸종 대상에 올라가 있기에 대비책을 긴급하게 알려주려고 미래에서 왔다. 그래서 이 책은 인간들이 종교세계를 통해서 들었던 내용과는 너무나 달라서 황당하여 믿어지지 않을 정도이다.

기업인들이나 권력자, 정치인들이 믿든 말든 여러분은 짧으면 몇 달, 몇 년, 길어봐야 몇십 년 안에는 모두가 이 세상을 떠나게 설계되어 있고, 사후세상의 대문은 누구에게나 활짝 열려 있는데, 아무런 대책 없이 손 놓고 살다가 갑자기 죽을 것인가?

인간의 목숨은 하늘에 달려 있다 해서 '인명은 재천'이라 하였지만 실감이 나지 않아 믿는 자들이 별로 없는데, 여러분의 일거수일투족이 실시간 초 단위로 글 자막과 함께 동영상으로 촬영되어 천상문서 기록보관소에 저장되고 있다.

현실 세계에서는 소설 같은 SF 공상 영화 같은 이야기인데 사실이다. 그리고 기업인들과 권력자들, 정치인들, 상류층들에게 지구 행성에 사람으로 태어난 두 가지 이유를 알려준다.

지구에 태어난 첫 번째 이유는 영혼의 고향 대우주 연방제국으로 다시 돌아가기 위해서이고, 두 번째는 돈을 많이 벌어 천상에서 지은 죗값을 많이 바치기 위해서 태어났다는 점이다.

이것은 지구 행성에서 시험을 보기 위해서 사람으로 태어났다는 점이다. 몇십 년의 짧은 인생을 호의호식하며 부귀영화 누리기 위해서 태어난 것이 아니라 돈을 많이 벌어 죗값을 최대한 바치고, 돈을 천상으로 가져갈 수 있는 기회를 주고자 함이다.

기업인과 권력자, 정치인, 상류층들 중에서 많이 번 자들은 많이 바치고, 적게 번 자는 적게 바치면 된다. 여러분이 번 돈과 가진 재산의 50~70%를 바쳐서 사람으로 태어난 사명을 완수하면 대우주 연방제국으로 가져갈 수 있다.

이런 사명을 완수하지 못하고 세상을 떠나면 끝없이 축생으로 반복 윤회하거나 지옥도로 압송되어 사명 완수하지 못한 벌을 받게 되는데, 죽어서는 아무런 방법이 없다. 龍의 대통령 인간 육신은 미래 세계에서 왔고, 장차 대우주 연방제국의 통치자로 등극한다. 즉, 대우주 절대 군주(우주 황제)의 자리에 오른다. 그래서 지구 행성과 우주의 모든 행성인들, 천상계, 축생계, 지옥도를 모두 다스리고 생사여탈권, 죄 사면권을 행사한다.

여러분이 갖고 있는 돈과 재물, 권력과 명예도 시험 보기 위해서 대우주 절대 통치권자인 龍의 황제가 숙제로 내려준 것이다. 과연 태산 같은 돈과 재물을 아낌없이 바쳐 절대자가 내린 시험을 무사히 통과할 수 있는지 보기 위함이다.

사람들마다 숙제로 내려준 과목이 모두 다르다. 재벌 총수 부자로 살게 해줘도 절대자를 찾으려는 마음이 있는지 없는지를 시험 보고, 가족들의 단명과 불행을 통해서도 시험을 본다.

지구 행성에 태어난 것은 오직 하나, 우주의 절대자 龍의 대통령을 찾기 위함이었다. 하나님, 하느님보다 상위 개념이다. 그들은 모두 거대 황룡 절대자와 비교 자체가 안 되기에 책을 읽고도 龍의 대통령을 찾지 못하면 시험에 무조건 탈락이다.

여러분들의 이론과 생각으로는 받아들이기 어려운 문제인데, 거대 황룡 절대자가 내린 시험 문제가 쉬우면 모두가 통과할 것이지만, 까다롭고 매우 어려운 문제이다. 상식과 상상을 초월하는 숙제를 내려준 것이기에 통과하기는 쉽지 않으나, 고정 관념을 버리면 얼마든지 가능하다.

절대자를 찾으러 지구에 태어났다

여러분이 아직 죽지 않고 살아 있는 것은 대우주 절대 통치권자를 찾기 위한 배려이지만, 이런 위대한 진실을 아무도 모르고 살아간다. 종교를 다니는 것도 절대자를 찾기 위함인데, 인류 전체가 종교 안에서만 찾으려다가 못 찾고 세상을 떠났다.

기업인들의 육신과 그동안 벌어들인 태산 같은 돈과 재물도 거대 황룡 절대자가 내려준 것이기에 인정해야 한다. 조상이나 자신들이 열심히 노력해서 돈을 많이 벌었다고 생각할 테지만, 돈이 벌어지는 것은 노력만으로 벌어지는 것이 아니라 절대자와 돈의 황제가 내려준 기운으로 큰돈을 벌어들였다.

왕, 대통령, 재벌, 가난뱅이도 몇십 년 안에는 모두가 세상을 떠난다. 세계적인 재벌들과 이 나라의 재벌 총수들이 죽어서 좋은 세계로 갔을 것이라 착각하며 살아갈 것인데, 정반대로 엄청난 고통 속에서 통한의 피눈물을 흘리고 있다.

살아서는 재벌 총수로 부귀영화 누리며 잘살았지만 죽어서는 축생으로 윤회하고, 지옥도로 압송되어 벌받고, 다시 우주의 다른 윤회 행성에서 거지나 머슴으로 태어나서 고통스럽게 살아가고 있다는 진실은 아무도 모른다.

살려달라~ 구해 달라~ 소리쳐 외쳐보아도 아무도 들어주는 자가 없으니 나오는 것은 눈물과 한숨뿐이다. 비싼 돈 들여 사십구재, 천도재, 조상굿, 위령미사, 추모예배, 추도미사를 해주었으니 좋은 곳으로 태어난 줄 알고 살아간다.

지구 행성에서 龍의 대통령을 통하지 않으면 천상의 대우주 연방제국으로 아무도 올라갈 수 없다. 인류 모두가 이런 진실을 몰라보고 살아왔다. 'ㅇㅇ악'이 뿌린 기운 때문에 모른다.

새로운 우주의 진실을 말해 주어도 선뜻 이해가 안 될 수도 있다. 이미 악이 세운 종교 사상과 교리, 고정 관념에 빠진 자들은 무슨 말을 해주어도 절대 받아들이지 않을 것을 잘 알기에 더 이상 권유하지 않는데 죽어서 후회하게 된다.

인류의 사명은 자신을 지구로 보낸 대우주 절대자를 찾는 것이었다. 절대자를 찾기 위하여 14개 행성에서 모진 고난의 세월을 겪었으나 찾지 못하여 지구 행성에 15번째로 태어나 천신만고 끝에 태초의 대우주 절대자를 찾는 사명을 완수하였다.

대우주 절대자 거대 황룡은 기독교, 천주교에서 말하는 하나님이나 하느님이 아니다. 종교인들이 고차원적인 진실을 몰라서 하나님, 하느님이 최고인 줄 알고 목을 매고 있는데, 인류 역사 이후 이런 진실을 가르쳐주는 영능력자가 없었다.

수천 년의 오랜 세월 동안 조상 대대로 신앙을 믿어왔고, 너무 많이 배웠기에 큰일 날 소리라고 할 것이다. 이런 신앙적 시험 관문을 뛰어넘지 못하면 천국, 천당, 극락, 선경세상을 꿈꾸는 환상적인 천상세계로는 갈 수가 없다.

조상 대대로 수천 년을 이어져 내려온 지구 행성의 모든 믿음들은 각자들의 자유이겠지만 더 고차원적인 이상향의 무릉도원 세상으로는 돌아갈 수가 없다. 인류가 원하고 바라는 대우주 절대자 거대 황룡 龍의 대통령을 찾아가지 못하게 가로막고 있는 무서운 존재들이 악마들이다.

온 곳이 있으면 다시 돌아가야 하는데, 돌아가야 할 길을 악들이 사상적으로 세뇌 교육을 시켜서 꽉 막아놓았다는 위대한 진실을 누가 받아들일 것인지, 이것이 거대 황룡 절대자가 인류에게 내린 시험 관문이다.

미래에서 왔기에 龍의 대통령의 말과 글은 인류의 상식이나 종교 지식으로는 풀지 못하는 고차원적 세계이다. 해박한 지식과 영적으로 메시지를 잘 받는다는 자들도 거대 황룡 龍의 대통령을 능가할 수 없다.

세상에 많이 알려진 하나님, 하느님, 부처님, 상제님, 천지신명님을 능가하는 거대 황룡 龍의 대통령은 여러분이 알지 못하는 대우주의 위대한 진실인 천상세계, 사후세계, 인간세계를 자세히 알려주고 있다.

여러분들은 龍의 대통령에 대해서 잘 모르겠지만 악들은 나의 존재를 대우주 연방제국 천상에 있을 때부터 아주 상세히 잘 알고 있는 존재들이고, 절대자의 뜻을 지구인들에게 전하지 못하도록 방해하기 위하여 지구촌 전체를 악교가 지배하였다.

악들의 이런 진실을 알 길이 없는 인간들은 수천 년 동안 명맥을 이어오며 역사와 전통을 자랑하는 오래된 종교를 다니고 있지만 절대자 거대 황룡 龍의 대통령을 찾지 못했다. 이 나라의 천재, 수재들과 공직자, 권력자, 정치인, 지식인들까지도 절대자 龍의 대통령을 찾으려 하지만 성공한 자들은 없다.

지구에서 육신으로 살아가는 동안은 물론이고, 죽음 이후 세후세계까지 보장받을 기업인들과 권력자들, 정치인들, 상류층들만 자문해 주고, 신분 노출을 꺼려 하는 상류층들을 위하여 전국 및 세계 각 지역으로 출장 자문도 해줄 것이다.

다시 말하지만 기업인들과 권력자, 정치인 여러분은 돈과 재물을 많이 벌고, 권력과 명예를 남들보다 더 높게 누려 한세상 잘 먹고 잘살기 위해서 이 땅에 온 것이 아니라 대우주 절대자 龍의 대통령을 만나 두 가지 사명을 육신 살아서 완수하기 위해 축생이 아닌 사람으로 태어나게 해주었다.

성공하고 출세하여 잘 먹고 잘살며 남부러울 것 없이 살아가고 있는 상류층들인 기업인들, 권력자들, 공직자들, 정치인들, 유명인들은 육신적인 성공과 출세는 하였을지 몰라도 영적인 성공은 아무도 이루지 못해서 사후세상을 보장받지 못했다.

물론 지금까지는 각자들이 열심히 믿고 있는 종교세계가 있기에 사후세계 걱정하지 않고 살아가는 사람들이 많았겠지만, 이 책을 읽어보고는 '악'들에게 속았음을 알고 허탈하며 배신감에 잠 못 이룰 사람들이 부지기수로 많이 나올 것이다.

조상 대대로 평생을 아주 열심히 믿어온 하나님, 하느님, 부처님, 미륵님, 상제님, 천지신명님, 알라신, 시바신, 라마신, 여호와, 예수, 마리아, 마호메트, 석가, 공자, 노자, 상제, 환인, 환웅, 단군 등등의 숭배자들이 천상 황실의 1·2차 역모 반란 주동자 가족들인 '○○악', '유영', '하누', '표경'이 세운 종교(악교)라는 말에 충격을 받았을 것이다.

이 책을 읽어보고도 믿어지지 않아 애써 부정할 사람들도 무척 많을 것인데, 냉정하게 생각하며 글을 읽어보면 기운으로 진실인지 가짜인지 스스로가 알게 된다. 지구에 인류가 탄생하고 어느 누가 이처럼 종교가 '○○악'의 기운으로 세운 악교라고 적나라하게 말할 수 있을까?

죽어서 지옥으로 떨어지는 것을 면하게 해주고, 이상향의 천국, 천당, 극락, 선경세상으로 보내준다며 세계 인류를 수천수만 년 동안 현혹하고 회유한 곳이 지구 전체의 종교이다. 기가 막힌 진실 앞에 충격받을 것인데, 우주의 주인은 거대 황룡이기에 '○○악'이 세운 종교(악교) 믿으면 천상으로 못 간다.

천상에서 무엇하며 살다가 왔을까?

　배워서 아는 것이 힘이듯이 유치원부터 대학원 박사과정까지 열심히 공부해야 사회적으로 출세하는 것이 세상의 정해진 이치인데, 죽음 이후의 사후세계와 천상세계 공부에 대해서는 알려 하지 않고 살아가고 있는 것이 현실이다.

　수많은 사람들이 박사 학위를 따서 세상 지식으로 가득 찬 사람들이 성공하고 출세하여 잘 먹고 잘사는데, 이들이 누리는 돈과 재물, 권력과 명예, 기쁨과 행복은 길어봐야 100년 미만의 찰나의 삶에 지나지 않다는 것은 누구나가 다 아는 진실이다.

　그런데 지금까지 일어난 백신과 치료 약이 없는 코로나19 괴질병, 기후변화, 기상이변, 천재지변, 전쟁, 사건사고, 자동차 사고, 홍수 침수 피해, 화재, 산불, 단명, 자살 등의 천만사 일들이 천상신명들의 공무수행으로 일어난다는 경천동지할 진실들을 아는 사람은 지구 행성에 龍의 대통령밖에 없다.

　천상세계에 대해서는 아는 것이 전무후무하고 기껏 안다고 해봐야 악교 경전을 달달 외우는 기독교, 천주교, 불교, 유교, 도교인들과 도사, 도인, 법사, 보살, 무당, 역술가들이 전부인데 이들이 아는 지식은 처음부터 모든 것이 잘못되었다.

　귀신들과 악신들, 다른 행성에서 온 잡령들이 인간 육신을 지배하고자 들어와서 허황된 말들을 전달하면서 회유하고 현혹하며, 악교(종교)로 끌어들이고 있다. 이 나라 뿐만이 아니라 세계 인류 모두가 귀신들과 악들에게 수천 년의 세월 동안 감쪽같이 속아왔음이 낱낱이 드러났다.

　그러니까 수천 년의 세월 동안 인류의 정신을 송두리째 지배해 왔던 모든 경전이 잘못된 귀신과 악신의 역사이고, 이런 진실을 알려주는 인류의 영도자가 없어서 속는 줄도 모르고 돈과 재물, 인생을 몽땅 바치고 시간과 세월, 인생을 바쳤다.

　천상세계와 사후세계가 눈에 보이지 않다 보니까 귀신들과 악신들이 속여도 이것을 밝혀낼 영적 능력이 없기 때문에 속을 수밖에 없는 것이 인류의 역사인데, 거대 황룡 절대자 龍의 대통령이 적나라하게 알려주고 있다.

　거대 황룡 절대자 龍의 대통령 말은 명이자 법이고 기운이기에 마음, 생각, 말, 글, 행동으로 부정하거나 무시하면 그것이 죄가 되어 천상장부와 지옥장부에 기록되어서 본인과 가족들에게 대대손손 불운과 불행, 재앙이 내려간다.

　독자들의 마음, 생각, 말, 글, 행동의 일거수일투족을 초 단위로 감시하는 천상신명들이 실시간으로 기록하고 있는데, 이들은 여러분 천상의 삶과 전생, 내생의 삶까지 모든 내용을 컴퓨터 파일 기록으로 갖고 다닌다.

일거수일투족을 초 단위로 감시하는 천상신명들이 존재하고 있어도 눈에 보이지 않고 들리지 않으니까 믿을 수 없어서 되는 대로 막 살아가는 것이 인류 모두의 모습들인데, 100년 미만의 삶이 끝나고 과연 어떻게 될까?

죽으면 지옥신명들에게 압송되어 지옥으로 끌려가면 여러분이 천상에서 살았던 시절, 인간으로 살았던 시절에 지은 죄가 무엇인지 한 편의 영화처럼 적나라하게 보여주면서 지옥 간수들에게 참혹한 형벌을 받게 되는데 빼도 박도 못한다.

죽으면 그만이라고 노래 부르는 사람들, 인생 뭐 있나 하면서 막 살아가는 사람들은 어느 날 갑자기 다가올 무서운 사후세계 삶을 어떻게 감당하려는가? 죽어서는 아무리 죄를 용서 빌어도 용서란 자체가 일체 없다는 진실을 알아야 한다.

만물 중에 사람으로 태어난 것은 천상, 전생, 현생에서 지은 죗값을 벌어서 육신 살아생전 죄를 빌 수 있는 기회를 공평하게 주고자 사람으로 태어나게 해준 것이다.

내가 무슨 죄를 지었느냐고 볼멘소리를 하면서 인정하지 않는데 지구에서 살았던 죽은 자들 모두와 현생 80억 인류 모두가 천상에서 역모 반란의 대역죄를 지어 역천자 행성 지구로 쫓겨난 죄인들의 신분들이다.

이렇게 천상세계의 진실을 알려주어도 설마 그런 일이 어디 있냐 하면서 자신은 죄인이 아니란 듯 부정하며 머리를 숙일 줄 모르는데, 죽으면 그만이지 세상 살기도 바쁜데 천상에서 지은 죄를 왜 비느냐고 부정하고 무시하는 사람들도 많다.

그래서 각자가 뿌리고 행한 대로 거두는 것이 만고불변의 법칙이고, 착하게 살아서 자신은 죄가 없다고 부정하는 사람들은 이곳에서 절차를 밟아 의뢰하면, 천상에서 무엇하며 살았는지 삶에 대한 천생록을 3쪽에서 30쪽까지 적나라하게 나온다.

세상을 살아가면서 날벼락 맞는 일을 당하면 전생에 무슨 죄를 지어서 팔자가 이 모양이냐고 한탄하면서 원망하는 말들을 많이 한다. 태풍이 불어서 과일이 떨어져도, 침수 피해를 입어도, 사고가 나도 모든 것을 하늘 탓으로 돌린다.

2022년 9월 6일 태풍 힌남노로 포항 지역이 초토화되어 피해가 막심하고 포항제철은 49년 만에 조업을 중단하여 2조 원의 재산 피해를 냈는데, 이것은 우연이 아니라 각자 개인들과 기업들이 지은 업보 때문이다.

원인 없는 결과가 없듯이 누구 탓도 아닌 각자 자신들이 천생과 전생, 현생에서 지은 죄의 업보 탓이기에 어느 누구를 원망할 필요가 없다.

천상에서 살아가려면

이 책은 미래에서 온 고차원적 내용이기에 최고의 영능력자, 무속인, 도사, 도인, 법사, 역술가, 승려, 목사, 신부라할지라도 이제까지 세상에서 보고 듣지 못한 경천동지할 내용들이기에 모든 고정관념의 선입견을 버리고 읽어야 하며, 세상에 이런 일이라 할 정도로 상상을 초월한 내용들이다.

육신을 갖고 몇십 년 살다가 언젠가 죽으면 천상에서 태평천국을 살아갈 사람들, 지옥에서 고통받을 사람들, 축생과 천지만생만물로 살아갈 사람들, 악령이나 원혼귀가 되어 허공중천을 떠돌며 귀신으로 살아갈 사람들로 분류된다.

죽음 이후 사후세상을 인정하며 악교에 들어가 내생을 준비하는 사람들도 많지만, 지구에 존재하는 모든 악교에서 추구하는 무릉도원, 태평천국, 유토피아의 이상향 세상으로 가는 곳은 지구에서 이곳 龍의 제국뿐이다.

지금 살아 있는 사람들은 아직 죽어서 저승으로 가보지 않았으니 대다수는 사후세계가 존재하는지 잘 몰라서 반신반의하며 살아가고 있고, 묘지를 명당 자리에 잘 모시고 제사, 차례,

성묘만 잘 지내주면 되는 것으로 생각하며 살아간다.

그러나 모두가 죽으면 그만이라는 사람들이 너무나도 많은 것이 현실인데, 죽음 이후의 사후세계가 인간 눈에 확실하게 보이지 않으니까 인정하지 못하겠다는 뜻이다.

사후세계 모습을 쉽게 설명하자면 여러분 눈에 보이는 축생들인 짐승, 가축, 개, 소, 닭, 고양이, 새, 뱀, 곤충, 벌레, 지렁이가 이미 죽은 사람들의 사후세계 모습인데 얼른 이해가 안 될 것이지만, 이들도 어느 한 시절에는 사람이었으나 龍의 대통령을 만나 천상에서 절대자를 배신한 역천자의 죄를 빌지 않았기에 다시 축생으로 태어난 자들이다.

천상과 전생, 현생에서 지은 업보(죄업)로 인하여 천상계로 오르지 못하고 천지만생만물과 축생계로 윤회하다가 다시 지옥계로 압송될 죄인들의 모습들이란 끔찍하고 무서운 진실을 알아야 할 것인데, 이렇게 알려주어도 설마 그럴까 의아심을 가질 사람들도 있으리라.

龍의 대통령의 말과 글은 지구에 태어났다가 이미 죽은 모든 자들은 물론 살아 있는 세계 인류와 독자들이 가슴 설레게 찾고자 하는 절대자가 내려주는 말과 글이기에 모두 현실로 이루어지는데, 다만 시간의 차이만 있을 뿐이다.

그러므로 이 책에 실린 내용은 허상이나 공상, 과대 포장된

글이 아니라는 점이고, 이 책을 집필하는 이유는 지구상에 존재하는 모든 악교가 인류를 혹세무민하고 있다는 진실을 밝히고자 함이다. 아무리 수천 년 된 유명한 악교라고 할지라도 인간 육신을 가진 자들은 천상에서 일어난 모든 진실을 정확히 아는 자들이 없지만, 그 몸 안에 있는 악들은 龍의 대통령 존재를 모두 알고 있다. 악의 기운이 실린 성경, 불경, 도경은 불태워라.

역사와 전통을 자랑하는 오래된 천주교의 본산인 로마 교황청의 교황일지라도 龍의 대통령이 밝히는 천상의 진실을 알지 못하기 때문이다. 3,000년의 불교, 2,000년의 기독교는 역사와 전통을 자랑할 수는 있지만 진실이 아닌 거짓된 내용을 세상에 전달하고 있기에 이 책을 통하여 지구상에 존재하는 모든 악교를 심판하여 멸망시킨다. 종교 용품은 악의 기운이니 소각해라.

종교(악교)를 직업으로 하는 종교인들은 절대로 마음을 열고 받아들이지 않을 것이기에 신도들이라도 현생과 내생을 잘살기 위해서라도 하루빨리 악교에 대한 마음을 바꾸어야 한다. 누구를 위해서가 아닌 자신과 조상들, 가족들의 현생과 내생의 운명을 바로 잡기 위하여 악교 감옥을 탈출하여야 한다.

악교(종교)인들이 말하는 천국, 천당, 극락, 선경세상으로 올라가기를 바라며 돈과 재물, 인생을 바치며 열심히 믿고 있지만 이 모든 것이 가짜인데 어떻게 할 것인가? 살아서는 거품 물며 거칠게 항의할 수도 있겠지만 죽어서 그것이 사실로 밝혀지면 돌이킬 수 없는데 어찌하려는가?

제3부 거대 황룡 절대자

말하자면 지금 종교 열심히 믿으며 다니고 있는 신도들은 모두가 절대자 龍의 대통령에게 심판받아 지옥과 축생계로 떨어지고, 죽어서는 지구 행성이든 우주 행성 어디에 있더라도 명을 하달하면 몇 초 이내로 추포하여 압송된다.

현생보다 죽음 이후 사후세계 삶이 더 중요하다. 살아생전은 물론 천상과 전생에서 거대 황룡 절대자를 배신하여 지구로 도망치고 쫓겨난 모든 죄가 밝혀지고, 육신 살아서 거대 황룡 절대자 龍의 대통령에게 천생과 현생에서 지은 죄를 용서 빌지 않은 것에 대한 무서운 심판을 받게 되어 있다.

종교사상을 수천 년 동안 인류에게 전파한 종교의 구심점 역할을 하였던 숭배자들인 하느님, 하나님, 부처님, 알라신, 천지신명, 석가, 예수, 마호메트, 공자, 노자, 상제, 로마교황들부터 각 종교의 내로라하는 숭배자들과 모든 교주들이 죽은 뒤에 좋은 곳으로 가지 못하였다는 진실을 알아야 한다.

이들은 동두칠성의 제1 천옥도, 제2 천옥도, 제3 적화도(불지옥), 제4 한빙도(얼음지옥), 제5 지옥도, 제6 지옥도, 제7 지옥도에 수감되어 있거나 축생계로 윤회하며 벌을 받고 있는데, 어떤 죄목으로 어떤 형벌을 받고 있는지 인류 최초로 적나라하게 밝힌다. 종교 경전이 집에 있으면 악들이 처들어 온다.

숭배자들이나 종교인들도 모두가 죽어서 지옥도로 끌려갔는데, 조상의 대를 이어서 종교를 열심히 믿다가 세상을 떠난 여러분의 가족들이나 죽은 조상들이 지금 어느 세계에 가 있을 것인지는 여러분 스스로가 판단하면 된다.

　죽어서 좋은 곳으로 가려고 지금도 수많은 종교 안에서 열광하며 숭배자들이 남긴 사상을 종교 교주들과 종교지도자들의 설법과 설교에 심취해 있는 각자들의 조상(사령)들과 여러분 독자들의 영혼(생령)들이 가야 할 길은 하늘나라 천상이 아닌 끝없는 형벌이 집행되는 지옥도이다.

　수많은 숭배 대상자들과 종교 교주, 종교지도자들조차 밝혀 내지 못한 천상세계와 사후세계의 진실을 인류 역사상 최초로 알려주는 龍의 대통령은 여러분 독자들이 죽으면 어디로 가는지도 낱낱이 알고 있다.

　지구에 사람이든 축생으로 태어난 자체가 영혼과 육신의 부모이고 대우주를 창조한 龍의 대통령을 배신하여 가슴 아프게 만들어 역천자 행성 지구 행성으로 도망치고 추방된 죄인들이라는 엄청난 진실을 받아들일 자들이 얼마나 있을까?

　죄업 중에 영혼과 육신을 창조한 龍의 대통령을 배신한 역천자의 죄가 가장 크다는 슬픈 진실을 알고 살아가는 사람들은 하나도 없다. 태평천국 무릉도원의 천상에서 살다가 절대자를 배신하는 역천자의 죄를 지어서 지구에 사람과 축생으로 태어난 것이 현생 인류와 동물들의 모습들이다.

龍의 대통령을 가슴 아프게 만든 죄인들 주제에 다시 천상으로 돌아가려고 종교 안에 들어가서 돈과 재물을 바치며 온갖 정성을 들이고 있으니 참으로 기가 막힌 일인데, 여러분 독자들이라면 배신자들을 그냥 받아줄 수 있을까?

이미 죽은 자들이든 지금 살아 있는 자들 모두가 좋은 곳으로 알려진 천상으로 돌아가기를 학수고대하며 각자들이 종교에 심취하여 있는데, 이 모든 것이 헛수고라는 경천동지할 진실을 처음으로 세상에 알린다.

모두가 자신이 최고라고 하면서 자신이 세운 종교로 끌어당기고 있지만 지구상에 존재하고 있는 모든 종교 사상은 진실이 아닌 악들의 세계 이론이다.

처음 들어보는 말이기에 믿기 어려운 일이지만, 현실이고 지구에서 하늘나라 천상으로 돌아가는 길은 이곳뿐이란 진실을 전한다. 독자들이 믿든 안 믿든 그것은 각자 자신들의 자유일 테지만 죽어서 후회하지 않으려거든 믿어야 한다.

龍의 대통령이 윤허(허락)하지 않으면 그 어떤 자들도 천상(대우주 연방제국)으로 돌아갈 수 있는 길은 아무 데도 없다. 모두가 천상으로 돌아갈 수 있는 것이 아닌 특별히 선택받아 뽑힌 사람들만이 해당되는데, 용서받지 못할 죄인들은 갈 수가 없다.

모든 일을 신명들이 주관

　천재지변 주관 신명, 기후변화 주관 신명, 공기 소멸 주관 신명, 지구 공전 주관 신명, 지구 자전 멈춤 주관 신명, 지축 정립 주관 신명, 태양폭풍 주관 신명, 오존층 파괴 주관 신명, 소행성 충돌 주관 신명, 운석 충돌 주관 신명, 핵미사일 발사 주관 신명, 전쟁 발발 주관 신명들이 각기 따로 있다.

　사람들 눈에 안 보여서 모르고 살아갈 뿐이지 모든 사물과 일에는 보이지 않는 신명들이 주관하고 있다. 아직도 논란이 되고 있고 과학적으로도 원인이 밝혀지지 않는 급발진 자동차 사고 역시 신명들이 일으키고 있다.

　전쟁 발발 주관 신명이 있기에 전쟁이 일어나고, 경제 주관 신명이 금융 위기를 일으키는 것이고, 부동산 주관 신명, 주식 주관 신명, 옵션 주관 신명, 가상화폐 코인 주관 신명 등 전 분야에 신명들이 있고, 이들은 인간화 모습과 반인반수 신명, 영물들인 龍들, 흑호, 백호, 재규어, 흑사자, 적사자, 늑대, 독수리 형상을 가진 신명들이 주로 담당한다.

　경제는 녹룡이 담당이고, 경제를 추락시키는 것도 살리는 것도 대우주 연방제국 ○경천 소속 돈의 황제가 내린 명을 대신들이 받아 녹룡 부대 신명들에게 하명을 내려 국내와 세계 각 개인과 기업, 국가들의 경제를 담당한다.

천재지변을 비롯한 모든 사건사고, 폭발사고, 추락사고, 산불, 대형화재, 선박 침몰, 비행기 추락, 지진으로 인한 대륙 침몰, 빙하기로 인류 멸종 등이 대우주 연방제국 절대자 거대 황룡인 태황제(龍의 황제=龍의 대통령)와 3황제의 명을 받은 신명들에 의해서 거대 우주 행성과 지구 행성의 운행 및 파괴 소멸이 이루어지고 있는 것이다.

인간들은 이런 진실을 모르니까 천재지변을 자연이라고 하고, 사건사고는 인간들의 실수라고 하는데, 이처럼 모든 일들은 대우주 신명들이 실시간 운행하고 있다.

신명들의 세계는 군대 조직과도 같이 정교하게 짜여 있고, 상하서열이 엄격하며 천상법도 또한 지엄하다. 왕, 성주, 제후 산하에 조직 부서가 계급 서열별로 구성되어 있다.

인간을 다루는 부서, 생령(영혼)을 다루는 부서, 사령(조상)을 다루는 부서, 신명을 다루는 부서, 지옥을 다루는 부서, 천상을 다루는 부서, 행정 업무를 다루는 부서, 기술을 다르는 부서, 우주 행성 운행을 다루는 부서, 근위사령부 부서, 법을 다루는 부서, 기후를 다루는 부서, 천재지변을 다루는 부서 등등 어마어마하게 많고, 신명들에게 전담 업무가 주어진다.

제4부
외계인의 문명과 환생

외계인 모습과 아이큐, 수명, 첨단 문명

저자가 윤회하며 수행하고 있는 행성은 지구까지 15개 행성인데, 이번이 마지막 구원의 행성이다. 하지만 금쪽같은 기회를 주어도 잡을 것인지 그것이 문제이다. 온통 종교 귀신들과 종교를 세운 악들에게 완전히 빙의되어 있기 때문이다.

지구 행성에서 龍의 대통령 저자를 만나 구원을 받는다는 것은 여러분 기업인들이나 권력자, 정치인들의 목숨과 전 재산을 바쳐도 모자랄 정도의 귀한 것이다. 사후세계 실상을 전혀 모르기에 무서움과 두려움이 없고, 남들도 다 죽는데 때가 되면 죽어야지 하면서 죽음을 당연하게 받아들인다.

종교인들이 사후세상을 얼마나 환상적이고 아름답게 홍보를 해놨는지, 종교 믿으면 천국간다고 아무도 죽음의 두려움과 무서움을 느끼지 못하고 아주 당연하게 생각하며 여유롭게 살아간다. 종교에 돈 갖다 바친 곱하기 알파로 죄가 무거워지고, 그에 따른 형벌은 상상을 초월하기에 이제라도 정신 차려야 한다.

종교 다니며 하나님, 하느님, 부처, 미륵, 천지신명, 알라신, 시바신, 라마신을 숭배하면서 성금, 헌금, 시주 많이 올리고,

사십구재, 천도재, 지노귀, 조상굿, 지장재 올리면 무조건 천국, 천당, 극락, 선경세상으로 올라간다고 공식처럼 되어 있는데, 이는 종교 귀신과 악마들이 세뇌시킨 것이니 꿈 깨야 한다.

누구 마음대로 가려는가? 대우주의 절대자 주인이 엄연히 있는데 죄인들인 종교인들이 의식한다고 천상으로 들어간다고? 착각은 자유인데, 이제라도 이 책을 읽고 정신 차리는 것이 자신들의 사후 운명을 보장받기 위하여 좋을 것이다.

아래 외계 행성들이 龍의 대통령 저자가 윤회하였던 행성들인데, 이 책을 공감하며 읽는 여러분은 행운아, 천운아이다.

01. 라켄드로다마테스 외계 행성, 종족 말족, 인구 56억 명, 수명 650년, 신장 8.5m, 상반신 인간화, IQ 185, 지구보다 230년 앞서 있지만, 원 시초가 축생이라 발달이 덜 되었다. 지구에서 서쪽 방향으로 2,900억 광년×1억 2,000만 배 거리, 저자 수명 667년→ 사망 후 100년 지나서 소행성 충돌 폭발 소멸

02. 라우라우프레몬다 외계 행성, 종족 난쟁이족, 인구 43억 명, 수명 280년, 신장 1.4m, IQ 410, 지구보다 1,100년 앞선 문명. 멸종 후 리셋, 새 종족 탄생, 지구에서 서남 방향으로 780억 광년×5억만 배 거리, 저자 수명 312년. 현재 행성 존재

03. 누트로아움 외계 행성, 종족 뱀족, 인구 77억 명, 수명 230년, 신장 18.5m, 뱀의 얼굴, IQ 710, 지구보다 2,100년 앞서

있었고, 역시 축생이어서 문명 발전이 더디었다. 지구에서 서북쪽 100억 광년×150배 거리, 저자 수명 189년→ 사망 후 20년 지나서 소행성 충돌 폭발 소멸

04. 에타쿠온데히스수 외계 행성, 종족 이티족, 56억 명, 수명 185년, 신장 2.5m, 공룡형 얼굴, IQ 11,050, 최첨단 문명이고 지구보다 11,000년 앞서 있다. 멸망 후 리셋, 새 종족 탄생, 현재 행성 존재. 지구에서 서북 방향으로 1경 광년×20억만 배 거리, 저자 수명 193년

05. 하운드파캄푸하르 외계 행성, 종족 마녀족(인간 모습), 38억 명, 수명 420년, 신장 1.7m, 마왕 숭배, IQ 980, 지구보다 문명이 크게 앞서 있다기보다는 악의 종교를 숭배 치중하였기에 최첨단 문명이 아닌 고대문명에서 벗어나지 못하였다. 지구에서 북동 방향으로 1,350억 광년×300만배 거리, 저자 수명 312년→ 사망 후 150년 지나서 소행성 충돌 폭발 소멸

06. 베다이누시스 외계 행성, 종족 도룡뇽족, 인구 68억 명, 수명 250년, 신장 3.2m, 인간 얼굴, 하체 도룡뇽, IQ 280, 반인반수라서인지 고대문명과 최첨단 문명 공존. 지구보다 2,000년 앞서 있다. 지구에서 북동 방향으로 1,100억 광년×25만 배 거리, 저자 수명 218년→ 사망 후 87년 지나서 행성 자체가 화산 용암으로 덮여 무생명체 황무지 행성

07. 골든포르테우스 외계 행성, 종족 곰족, 인구 110억 명, 수명 175년, 신장 3.8m, 겨울 행성으로 곰형 얼굴, IQ 190, 고대

종교 숭배에서 거의 벗어나지 못해 정체되어 있었다. 지구에서 서남 방향으로 10억 대수×1경 거리, 저자 수명 187년→ 사망 후 23년 지나서 소행성 충돌 폭발 소멸

08. 케라시아데리스 외계 행성, 종족 이티족, 인구 45억 명, 수명 3.200년, 신장 2.2m, 길쭉하고 마른 체형, IQ 3,500, 지구보다 21,570년 앞선 최첨단 문명 발달. 지구에서 북서 방향으로 1조 2,000억 광년×7,500만 배 거리, 저자 수명 870년→ 30년 뒤 파괴, 소행성 충돌 멸종 소멸

09. 스테도나파테스 외계 행성, 종족 개과늑대족, 인구 78억 명, 수명 115년, 신장 3.2m, 늑대형 얼굴, IQ 415, 지구보다 820년 문명이 발달되어 있었다. 지구에서 북서 방향 10도 아래 방향으로 100구 광년×1,000만 대수 거리, 저자 수명 121년→ 사망 후 96년 지나서 빙하기로 멸종. 얼음 행성으로 변해 무생명체 황무지 행성

10. 시라게노타리케스 외계 행성, 종족 파충류족, 인구 35억 명, 수명 4,500년, 신장 2.8m, 지능 높은 파충류 얼굴, IQ 10,200, 지구보다 과학 문명이 18,000년 앞서 있었다. 지구에서 서남 방향으로 1,000구 광년×130만 배 거리, 저자 수명 3,115년→ 사망 후 457년 지나서 외계학선 핵공격으로 멸종. 핵화학물질 오염으로 무생명체 황무지 행성

11. 세드라크놀데호 외계 행성, 종족 원숭이족, 89억 명, 수명 180년, 신장 1.7m, 원숭이형 얼굴, IQ 615, 지구보다 1,800년

앞서 있었다. 멸망 후 리셋, 새 종족 탄생, 현재 행성 존재. 지구에서 100 무량대수×2,150만 배 거리, 저자 수명 197년

12. 유루쿠암비언스 외계 행성, 종족 인간족, 인구 49억 명, 수명 1,020년, 신장 2.8m, IQ 2,185, 지구보다 4,250년 문명 앞서 있었다. 지구보다 3만 년 전 행성 생성, 행성 파괴 종족 멸종. 지구에서 북동 방향으로 10경×320만 배 거리, 저자 수명 390년→ 사망 후 50년 뒤 소행성 충돌 폭발로 소멸

13. 위다네트론스 외계 행성, 종족 돼지족, 인구 125억 명, 수명 310년, 신장 2.2m, 돼지 얼굴형, IQ 592, 지구보다 800년 문명 앞서 있었다. 최첨단 문명과 고대 종교문명이 함께 공존. 지구에서 남동 방향으로 20억 광년×175만 배 거리, 저자 수명 211년→ 사망 후 61년 지나서 소행성 충돌 폭발 소멸

14. 트모데케루오스 외계 행성, 종족 소족, 39억 명, 수명 220년, 신장 4.2m, 소얼굴, IQ 710, 지구보다 2,790년 앞서 있었다. 지구에서 남서 방향으로 300조 광년×915만 배 거리, 저자 수명 280년→ 사망 후 23년 지나서 소행성 충돌 폭발 소멸

15. 지구 행성, 종족 인간족, 인구 80억 명, 수명 88년, 신장 1.7m, 현재 인간

이들 행성은 대우주 절대자(龍의 황제) 거대 황룡의 기운에 의해서 파괴되어 종족이 멸종되었고, 지구에서 엄청 멀리 떨어진 거리에 존재하는 행성들이기에 지구의 첨단 과학문명으로도

찾아내지 못한다.

龍의 대통령 인간 육신 저자의 환생 수행과정(우주 황실의 황위 계승 수업을 위한 우주 행성 순회 수행과정 천생록)에서 보았듯이 우주의 다른 행성에는 지구인과 같은 인간족만 있는 것이 아니라, 온갖 동물 형상의 종족들이 살아가고 었다.

말족, 뱀족, 난쟁이족, 이티족, 마녀족, 도룡뇽족, 곰족, 늑대족, 파충류족, 원숭이족 이외에도 거인족, 도마뱀족, 고릴라족, 요정족, 낙타족, 기린족, 독수리족, 악어족, 인어족 등등 무수한 여러 종족들이 우주 행성에서 살아가고 있다.

이들이 축생급들의 얼굴 모습이기는 하나 지구 문명보다 첨단문명이고, 아이큐가 상당히 높다는 것이 확인되었는데, 지구에서 수행과정을 마치고 우주 행성으로 복귀하면 저자는 우주 황실에서 황위 계승 과정을 거쳐서 대우주를 다스리는 황제가 되며, 아이큐가 무량대수로 지능이 향상된다.

현재 살아가는 여러분들도 천상에서 도망쳐 다른 우주 행성에서 수없이 윤회하였고, 지구 행성에서도 축생, 곤충, 벌레로 반복 환생 윤회하다가 구원의 기회를 주기 위해서 龍의 대통령 저자와 동시대에 사람으로 태어나게 해주었다.

케라시 별에서 외계인 환생 870살

지금부터 龍의 대통령 인간 육신 저자가 황위 계승 시험에 통과하고자 다른 우주 행성에서 환생하였던 우주에서의 환생 수행 기록을 지구와 인류 최초로 공개한다. 공상 소설 같지만 현실이고, 이 어마어마한 대진실의 천기누설을 읽는 여러분은 행운아, 천운아이다.

龍의 대통령 저자는 현재의 지구 행성까지 포함하여 총 15개의 우주 행성에서 환생을 하였고, 마지막 15번째 행성인 지구에서 드디어 거대 황룡 절대자 龍의 황제, 龍의 대통령 존재를 찾았기에 황위 계승 시험에 통과한 것이다.

龍의 대통령 저자가 1~15번 행성에서 환생하였던 기록을 다 뽑기에는 너무 많아 8번째 '케라시아데리스' 행성과 12번째 행성인 '유루쿠암비언스' 행성 기록만 뽑았다. 행성에서의 환생 기록을 전해 주는 메시지대로 작성하는데, 내려주는 메시지가 얼마나 많던지 끝이 나지 않을 정도였고, SF 영화로 제작해야 한다는 생각이 계속 들었다.

만약 내려주는 메시지대로 계속 작성하다 보면 아마 책 한 권

그 이상이 나왔을 것인데, 그렇게까지 하기에는 시간이 너무 소요되어, 그나마 축약된 메시지가 '케라시아데리스' 행성과 '유루쿠암비언스' 행성에서의 환생 기록이다.

그만큼 각각의 우주 행성에서 환생했었던 그 기록이 인간은 상상도 못 할 정도로 어마어마하게 방대하다는 뜻이다. 1~15번째 우주 행성 중에서 8번째와 12번째 행성만 간략하게 뽑은 것이며, 나머지 행성들은 거리, 수명, 지구 대비 문명 발전, IQ 정도만 간단하게 기록한 것이다.

'케라시아테리스' 행성 지구 3.5배 크기

내가 여덟 번째 환생한 '케라시아테리스' 행성은 지구에서 북서 방향으로 1조 2,000억 광년×7,500만 배 거리에 있고, 이티족이며, IQ 3,500, 수명은 3,200년, 신장은 2.2m, 첨단 과학 문명이 지구보다 21,570년 앞서 있다. 저자 수명 870년.

지구 행성보다 3.5배 큰 '케라시아테리스' 행성이 생성된 지 789억 년 되었는데 시초에는 키가 1.2m 정도로 아주 작았지만, 수많은 시간 동안 지나면서 점차 신장이 늘어나 평균 2.2m로 자랄 정도로 많이 진화되었고, 다만 공룡형 얼굴만이 그대로 이어져와 시초부터 변하지 않았다.

지구보다 최첨단 문명이 한참이나 앞서 있었는데 핵융합이 잘 발달되어 모든 기기와 고도의 비행접시(지름 60m), 행성을 운영하는 모든 시설을 응용할 정도로 잘 발달되어 있었고, 지구처럼 수많은 나라가 있는 것이 아닌 3개국 나라로 갈라서 다스리는 것과 나라 간 왕래하는 시간이 초속 1만km만큼 고도의 기술이 잘 발달되어 있던 행성이다.

원반 접시처럼 생긴 거대한 건축물들이 벽돌 쌓는 방식으로 층층이 올려놓는 아파트인 주거 형태가 단지 단위로 이루어져 있었고, 모래시계 모형처럼 생긴 공공 시설물들이 여러 채로 일렬로 나열된 모습이라는 것과 지상 자가비행이 아닌 무중력 고도 자가비행(중형차 크기로 바퀴 없음)으로 출, 퇴근하는 모습 등 여기 지구에서 볼 수 없었던 최첨단으로 이룬 모습들이다.

주거지 집단과 별도로 공공기관시설들, 교육관 시설들, 유흥 시설 등 기본적인 혜택들을 받으면서 나름대로 나라에서 지정해 준 직업과 역할에 충실하며 만족스럽게 살아간다.

또한, 가족 구성원이라는 개념이 없지만, 성별이 다른 이와 결합하여 함께 사는 경우가 있었고, 여기 지구처럼 부모, 자식과 연결되는 가족이라는 의미와 다르게 자손을 원할 경우 난자 세포와 정자 세포로 배아 결합으로 모태를 빌어서 태어난 것이 아닌 난체 유전자와 정체 유전자를 추출해서 결합하여 액체시험 유리관 탱크에서 태아를 키우는 형태이다.

이는 나라에서 녹봉을 먹는 관리자들이 관리, 탄생, 육아를 담당하고 각 개체에 맞게 장차 필요할 역량으로 키우기 위해 조기교육을 시키고 부모보다 왕에게 복종해야 하는 것이 사는 길이라는 이념으로 상부 명령 복종이 우선으로 여기는 특이한 공동체이다.

즉, 부모가 누구인지도 모른 채 나라의 보모 교육사로 인하여 집단 공동체에서 자란다는 뜻이고, 부모·형제라는 개념이 없는 오로지 3개국 중 하나인 '아구로우비체스'국의 왕인 '브하그루만초'를 부모로 여기고 복종하는 것과 다른 행성 침략 전쟁 참여를 위해 군대에 들어가 참여해야 되는 것이 이들에게는 무조건 지켜야 하는 필수 항목이다.

그러면서 위의 두 가지를 빼고는 철저한 개인주의적인 사고방식으로 삶을 영위하고 있었던 행성 내의 생명체들이 살아가고 있는 이 시점에 '이뻬르다누까' 난체 유전자와 '무아테츠피른' 정체 유전자를 추출 후 결합으로 이어지고 나서 액체시험 유리관 탱크에 저장하고 시간을 지켜본다.

잔잔하게 출렁출렁하는 액체 탱크 안에 자리잡아 눈, 입, 코, 귀, 팔, 다리 등 신체를 잡아가는 태아의 신체 중에서 호흡을 위한 생명 호스를 배꼽에서부터 밖으로 연결시키고 지키고 있던 자들이 있다.

그 이유는 여러 개 액체시험 유리관 탱크 중에 나를 상징하는 태아 배아를 결합하는 데 성공하였고, 8번째로 환생하여 태어나는 신호로 환생을 시작하여 이 행성에서 살아간다.

기본적인 외모의 생김새는 영화에서나 일반적으로 알고 있는 외계인과는 다르게 얼굴은 작지만 대신 눈은 크고 뒤통수가 뒤로 돌출형으로 발달되어 있으면서 기본적으로 마른 체형으로 키는 2m 이상이고, 복장은 군대식 제복 입는 것이 남녀 상관없이 기본인 종족이다.

또한, 감정이라는 것이 결여될 정도로 희로애락에 대해 표현하는 것이 인색할 만큼 그들에게는 거의 아무런 감정없이 살아갔던 존재로 삭막한 행성이다.

그런 삭막한 행성에서 태어날 예정인 나는 시험관에서 다섯 달을 버티면서 정상적인 신체를 갖게 되었고, 신체 조건이 완성되었다는 의미를 나타내는 감은 눈을 번쩍 뜨고 발버둥치니 액체가 출렁출렁~

배꼽 연결부위 호스에서 보글보글거리는 모습들이 뽕뽕거리며 깨어난 것을 본 관리자들은 일제히 탱크에 담은 액체를 밖으로 **빼내고야** 영아기(형체를 갖춘 영아)인 나를 꺼내곤 바로 인큐베이터에 보내지고 여러 가지 검사를 받게 되었다.

만약 신체 일부분이라도 하자가 발생되었다면 폐기로 낙인찍어 바로 쓰레기통 폐기물로 처리되어 파쇄, 분쇄로 죽여버려야 하는 참혹한 방식이 취해져 있기에 관리자들은 과연 내가 하자가 조금이라도 있는지 여러 가지 검사를 진행한 결과는 퍼펙트로 판정 나고서 보육기관 시설로 보내졌다.

나와 함께 비슷한 시간에 탄생되었던 영아기들도 정상으로 판정받아 보육기관 시설로 보내지는 영아기들이 56명이었고, 그들과 함께 20여 명 보모 교사들에 의해 길러지며 걸어 다니고 뛰어다닐 수 있고, 소통이 되는 2살 때부터 여러 가지 교육을 받았는데, 여기서 특이한 것은 여러 가지 교육과 시험들로 인하여 지능 등급이 매겨진다.

지능이 높을수록 왕의 후계자, 정치계 관료, 우주 사령부 관료, 우주탐색 군사(우주 전쟁 전투사), 왕의 측근 비서관, 정치 관료들의 수행비서, 우주관제 센터장 등 많은 고위급 계급으로 최우선 분류한다.

그리고 공공시설 관리자, 보육교사, 보모 양육사, 우주 함선 조종사, 전투 훈련 교련사, 의료원, 기계 보정사, 기기 운전사 등 수많은 중진급 계급이고, 그 다음은 반역으로 찍힌 노예, 포로, 검투사 등 하층민들도 존재하였기에 10세까지 교육으로 인하여 모든 계급과 대우가 판가름 난다.

물론 여기에서도 로봇들이 잘 발달되어 있어 자신들이 필요할 때 보조로 거느리고 있는 이들이 다반사였지만, 그래도 타국에 존재한 이들로 인하여 불시에 역공을 당할 수도 있을 가능성이 크기에 긴급 시 언어소통으로 발동되는 것이 중요하다 판단되어 그래도 로봇보다 많은 것을 부여받게 하여 나라를 지켜내는 것이 우선이다.

나는 동기들과 함께 자라면서 감정이 무엇인지 모를 정도로 무뚝뚝하게 자랐고, 보모 교사와 보모 양육사가 이야기하는 것을 액면 그대로 받아들이면서 왕에 대한 맹목적인 복종과 '아구로우비체스'국에 대한 애국심, 우주 전쟁에 대한 참여와 침략 전쟁이 일어날 시 당연히 목숨을 바쳐서라도 행동 개시해야 된다는 이념들에 대해 수없이 들으면서 자랐다.

그렇게 10세가 되던 해 다른 동기들보다 특출나게 뛰어났던 나는 차기 왕의 최측근 비서로 배정받게 될 미래를 지정받고서야 다음 우주항해 비행사 교육을 받기 전 자유시간을 2년 정도 받았다.

바로 기숙사로 돌아가는 것이 아니라 한 번도 시내에 구경해본 적이 없다는 것을 기억하고, 처음으로 외출에 나서며 왕궁을 중심으로 시작하여 벌집처럼 포장도로로 나서며 고층 300층 높이 사이로 자가비행 접시를 타고 나섰다.

그러다가 중간 지점에 내리니 중간급 계층민들이 사는 도시였었고, 가장 중심에 세워진 50층 원형 건축물이 있었는데, 처음에는 멍하니 쳐다보다가 알 수 없는 기운에 이끌려 저절로 걸음을 떼고 입구에 들어갔는데, 그때까지도 내가 왜 들어가야 되는지 이유를 알지 못한 상태의 무의식적인 상태로 로비에서 줄을 길게 늘어선 자들처럼 나도 줄을 섰다.

한참을 시간이 지난 후 줄이 줄어들며 입장표를 받아들고 안

내원에게 표를 보여준 후 입장하여 10층 높이로 자리를 잡아 앉고, 통유리에서 보이는 것은 가운데 원형처럼 뻥 뚫려 있는 결투장이었다.

통유리는 일반 유리가 아닌 원형 결투 모습을 생중계로 보여준 거대한 투명 모니터라고 하는데, 그 투명 모니터에서는 생전 본 적도 없었던 검투사들이 결투하는 게임으로 상대방을 죽일 때까지 하는 결투로 목숨을 끊어야만 게임 종료가 되는 유흥 오락장이었다.

그런데 검투사라는 이들은 전혀 다른 이종족들이었는데, 다른 외계 행성에서 살았던 이들을 포로로 납치하여 검투사로 가둬놓고 오락게임을 위한 희생자로 삼은 것이었고, 나는 영아기부터 길러진 감정 배제라는 것을 당연시하여 감정이 무엇인지 모르던 때이다.

결투장을 찾은 고객들은 나와 같은 종족이면서 환호를 지르고 흥분하는 모습들이 보여서 나는 굉장히 낯설어 하였고, 그들이 왜 소리를 질러대는지 이해를 못 하였다.

계속 고개를 갸우뚱하며 '죽여! 한탕 좀 해보자! 왜 이리 멍청하지? 역시 미개해서 그런가? 쓸모가 없네. 쓸모가 없으면 제물로 바쳐져야지. 이번 제물 희생이 되겠네. 에이! 돈만 날렸잖아! 차라리 그래프 게임하는 게 낫겠네.'

이런 말들에 대해 무슨 뜻이고 어떠한 의미로 꺼낸 것인지 이해를 못 하여 무척 혼란스러웠고, 특히나 귓가에서는 제물이라는 단어가 유독 예리하게 받아들인 것에 대해 참으로 난감하였지만, 그렇다고 누굴 붙잡고 물어볼 순 없으니 어찌해야 될지 모르고 그냥 우두커니 서 있었다.

그러다가 경기가 게임 아웃이었는지 투명 모니터가 갑자기 화면이 바뀌더니 기숙사에서 나를 호출하는 장면이 떠오르는 것을 보고 부랴부랴 원형 결투장에서 빠져나와, 기숙사로 돌아가는 중에 뇌리에서 떠나지 않던 '제물'이라는 단어가 맴돌았는데, 나는 그 단어의 의미와 그 존재에 대해 찾아야 하는 일이 앞으로 가야 할 길임을 감지하고 있었다.

그런데 내가 원형 결투장에 다녀온 후부터 교사들이 경계하는 모습이나, 날 선 모습들을 심상치 않게 보였는데, 처음에는 왜 그러는지 이해를 못 하였지만, 점차 시간이 지난 후 원형 결투장이라는 금기 아닌 금기처럼 여기는 곳에 다시 방문할까 봐 경계하는 모습들이었고, 그때 많은 이들이 보았던 그들에게는 느슨하면서 나에게만 경계를 서는 이유가 쉬이 납득이 되지 않았다.

그러면서 분명 이유가 있을 것이라 생각하여 어떻게 하면 그것들의 비밀을 파헤칠 수 있을까 고민을 하면서 시간이 점차 흘러갔고, 나름대로 권력의 축이 된다면 원하는 일에 더 가까이 접촉할 수 있지 않을까 싶어 동기들보다 지독하게 매달렸고, 경계하던 교사들이 재방문 없이 성실하게 학업에 집중하는 것을 보고 풀어지면서 다시 예전처럼 최고의 능력자가 되도록 관심을 가져주었다.

그때부터 내가 직접 왕의 후보로 나서거나 후보 왕의 최측근으로 나선다면 권력을 잡게 되어 충분히 그것들의 비밀들을 파헤칠 수 있겠다 판단하고 나름대로 차근차근 계획을 세우며 나아갔다.

뚜렷한 목표가 생겨서인지 이 행성 생명체들 특성상 무서운 집념과 집중이라는 것과 어울리지 않는 단어들이었지만, 역시나 우주 황실 혈통 신분이 은연중 기억에 남았는지 무의식적으로 행한 집중과 집념들을 발휘하여 그들을 추월하는 충분한 능력자로 나아갔다.

나이 30세가 되던 해 정계로 진출하려고 준비를 하는데 조건은 우주함선 비행에 참가하여 150년 동안 임무를 마쳐야 된다는 조건이고, 다른 행성들에 시찰을 나서서 그들의 동향을 파악하여 보고서를 작성하고 났을 때 인정을 받으면 정치계로 진출할 자격이 주어진다는 조건이고, 완전 목표를 이루는 과정은 10단계 과정을 거쳐야 한다는 것이었다.

나의 입장에서는 목표에 빠른 시일 내 다다를 수 없다는 것에 불만이었지만, 그래도 방해하려고 공작을 펴는 것이 아닌 진정한 정계 입문을 위한 관문이라 하니 인내를 가지고 도전할 수밖에 없었고, 그들의 수명 3,200년을 따져봤을 때 결코 긴 시간이 아님을 위안으로 삼고, 나와 같은 목표치를 가진 다른 이들 10여 명과 함께 많은 이들의 환영 속에 우주함선(지름 35km 원반 비행체)에 승선하였다.

그런데 우주함선 승선 후 우주 속을 비행하며 창 밖을 바라보니 태어나 처음으로 먹먹하다는 느낌을 가지게 되었고, 무척 당황해하면서도 눈에서 알 수 없는 눈물이 흘러나오는 것을 보고 손으로 눈물을 닦았는데, 눈에서 나온 액체가 무엇인지, 가슴이 꽉 조이듯이 아려오는 통증은 무엇을 뜻하는지 몰라 멍하니 은하계에 촘촘히 박힌 별들을 보고 있었다.

처음으로 아프다라는 감정과 슬프다라는 감정도 느꼈는데 이 단어들은 보육교사들이 감정 절제라는 명목하에 가르쳐주지 않았고 느껴보지 못하였던 생소한 느낌에서 쉽게 마음에서 사라지지 않았다.

혹시 다른 동기들도 이 생소한 감정을 느끼고 있는지 궁금하여 물어보니 마치 이상한 생명체를 보는 듯한 눈초리에 잘못하면 일이 틀어지겠구나 싶어 더 이상 생소한 단어를 입에 올리지 않았다.

그렇게 다른 동기들과 거리를 두며 나름대로 다른 행성에서 파견된 우주함선들이 있는지, 있다면 그들의 목적이 무엇인지, 또한 다른 행성에서 존재한 생명체가 있는지에 대해 조사하면서 하나하나 단계를 밟아나아갔다.

자신들과 다르게 베테랑급인 함장 휘하 부하들이 약 1,200여 명이 있었는데, 우주함선(지름 35km) 안에 배치되어 있던 소형 우주함선(지름 1.9km)을 타고 우주 속을 비행하며 다른 행성 소속 우주함선들과 접촉을 시도하려다가 갑자기 섬광이 번뜩 터지는 일이 발생하여 깜짝 놀라 무슨 일인가 유리창 밖을 내다보았다.

  우주 전쟁이었고, 그들을 생포하여 거대한 우주함선 내에 자리한 수용소에 수감하는 일이 발생했는데, 다른 동기들은 그것에 대해 아무런 감흥이 일어나지 않는 대신 나는 당황해하며 왜 그들을 생포하여 무엇을 하려는지 알 수가 없었다.

  그렇지만 이유를 묻자니 전처럼 이상하게 취급당하여 배척받게 되면 골치가 아파질 수 있겠다 생각하고 궁금한 것에 대한 갈증을 묻어두고, 대신 그들의 생김새나 언어, 습관, 재주, 특징 등 조금씩 파악하고 서서히 접근하며 그들의 존재에 대해 알아내려 하였는데 혹시 예전에 목격하였던 다른 이종족들 검투사들과 같은 종족이 아닌지 의심이 들었다.

  왜냐하면 여기 행성에는 얼굴은 공룡형이면서 대체로 마르고 키가 큰 장작개비 같은 스타일인 반면 포로라고 잡혀온 이들은 얼굴이 표범이면서 근육질 몸체에 다부친 체격으로 2족 보행인데 이상한 게 분명 체격적으로 따진다면 포로들이 더 우세하여 싸움에서 밀리지 않을 것 같은데 쉽게 잡혀왔다는 게 이해가 가지 않았기 때문이었다. 그들의 언어를 들어보면 거친 음성으로 반항하는 모습들에서 쉽게 굴복할 이들이 아니라고 판단하였다.

내가 호기심에 대한 갈증을 풀어내고자 그들을 회유해도 경계에서 풀어지지 않는 것을 보고 그들을 감시하는 간수들과 친분을 쌓고자 비행사찰 업무시간을 빼고 나머지 다른 이들의 이목을 집중 안 받게 시간이 날 때마다 심심풀이로 거대한 우주함선 내 마련된 산책로를 다니면서 수감실 외부 복도를 거닐곤 하였다.

우주함선에 승선하고 내가 우주 비행한 지 10년, 20년, 30년… 90년으로 그렇게 시간이 흘러가면서 시간이 날 때마다 산책로에 부지런히 다녔던 게 효과가 있었던지 포로들을 감시하는 간수라는 자들도 내가 복도를 거닐 때면 오다 가다 아는 척 인사로 안면을 트인 게 도움이 되었던지 경계심이 무디어진 그들에게서 답을 찾아낼 수 있었다.

자신들의 무기는 눈에 보이지가 않아 상대방에게 방심을 불러일으키게 하여 그 방심을 틈타 10억 볼트의 레이저가 한순간에 터져나와 제압해 버리면 기절시켜 생포가 가능하다는 것이었다.

'차오바하바디가스룬' 행성의 표범족들의 무기는 물론 최첨단으로 된 레이저 무기이긴 한데 순발력, 기동성, 살상력 등 무기의 장점을 따졌을 때 자신들의 무기가 훨씬 우세하였기에 그들로서는 속수무책으로 당할 수밖에 없었다 한다.

포로로 잡힌 표범족들의 용도는 하층민과 교배로 혼혈종으로 만들어 검투사로 키워지는 것인데 용도가 다하여 폐기할 때가 되면 왕의 심복인 주술사에 의해 제물로 바쳐진다는 엄청난 내용이었다.

사실 나는 우주 속을 비행하거나 함선 내 숙소에서 잠자리에 들기 전 창밖을 볼 때 멍하니 있을 때가 많았고, 귓가에 울리는 알 수 없는 메시지를 받을 때마다 혼란스러워하였다.

누군가에게 물어보고 싶어도 같은 증상을 겪었다는 동기들의 이야기를 들은 적이 없어 선뜻 물어보려 나설 수가 없는 상태이고, 평범하게 산책에 나선다 해도 저절로 수감실 근처로 다가가는 무의식적인 행동에 당혹스러워하였다.

그런데 간수들의 이야기를 듣는 단어 중에 유난히 주술사, 제물이라는 단어가 강하게 꽂혀왔고, 어린 나이 때 가보았던 원형 결투장 내에서도 제물이라는 단어가 들려와 쉽게 잊히지 않았는데, 역시나 이번에도 제물이라는 단어가 귓가에 강하게 내리꽂히니 여기에 답이 있겠구나 판단하였다.

귀향할 때까지 1단계 관문인 우주함선 비행 내 임무를 무사히 마친 것이었기에 성실하게 임하고 있었는데, 그런 나의 무범적인 행동에 대해 시기를 느끼는 다른 동기들이 내가 행한 행동들을 시비하며 간수들과의 내통, 포로들에 대한 지나친 관심, 충성심 결여 의심, 비상식적인 행동 등을 예로 들며 후보에서 떨어뜨리려 하는 공작이 펼쳐졌다.

나는 어떠한 일에도 결코 짜증내거나 화를 낸 적이 없어 그저 무난하게 잘 지냈는데 공작으로 방해하려는 이들로 인하여 처음으로 화를 냈고, 그동안 감추어졌던 능력을 조금씩 인지하며 갈고 닦았던 무기로 인하여 그들을 제압하려 드니 더 큰 위험이 올 것을 미리 막고자 함선대장이라는 자가 나서서 중재를 나섰다.

그들에게 쓸데없는 일에 낭비하지 말라는 경고와 함께 나에게는 자숙을 해달라 부탁 아닌 부탁으로 나는 존경하는 함선대장을 봐서 흥분된 울분을 가라앉히고 차분해졌다.

그때부터 배척하려 드는 동기들에게 무관심으로 대응하고, 대신 함선 내 고위급 간부들에게 점수를 따기 위해 모범과 솔선수범으로 행동하였고, 그들로부터 신임 얻는 것을 어렵지 않게 따내 마지막 60년 동안 우주함선 내 생활하는 데 불편함 없이 잘 지냈다.

그런데 불시에 찾아오는 메시지와 눈물, 아련함, 그리움 등의 감정으로 무척 힘겨운 밤이 되어 불면증으로 고생한 것만 빼고는 150년 우주함선 생활을 마치고 다음 단계인 정치학 대학원에 진학하는 단계로 넘어갈 준비를 하였다.

그래도 역시나 표범족 포로들을 어디로 이송하는 건지 알아내는 것이 급선무였기에 친했던 간수들에 의해 접보를 입수하고 제물이라는 단어가 왜 나왔는지에 대해 파헤치고자 하는 의지로 권력을 잡기 위해 무섭게 집중하였다.

우수한 성적으로 정치학 대학원을 10년 만에 다니고 다음 단계인 거물급 정치하는 자들의 보조로 들어가서 실습으로 100년 동안 참여하였다.

그러면서 나를 진심으로 따르고 함께 움직이고자 하는 이들을 소수로 거느리게 되었는데, 물론 이들은 내가 받았다는 메시지와 제물이라는 단어에 대해 아직 모르고 있었고, 다만 내가 다른 이들보다 더 빠른 시간 내에 성과를 드러냈다는 것이고, 진정한 리더로서 자질이 갖춰질 자격이 있다 판단되어서 따르게 된 것이다.

그렇게 3단계 정치보좌역, 4단계 초선 정치 입문, 거물 정치인의 추천으로 입문, 5단계 정치가로서 거둬들인 성과(행정업무 실력), 6단계 인지도 평가, 7단계 정계의 다자간 협력심, 8단계 도시별 총독으로 임명되기까지 등 450년 동안 방해 공작들을 무사히 잘 넘기고 9단계로 접어들었다.

9단계는 왕의 신임을 얻어 원형 결투장을 개최하는 것인데 원래는 음지에서 활동했던 행사였었지만, 다른 두 나라(드우베사미노스 국, 위다나시제몬스 국)에 협력 요청해서 양지로 끌어들여 대축제로 만들어보자는 취지로 왕에게 발의를 건넸고, 이를 본 정계에서 큰 파장을 불러왔다.

솔직히 음지에서 행사를 진행한 것은 무엇인가가 드러내서는 안 되는 일이 있기에 음지로 행하는 것일 수도 있지만, 별다른 축제라는 것 없이 그저 그렇게 지낸 이들에게는 즐거움이라는 감정을 느끼게 해주는 오락거리가 없었다.

이것이 의외였고, 아무리 감정 절제를 우선시한다 해도 포로들의 존재가 쉽게 파악이 안 될 수도 있겠다 싶어 수면 위로 떠오르게 하였다.

또한, 주술사라는 것이 지난 100년 가까이 왕을 접촉해서 주위를 파악해도 주술사라는 존재를 쉽게 접한 적도 없었고 땅으로 숨었는지, 하늘로 치솟았는지 존재 자체가 보이지 않아 목표치에서 멀어지는 초조함을 갖게 되었다.

마치 이 땅에 태어난 이유가 주술사라는 존재와 제물이라는 단어를 파헤쳐야만 하는 사명이 있다는 느낌이 강하게 박혀와 나의 머리에서는 쉽게 떠나지 않았고, 무슨 일이 있어도 그것들의 존재를 밝히고 나서야 죽음을 맞이해도 억울하지 않을 거라는 각오로 나섰다.

원형 결투장 행사를 개최하도록 꾸준히 로비하고, 결투에 참여하는 이들은 각 나라에 속한 호전적인 전투사들이 나서서 퍼포먼스라는 같은 개념을 도입하여 즐거움을 누리자 슬로건을 내세워 따르는 부하들을 이끌고 홍보에 나섰다.

생애 처음 보는 퍼포먼스에 신기해하는 이들이 하나둘 관심을 가지더니 급기야는 몰래 음지에서 즐겨 짜릿함을 느꼈던 이들이 양지에서 한 번 더 느껴볼 수 있다면 좋겠다는 마음으로 지지를 보냈다.

이에 더해 폭발적인 호응과 반응을 얻으니 나는 저돌적으로 밀어붙여 왕의 승인을 얻어내는 데 성공하였고, 처음 반대했던 정치가들은 자세를 바꿔 찬성으로 돌아섰는데 그 이유는 분명 다른 나라 왕도 참여할 것이고, 그 틈을 타 시찰에 나서는 것도 나쁘지 않겠다는 계산이 깔려 있었다.

그들의 계획을 눈치 챈 나의 입장에서는 방해만 아니면 타국을 공격하든, 침략으로 노예를 잡아들이건 상관이 없다는 입장이었기에 내가 다스리는 '울로헤누메드'의 1구역~9구역 중 중심지인 5구역에 원형 결투장을 짓도록 많은 이들을 투입하였고, 5년 만에 81억 명을 수용할 정도의 거대한 원형 건축물을 85층 높이로 완공하였다.

5층 원형 결투장 안에는 경기 무대였고, 1층은 로비, 2층부터 4층은 선수들 숙소 및 대기실, 6층부터 85층은 숙소 및 대형 스크린 관람 배치석 등 어마어마한 크기에 압도당할 정도로 행사를 진행하였다.

타국에서 소식을 들은 이들도 무척 기대가 되는지 입장석을 받기 위해 표를 구매하는데, 암표까지 등장할 정도로 벌써부터 관심 열기가 뜨겁게 달아오르니 나의 입장에서는 분명 감춰져 있던 주술사의 존재도 분명 수면 위로 드러날 것이라는 확신이 들었다.

50일이라는 기간을 잡고 결투장 행사를 시작하였는데 의외에 타국에서 수많은 이들이 관광객으로 들어와 문전성시를 이루었고, 거기서 벌어들이는 엄청난 수익은 50% 떼고 30%는 왕에게, 20%는 정치계 몸담았던 이들에게 바쳤다.

그러니까 앞으로도 계속 해마다 행사를 진행하라는 말에 드디어 성공했음을 받아들이고 결투장에 참석할 이들을 육성하며 하나의 축제로 자리를 잡기 시작하였다.

물론 음지에서 활동했던 이종족들의 출연에 대해서는 아직 왕의 허가가 안 나왔기에 조금 더 기다려보면 그들도 참가하여 모든 이들의 축제로 자리매김시키고, 유흥 향락에 빠져들어 그들을 묶어버리고 주술사라는 자를 반드시 잡고야 말겠다는 의지를 불태웠다.

물심양면으로 결투장에 참여할 검투사들 양성에 힘썼고, 내가 올바른 마음으로 잘 운영하니 그들도 나에 대한 마음이 호감으로 돌아서며 조금씩 믿음을 보여주기 시작하였다.

그렇게 80년이라는 시간이 흐르고 나서야 음지에서 활동했던 검투사들의 존재에 대해 양지로 활동을 개시하기 위해 드러냈으며 모든 주민들이 이종족이나 혼혈족에 대해서 편견을 갖는 것을 조금씩 깨부수기 시작하였다.

그들은 단순한 노예가 아닌 자신들과 같은 생명체라는 존재라고 인식으로 받아들이는 속도가 빠르게 이루어내는 것을 내가 예전에 보았던 표범족들에 대해서도 수소문을 해 양지로 끌여들이려 하였다.

그때 보았던 이들 중 다수가 실종되었다는 소식을 접했고, 그 이유가 무엇인지 파악에 나섰지만, 아무도 그 진위를 알면서도 꺼려 하거나 아니면 모르는 일들이 다반사였다.

그래도 티나지 않게 조금 더 조사하다가 주술사라는 이가 다음 대회 원형 결투장에 참관할 것이라는 정보를 입수하고서 드디어 때가 되었음을 인지하였는데 주술사가 존재한다는 것 자체를 아무도 모르고 있었다.

비밀로 지켜지는 왕을 위한 주술사라는 존재에 대해 수면 위로 뜨도록 많은 준비를 하면서 이종족들과도 친분을 다지며 그들의 동포가 어떻게 사라졌는지 궁금증에 대한 갈증을 해소시켜주고자 이종족들을 아군으로 삼았다.

대망의 날이 오자 왕에게 집중시키며 주술사라는 이가 의심이 되는 이들 중 특이한 사항이 있는지 예의 주시하였는데, 여기서 예기치 못한 상황을 맞닥뜨리게 되었다. 바로 영상으로만 보였던 생물학적 부모였고, 하나가 아닌 생부와 생모가 함께 움직여 왕의 뒤에 자리를 잡고 앉아 있었다.

탄생 후 부모를 직접 본 적이 없었고, 영상으로만 보육교사들이 보여주였기에 그때 당시 별다른 감흥이 일지 않았는데, 그동안 보이지 않았다가 거의 600년 가까이 되어서 나타나 왕의 뒤쪽에서 좌, 우로 앉아 있는 것이 무엇을 의미하는지 혼란스러웠다.

일반적인 제복이 아닌 특이한 장식이 달린 원피스형 제복이면서 생부는 가슴에 붉은색 추를 달고, 생모는 노란색 추를 단 모습이어서 한 번도 보지 못했던 형태의 제복이었다.

그때 갑자기 뇌리에서 저 부부가 그동안 감춰져왔던 진짜 주술사라는 메시지를 강하게 받았고, 원래는 아이들을 가르치는 보육교사로만 알고 있었는데 그것은 가짜 직업이고, 주술사가 진짜 직업이었고, 왕이 보여줬던 강력한 힘이었다.

결국은 이종족들의 강한 전사의 기운을 담은 붉은 피를 왕이 그동안 마셔왔던 것이고, '왕이 곧 하늘이다'라는 이념을 자신들에게 주입시켜서 강제 복종을 세뇌시켜 왔다는 것을 알아차리게 되었다.

그런데 문제는 여기에 속한 생명체들은 태어나면서 푸른 피로 공급받아 신체를 완성시켜 왔던 것이고, 감정이라는 것을 배제시키면서 왕이 곧 자신의 어버이이자 하늘이고, 죽음을 바쳐 충성으로 끝까지 지켜주어야 하는 존재라는 세뇌가 무섭게 자리잡았다.

그것에 대해 이상하다고 느끼는 자들이 없었다는 것이 문제였고, 다른 행성들의 포로인 이종족들의 반항심과 더불어 오로지 나만이 수없이 받은 메시지로 인하여 정신이 깨어나고 비정상적이라는 문제 인식을 하게 되었다.

나는 나와 같은 생각을 가진 이들이 별로 없다는 것을 인지하고 힘겨운 싸움이 될 것임을 각오하면서 이종족들과 합심하여 생물학적 생부와 생모, 왕을 파괴시키기 위해 전쟁을 벌이기로 작정하였다. 겉으로 드러내는 것은 원래대로 총독으로서 임무를 진행하면서 이종족들의 훈련을 강화시켜 몰래 지원을 하였다.

그렇게 시간이 흘러감에 조금씩 준비를 해나가고 있었는데, 20억 년 만에 지진이라는 천재지변이 발생하게 되었고, 항상 사막으로 유지되어 습도가 높은 이 행성에 폭우라는 이상기후가 발생되어 아수라장으로 변하기 시작하였다. 이때 나는 처음 맞이한 폭우를 신기해하면서도 이상하게 비라는 자체가 낯설지 않았고 오히려 무척 반가웠다.

그러나 다른 이들은 비라는 자체가 생소하였기에 전해 내려오는 말에 의하면 갑작스런 폭우나 지진, 화산 등이 일어나면 십중팔구 멸종이라는 전설이 전해져 내려왔기에 알음알음 퍼져나가 공포에 떨어 어찌해야 될지 몰라 우왕좌왕 아수라장이었다.

왕도 생애 처음 보는 폭우였기에 주술사들을 불러 자신이 하늘인데, 폭우를 멈추려면 어찌하면 좋을지 비책을 내놓으라고 소리 질러대는 모습에 나는 비소를 금할 수 없었다.

물론 폭우가 내렸다고 당장 멸종으로 치닫는 것이 아니지만, 수명이 기본 3,000년 이상이었고, 왕의 나이가 2,100세로 아직 살날이 창창하게 남았으니 자신이 살아 있을 때 왕국이 무너져가는 것을 원치 않았다. 자신이 하늘이라고 왕국민들에게 태어나서부터 세뇌까지 시켜 복종토록 해놨는데, 폭우와 지진을 해결하지 못하면 자신에게 돌아오는 비난의 뒷감당에 두려운 마음이 들었다.

나는 비를 반가워하는 이종족들과 함께 더욱더 열심히 훈련에 임하였고, 왕에 의해 조급해진 주술사들이 무슨 짓을 저지를지 주시하였다.

주술사들의 악행은 그간 보이지 않았던 이종족들을 잡아들여 왕궁 지하에 숨겨져 있던 제단에 산 채로 묶여 있는 것들을 올려놓고 이상한 주술을 외우며 광적으로 외쳐댄 후 끝에 가서 그들의 목을 쳐버려 나온 붉은 피를 받아내고는 제단 위에 떠 있는 악마 형상의 구멍에 부었다.

그런데 갑자기 불길이 솟구치더니 악마의 형상을 띤 괴물이 뛰어나오곤 한쪽 벽 안에서 대기하고 있던 왕이 걸어나와 갑자기 악마에게 무릎 꿇으며 예를 올리자 악마의 몸체가 왕의 몸체 속으로 흡수되었다.

그러더니 왕은 거대한 악마로 화하여 괴물이 된 것을 이종족들과 함께 직접 목격하게 되었고, 존재해서는 안 되는 악마를 보고서 더욱 분노하여 본격적인 전쟁에 돌입하였다.

이에 왕이 악마 괴물이 되었다는 소문이 파다하게 퍼져나갔지만, 이를 이상하게 생각하는 이들이 별로 없었고, 오히려 열광하는 미치광이 모습들을 보게 된 후 그때부터 힘겹고 외로운 싸움이 시작되었다.

다행히 그간 갈고 닦은 전투력이 뛰어난 이종족들과 뭉쳐 힘겨운 싸움을 했고, 특히나 생부, 생모였던 이들을 직접 처단하여서 그나마 왕의 정신을 조종하는 것이 느슨해졌다.

그렇다고 악마로 화한 왕을 보면서 열광하는 왕국민들을 먹이로 삼아 살육하는 어이없는 일들이 벌어지고 나서야 왕이 정상이 아니라며 늦게 알아차리고 도망치기에 바빴다.

그렇다고 왕을 처단시키기엔 머릿속에 박혀 있던 복종의 굴레에서 벗어나지 못해 반항 한번 못하고 먹혀버리니 차라리 도망치는 게 낫겠다 싶어 우주함선을 타고 도망치려고 우주비행장에 도착했지만, 이미 지진으로 인하여 수많은 우주함선들이 땅속으로 모두 추락하였기에 멀쩡한 비행선들이 한 대도 남아 있지 않았다.

그렇게 악마와 사투, 지진으로 인한 아수라장 등 혼란으로 가득 차다가 갑자기 악마인 왕이 사라지는 이변이 생겨 전쟁이 간신히 멈추게 되었고, 지진도 동시에 멈추니 소강 상태로 접어들면서 긴장을 놓치지 않고 다음 준비를 위해 힘을 비축하고자 휴식을 취했다.

그런데 몇 년의 시간이 흘러도 악마가 된 왕의 존재에 대해 감감무소식이라 도대체 어디에 숨어 있을까 궁금하였고, 함부로 자리를 비웠다가는 어디서 튀어나올지 몰라 움직일 수가 없었다.

다른 이종족들의 대장이 자신이 대신 움직여 왕의 존재를 찾아 나서겠다 하며 무전통신기를 보급받고 자리를 떠났고, 나는 수시로 통신하며 동태 파악에 나서며 이 싸움 끝에 과연 악마 왕을 처치할 수 있는지 수없이 고민에 빠졌다.

그렇게 대장이라는 자와 수시로 동태 파악에 나서며 기다렸던 시간이 70년 넘어가며 그동안 나름대로 전시 준비에 돌입하였고, 왕국민들도 점점 세뇌에서 벗어나기 시작하였으나 행성에서 도망칠 수 있는 비행 수단이 없었다.

원자재라도 구해 와 우주함선을 제작하고 싶어도 지진으로 인하여 모든 것들이 무너져 만들 수 없어지자 결국 왕을 악마로 만든 것이 나와 이종족들이라고 원망을 쏟아내며 공격해 오기 시작하였다.

이때부터 같은 종족이라도 모두를 쓸어버리는 것이 맞겠다 싶은 마음으로 굳은 투지와 함께 강력한 전투력과 증오로 똘똘

뭉친 이종족들과 함께 전쟁을 벌여서 왕국민들을 쓸어버리게 되었다.

그 와중에 악마가 된 왕을 찾아내 쫓아가니 왕궁 지하에 있는 제단 속에 숨겨진 공간에 숨어서 왕국민들을 잡아먹고 힘을 비축하고 있었다.

그런데 거대해진 악마 처치를 어떻게 해야 되나 고민을 하던 나는 이종족 전사들 중 하나가 몸에 걸치고 있던 흰색 작은 칼을 보면서 강한 빛을 머금은 칼을 악마의 이마에 던지면 꽂혀 즉살하지 않을까 하는 생각을 가지게 되었다.

즉시 실행에 옮겨 작은 칼을 받아 강한 빛을 머금을 수 있도록 레이저 주입과 함께 제련에 들어가면서 대신 왕국민들의 시체를 악마에게 먹이로 던지며 긴장을 풀어지게 했다.

그렇게 3달 동안 피땀 흘려 제련한 끝에 휘광이 터지는 작은 칼이 탄생되었고, 즉시 악마 처치를 위해 무너져가는 왕궁 지하로 내려가서 제단 안으로 들어섰다.

얼마나 많이 잡아먹었는지 그 전보다 체구가 3배나 더 비대해진 모습에 소름이 끼쳤지만, 감시하고 경계하고 있던 이종족들에게 밖으로 나가지 못하게 차단해 달라 부탁하고 혼자서 악마에게 다가갔다.

그런데 조용히 있던 악마 왕은 내가 쥐고 있는 작은 칼이 심상치 않음을 느꼈는지 갑자기 괴성을 지르며 거대한 날개를 펼치며 공격해 오는 악마를 피하면서 제거하고자 결투를 벌였지만, 너무나도 거대해서 쉽게 상처를 낼 수가 없어 죽음을 각오하고 동귀어진의 마음으로 힘껏 전투를 벌였다.

낮과 밤 상관없이 계속 1:1 결투로 있는 힘을 다 쥐어짜 악마의 이마 가운데로 레이저 칼을 던져 꽂히자 갑자기 빛이 터져나오는 동시에 울부짖는 괴성과 함께 처절한 몸부림으로 인하여 왕궁이 천장부터 무너져 내리면서 갑자기 펑! 하면서 악마의 몸체가 사방 여러 군데로 터져 나갔다.

그로 인한 반동으로 왕궁은 무너졌고, 이종족들과 함께 도피하여 다행히 목숨은 건졌지만, 그 뒤로 이어지는 대지진의 재앙에서 피할 수 없어 온 힘을 다하여 외곽으로 빠르게 탈출하여 간신히 피하였고, 그 뒤로도 한참 동안 지진이 발생하여 모두가 무너져 내렸고, 시간이 지남에 따라 멈추었다.

살아남았던 이종족들이 고향으로 돌아갈 수가 없으니 이종족들도 고향을 그리워하며 하나둘 명을 다하여 죽음을 맞이하였고, 왕국민들도 거의 몰살되었기에 살아남는 이가 없었으니 그야말로 완전 멸종이었다.

나는 소수에 남은 이종족들과 함께 아무런 일도 하지 않은 채 그저 하루하루 연명하였고, 이대로 눈을 감았으면 좋겠다는 심정으로 하루하루 힘겹게 살아가던 어느 날, 수시로 울리는 천상의 목소리를 들으면서 그리움에 사무쳐 눈물을 흘리며 870세 나이로 조용히 눈을 감았다.

나의 환생 윤회 기록을 통하여 미지의 세계로 알려졌던 외계 행성인에 대한 의문이 조금은 풀렸을 것이다. 생명체가 지구에만 사는 것이 아니라, 수많은 행성들에서 인간 형상 이외의 종족들이 무량대수로 살아간다는 사실도 알았다.

이 글을 읽는 여러분들은 과연 어떤 천생과 전생 기록이 있을지 궁금할 것이고, 지구 행성에서 죽으면 어떻게 되는지 가장 무섭고 두려울 것인데, 과연 어디로 갈까?

지구인들은 이번 생에 龍의 대통령을 친견 알현하여 천상과 전생, 현생에서 지은 죄를 빌지 않으면 80~90%는 지옥도로 압송되고, 10~20%는 축생계나 다른 행성에서 현재의 삶과는 정반대되는 불행하고 고달픈 삶을 살아가게 되어 있다.

죽지 않고 영생하는 길은 龍의 대통령을 친견 알현하여 육신 살아생전 대우주 연방제국의 4개 황실과 3,333개 제후국으로 승천을 명받는 천인합체 의식을 행하는 길밖에 없다

어느 행성에 태어나더라도 죽음은 피할 수가 없고, 꽃 피고 새 우는 이상향의 무릉도원 대우주 연방제국으로 입국해야만 죽음 없이 영생할 수 있는 길이 열린다.

유루쿠 별에서 외계인 환생 390살

'유루쿠암비언스' 행성. 12번째 환생 수행 기록

'유루쿠암비언스' 행성은 지구에서 북동 방향으로 10경 ×320만 배 거리에 있고, 인간족이며, 지구 문명보다 4,250년 앞서 있고, IQ 2,185, 수명 1,020년, 신장 2.8m, 행성은 지구보다 4.2배 크고, 3만 년 먼저 생성. 저자 수명 390년.

수백억 년 동안 빙하기로 인류 멸종, 원시 시대 등으로 500회 이상 리셋 되어 존재한 행성이었지만, 내가 환생하였던 시점은 현 지구보다 3,200년 전 앞서 갔던 최첨단 문명 사회에서 전투 조종사인 부모에게서 태어나 환생하였다.

이 행성에도 지구처럼 수많은 전쟁과 천재지변, 이상기후로 인한 빙하기로 반복적인 인류 멸종, 원시인으로 리셋 등, 반복하고 나서야 무인비행기, 자력 공중아파트 등, 공중 시설 건축물 등으로 진화되었다.

그곳 행성에는 160개국 소국이 있지만, 20개국씩 묶어 8대 연합국으로 하여 각 연합국 제국이 존재하였는데, 제왕마다 각자 독립적인 통치를 하였고, 서로 내정 간섭없이 평화롭게 이어가는 곳에서 제왕은 세습 계승이 아닌 여기 지구처럼 제국민들이 제왕 후보 3명 중에서 한 사람을 뽑는 투표제로 선출한다.

기한은 180년을 다스리는 것이었고, 만약 비리를 저지르거나 독재정치로 다스릴 경우, 제사장이라는 자가 제국민들 대변인으로 나서 심판하여 처단하게 되는데, 징벌로 즉결 처형하는 약간은 공포 정치이다.

게다가 군수통수권은 제왕이 임명하는 사령관에게 일임하여 '엘로무탄 제국'을 지키는 수호 역할을 하는 것이었기에 전쟁을 겪은 지 오래되었고, 평화가 지속되었기에 군사력은 그렇게 강하지 않은 때이기도 하였지만, 어려서부터 지속적인 훈련으로 키워진 제국민들이 체술, 무술, 무기 등으로 단련되어 있던 신체들을 갖고 있었기에 군사들의 지위가 그렇게 강하지 않았다.

내 부모의 직업은 전투 조종사로 같은 동기로 근무하다가 결혼한 케이스였는데, 전쟁이 일어나지 않고 평화롭다고 해서 체술 단련을 게을리 하지 않을 정도로 철저한 관리가 습관처럼 생활화되어 있었다.

나도 3살 때부터 부모를 따라 신체 단련과 함께 여러 가지 교육을 받았고, 남들보다 빠른 습득과 우월한 신체 조건이 갖추어져 지능도 다른 누구보다 상당히 뛰어났고, 앞으로 성장성이 높다고 지켜보는 모든 이들의 기대를 한 몸에 받을 정도로 촉망받는 인재였다.

유치부를 지나서 초등부에 진학할 때부터 남다른 능력을 발휘하였음에도 불구하고 다른 아이들과 다를 바 없이 평범하게 지내는 것을 좋아할 정도로 소탈하였다.

자만, 오만 없이 아이들과도 어울려 지내는 것을 본 주변인들은 별종이라고 일컬으며, 장차 무엇이 되려고 저리 재능을 썩히려 하는지 모르겠다며 비판 아닌 질타로 질투하였다.

그러나 야망이나 권력, 부 등에 전혀 관심이 없었고, 오로지 재능을 펼치어, 나의 한계치가 어디까지일까 고민하면서 능력을 발휘하는 것을 무척 좋아하였고, 중등부로 들어가면서 더 심해졌다.

이때 눈여겨본 교사가 신체 강화 군사학교로 전입하여 그곳에서 능력을 펼치고, 나아가 군수사령관이 되는 것이 어떻겠냐고 제의하여, 13세 나이에 전입하였다.

다른 평범한 학교에도 제복식 교복이 있었지만, 테두리만 색깔이 다를 뿐 단조로운 스타일이었는데, 신체 강화 군사학교에는 8세부터 18세까지 교육을 받는 곳으로 복장에는 그 나라(엘로무탄국)를 상징하는 제복에 특수학생임을 표시하는 황금 칼과 황금 방패로 그려진 검은색 배지로 치장되었고, 계급은 배지 테두리에 황금색 줄무늬 숫자로 알 수 있다.

자랑스러워하는 부모의 품에서 벗어나 기숙사에 머물며, 장교로 진급하기 위한 훈련 교육에 열심히 임하였고, 해가 거듭될수록 능력이 뛰어나 군사 리더로서의 자질도 갖추게 되었다.

동기들의 질투 반 부러움 반으로 신임을 받게 되었는데, 나의 뛰어난 자질을 엿보고 있었던 교장은 바로 제사장에게 통보하게 되었고, 뿐만 아니라 자질이 뛰어났던 동기들도 포함하여 명단에 오르게 되었다.

그 뒤로 일어나는 일은 군사학교를 조기 졸업시키고 제사장 휘하로 들어가는 것이었는데, 나는 나라의 평화를 위해 밤낮으로 신경 쓰는 '가힐드' 제사장에게 호감을 갖고 있었고, 부모도 그에 대해 긍정적인 평가를 내렸기에, '가힐드' 제사장에 대해서는 거의 신뢰로 받아들이는 입장이었다.

마침 장교로 진급시켜 주고, 최고의 엘리트 집단인 제사장 휘하의 집단으로 들어가게 되니, 나름대로 보람차다는 생각을 갖게 되었다.

그때 나이 17세였는데, 다른 이들보다 이른 나이에 군사 집단으로 들어갔고 신입이니 혹독한 훈련을 받았는데, 처음에는 들뜬 마음으로 훈련 일정을 충실하게 따랐지만, 시간이 지날수록 강도가 더 세졌고, 힘들게 들어온 만큼 끝까지 버티자 하는 심정으로 고된 훈련에 임하였다.

목표까지 달성하고자 여유로움 없이 오로지 훈련에만 집중하다 보니, 어느덧 30살이라는 나이까지 차게 되었지만 결혼 자체는 아예 포기하고, 비혼으로 부대장 진급까지 하여서 나름 대로 꽤 성공했다 자부하며 직업군인이 되었다. 그때 주위를 돌아보니 자신과 함께했던 동기들 150명 중에서 버티고 있었던 자는 57명만 살아남아 있었다.

그동안 훈련을 받으면서도 하루하루가 너무나도 고된 훈련으로 버티기 힘들 정도였는데, 그때 드는 생각은 전쟁이 일어나는 것도 아닌데 이렇게까지 강도 높은 훈련을 받아야 될 일인지 회의감이 들었다. 그래도 자랑스러운 군인이 되기를 바랐던 부모의 기대에 부응하고자 오기로 버티었다.

그 모든 과정들을 거치고 하나의 부대를 책임지는 부대장으로 진급되었을 때 기뻐하는 부모를 보니 이탈하지 않기를 잘했구나, 생각하였고, '가힐드' 제사장을 직접 호위하는 부대로 전출되었다. 부대원들 소속 수하들 중 350여 명을 수하로 지정하였고, 한솥밥을 먹으며 동고동락하게 되면서 부대장으로서 책임을 다하게 하였다.

그렇게 제사장이 움직일 때마다 호위 명목으로 다른 부대장 2명과 함께 각자 부대원들을 이끌고, 제사장이 움직일 때마다 함께 동행하였는데, 어째 시간이 갈수록 제사장에게서 이해하기 어려운 행동들이 보였다.

그것은 나라의 평화와 국운을 점쳐가며 제왕을 보필하면서 제국민들에게도 안정감을 주는 역할에 충실해야 하는 것이 기본인데, 제왕을 독대할 때마다 강압적인 말투와 독선적인 행동, 제왕을 지키는 군사들의 영혼 없는 호위로 수행하는 것을 보고 제왕이 허수아비 같다는 느낌이 들었다.

그동안 받았던 교육과 이념들과는 다르게 행해지는 것을 보면서 충격을 받았다. 제국을 다스리는 제왕이 권위적인 기운과 통치력을 바탕으로 존경을 한 몸에 받아야 하는데, 그런 모습이 보이지 않았고, 오히려 제사장의 꼭두각시 같은 표정과 행동이 보이자 혼란스러웠다.

왜 제왕보다 제사장의 권위가 더 높은지 의아해하긴 했지만, 직접적인 관련이 없었고, 제왕이 무능력하다는 것을 아직 제국민들이 알아차리지 못한 상태였기에 곧 관심을 끊고, 급여를 주는 제사장의 명령에만 충실하게 따르기만 된다 하여 시간이 날 때마다 훈련에만 임할 정도로 모범적인 군인으로서 인정받았다.

그리고 원래는 군부대의 일정을 소화할 때만 빼고 개인에게 주어지는 시간은 자유로웠는데, 제사장이 이끌고 있는 부대들은 상명하복이 철저하다 보니 외부에 나가는 일이 거의 없었고, 기숙사와 훈련 두 군데만 다닐 정도로 폐쇄적인 곳이었지만, 그때까지만 해도 아무도 이의를 제기하는 자가 없었고, 맹목적인 복종에 충실히 따랐다.

규칙대로 움직이는 것을 좋아하니 불만도 없었고, 오히려 규율을 따르고자 하는 마음이 강하여 철저한 관리로 지키니, 그런 모습에 '가힐드' 제사장은 무척 흡족해하였고, 후에 제사장의 최측근으로까지 진급시킬 마음을 가질 정도였다. 그렇게 어느 누구에게도 피해를 주지 않고, 나름대로 흡족한 생활을 이어갔다.

한창 폐쇄적인 생활을 이어가던 어느 날, 같은 동기이자 친우인 다른 부대장이 다가와 자신이 처음으로 자유시간을 갖고 외출하여 여기저기를 탐험했었는데, 너무 집중하다 보니 처음 보는 외곽으로 빠지게 되었고, 금속으로 된 벽이 아닌 흙으로 빚은 건물을 보게 되었다.

그것도 공중에 뜬 것이 아니라, 1층 구조로 땅에 붙은 구조물이고 지하로 들어가는 건물을 발견하였는데, 거기서 본 것은 충격적이게도 심장이 적출되어 있는 자들이었다.

그런데 죽지 않고 살아서 팔에 호스를 꽂고 영양제를 집어넣으면서 고통스럽게 생명을 연명하는 모습들이었다. 충격적인 이야기가 믿기지 않으면서도 아직도 그런 미개한 곳이 있다는 것도 이해하기가 어려웠는데, 그 친우는 자신도 처음에는 잘못 본 줄 알았다 하면서 그중에는 입대 동기였던 이들도 있었다고 하였다.

입대 동기였던 자들이 이탈하여 원래의 고향으로 돌아간 줄 알았는데, 그 몇 명도 심장이 적출되어 앙상한 모습으로 신음하고 있는 것을 발견했다는 것이었다.

원래 살고 있던 곳에서는 모든 건축물들이 금속으로 지어져 발달되어 있었고, 응급치료도 상주 간호 로봇이 알아서 다 해줄 정도로 편안하고 모든 것을 누리며 사는 곳이었다.

그 다른 이면에 척박하고 미개한 곳이 존재한다는 것을 받아들이기가 어려웠다. 그렇다고 그 친우가 거짓말을 할 것도 아니었고, 누구보다 성실하고 책임감이 강하면서도 선의의 경쟁자였기에 안 믿으려야 안 믿을 수가 없었다.

결국은 친우가 알려주는 대로 한번 확인해 보고 싶다는 생각에 알려주는 지도대로 초저녁에 나섰는데, 친우도 함께 동행하자는 말에 함께 나서며 무인 전동차를 타고 마지막 지점에 도착한 후, 교통편이 없는 외지로 들어섰다.

금속 아스팔트가 아닌 흙으로 빚은 비포장도로로 되어 있는 곳으로 찾아가게 되었는데, 도시에서 한참이나 떨어진 정말 말 그대로 공중이 아닌 흙으로 빚은 단층 건물들이 즐비하게 들어선 것을 보게 되었다.

인적이 없는 그야말로 황무지에 다닥다닥 붙어 있는 초라하고 낡은 흙집들이었는데, 조심히 다가가 골목에 들어서니 친우가 한 지점을 향하여 먼저 다가가 문을 열고 들어가는 것을 보고 뒤따라 들어섰다.

지하로 들어선 통로가 보였고, 한참을 지난 후 보이는 것은 친우의 말대로 낡고 해진 옷들을 입고 심장 쪽 꿰맨 자국들을 드러낸 채 영양제를 맞으며 힘겹게 연명하고 있는 자들의 모습이었다.

나는 너무 큰 충격을 받아 할 말을 잃은 채 서 있다가 그중의 한 명이 왠지 낯이 익어 다가가니, 나와 함께 신체 강화 군사학교로 전입되었던 동기 중 한 명(암베드올)으로 그 당시 인사 정도만 하며 안면을 트였던 동기였다.

3년 정도 하다가 버티기 힘들다면서 다시 원래대로 돌아가서 잘 지내고 있겠지 했는데, 설마 심장 적출 희생으로 비참하게 살아 있을 줄은 몰랐다.

함께 왔던 친우(체프라콜)는 다른 곳을 보고 있어, 나는 그가 왜 여기에서 희생되고 있는지 알아보고자 그의 얼굴에 가까이 대니, 갑자기 나의 손목을 잡고서 '혼자 도망가.'라는 말이었다. 깜짝 놀라 쳐다보니, 고통스러운 표정으로 '그곳에서 혼자 벗어나 도망쳐! 안 그럼 괴물이 되어 희생될 거야.'

전혀 이해할 수 없는 말이어서 연유를 묻고자 입을 열려고 하니, 다른 곳을 보고 있던 친우(체프라콜)가 다가오는 모습을 보고는 '암베드올'은 다시 눈 감고 죽은 듯이 있는 것을 보고 '체프라콜'이 알아서는 안 되는 비밀이 숨겨져 있구나 하면서 그곳을 벗어나 군부대 기숙사로 돌아갔다.

늦은 시간에 입소했음에도 불구하고 충격적인 광경을 목격해서인지 쉽게 잠을 이룰 수 없었고, 나의 굳어 있던 표정을 보는 '체프라콜'도 그곳에서 충격받아서 그런가 보다 하고 생각했다. '체프라콜'이 어떻게 그곳을 발견했을까 하는 의문이 들었고, 그곳이 발견되지 않았거나 발견되었어도 일부러 묵과하고 있었는지 알 수 없었다.

마음만 먹으면 누구나 쉽게 찾을 수 있는 곳이었는데, 마치 새롭게 발견된 것처럼 '체프라콜'의 행동과 말에서도 의심이 가기도 하였고, 누가 그렇게 참혹한 짓을 자행했는지 궁금하였다. 그리고 누구도 아닌 나만 도망가라고 한 '암베드올'의 말도 궁금하여 결국 나는 혼자 파헤치기로 하였다.

그다음 날 나는 어느 누구에게도 말을 안 하고 아무렇지 않은 듯 지내는 내 모습을 본 '체프라콜'이 다가와 한 번 더 가보지 않겠냐는 말에 나는 관심이 없다 하며 거절하였고, '체프라콜'은 의심의 눈초리를 보내더니 알겠다 하고 원래대로 돌아갔다.

그때서야 '체프라콜'의 행동과 말이 비정상적이었다는 것을 알고, 혹시 함정을 파는 게 아닐까 하는 의심부터 들었는데, 어느 날 나를 감시하는 무리들이 있다는 것을 알게 되었고, 그 무리들은 함께 임무를 뛰었던 부하들이었다.

내가 움직이는 것을 함께하고 싶어 따라나선다고 하는데, 실제는 나를 감시하고자 하는 것이 목적이었고, 나의 일거수일투족에 대해 누군가에게 보고하는 것이었다.

그것을 알게 된 나는 임무 이외에 선을 긋게 되었고, 원인을 찾고자 외곽에 있던 '암베드올'에게 다가가 어떤 일이 벌어지고 있는지 파헤치겠다 결심하였고, 그때부터 신체 강화 훈련에 돌입하게 되었다.

그리고 자유시간이 나면 부모가 있는 곳으로 달려가 휴식과 동시에 역시나 신체 강화 훈련을 열심히 하였는데, 부모가 너무 열심히 하는 것이 아니냐는 걱정을 하자, 그저 임무를 충실히 하고자 한 것뿐이라며 안심시켰다.

그렇게 한 달이라는 휴가를 거의 끝마칠 즈음 부모는 전투비행사 훈련 일정으로 10일 정도 비우게 된다는 말을 하여, 나는 알겠다 하고 혼자서 식사한 후 취침을 위해 잠에 들려고 하는데, 갑자기 스르륵 하는 아주 미세한 소리가 들려와 이게 뭐지? 하며 주위를 둘러보았는데, 그동안 발견되지 않았던 아주 작은 캠을 발견하게 되었고, 그것이 감시용 캠이라는 것을 알고 깜짝 놀랐다.

그때부터 부모의 집에서도 안전하지 않다는 것을 알고 정말 도대체 무슨 일이 벌어지고 있어서 감시까지 당해야 되는 건지 알아봐야겠다는 결심이 굳어졌고, 혹시 부모도 연관이 있는 것이 아닌가 하는 의심이 들어 혼란스럽기만 하였다.

휴가 마감 며칠을 앞두고 전투비행사로 근무한 부모에게 여행을 가겠다 통보하고, 감시자와 미행자를 따돌려가며 여행 루트를 이리저리 변칙적으로 움직였고, 그렇게 오랜 시간을 공들여 흙집 촌에 도착하니, 다행히 아무도 따라오는 자가 없다는 것을 확인하고 바로 지하로 내려갔다.

처참하게 누워 있는 이들을 뒤로한 채 '암베드올'에게 다가가니 마치 기다렸다는 듯이 말을 이어주었다. 누구보다 신체가 강하였던 나를 눈여겨본 제사장이 나를 괴물로 만들어 조종하고, 다른 7대 연합국에 쳐들어가 전쟁을 일으키고 통합하기 위함이라고 하였다.

세계 지배 통치자가 될 목적으로 자신들의 심장들을 적출하여 화학물로 배합시켜 나의 심장을 이식시키고, 살인 병기로 둔갑시키려는 목적이 있었다는 것과 자신들이 있는 곳이 외부에서 보기에는 멀리 떨어진 마을로 보이지만, 실상은 지하 5층부터는 제사장의 궁전과 제왕궁까지 이어졌다는 충격적인 말을 들려주는 것이었다.

즉, 제사장이 마음만 먹으면 지하통로를 이용하여, 이곳에 도착하는 시간이 3분도 안 걸릴 것이라는 말과 나를 살인 병기로 키우기 위해 공들여 키우고 있었다는 것과 이를 부모도 동의한 것, 또한 제사장은 사라진 지 오래되었던 주술적인 종교로 행해지는 심장에서 나온 피를 받아 마셔 영생으로 세계 지배와 독재 정치를 하는 것이 목적이었다.

제사장을 따르는 비밀조직집단들이 있는데, 함께 훈련에 임하고 있던 동기 85%가 가담되어 있던 것, 그 집단에 부모도 속해 있다는 것 등, 연속적으로 믿기 힘든 말들이 터져 나오니, 믿어야 될지 말아야 될지 갈피를 잡을 수가 없었다.

혼란스러워하는 나의 표정을 본 '암베드올'은 나와 같은 좋은 조건을 가진 자가 3명 더 있는데, 그들은 이미 제사장의 함정에 빠져 여러 기능들이 함축된 심장 이식과 뇌를 제거하기 위해 준비에 들어갔다 하였다.

부모를 믿지 말고 다른 제국으로 도망쳐 운신해 있다가 살아남을지 아님, 제사장 이하 무리들과 대적하며 홀로 힘겨운 싸움을 할지, 선택하라는 말에 나는 '암베드올'에게 고맙다 하며 그대로 물러났다. 이에 '암베드올'이 자신은 곧 죽을 것이며, 내가 그들을 물리쳐주길 바라는 마음이 있다고 하면서 작별을 고했다.

나는 이대로 앞으로 나갈지 고민을 하는 와중에 돌아가는 길에서 예기치 못한 함정에 빠져 목숨이 위험할 뻔하였고, 납치까지 당할 뻔했던 우여곡절들을 겪은 후 정말 이대로 가다가는 그들처럼 희생이 되겠구나 싶어 억울해서라도 이대로 무너질 수 없겠다 판단하고는 계획을 세우게 되었다.

적지에 쳐들어가 박살 내겠다는 결심으로 군부대 숙소로 들어가서 평상시처럼 움직이는데, 갑자기 제사장이 나를 찾는다는 총대장군의 말에 한번 부딪쳐보자 하였는데, 나 말고도 다른 이도 호출되었는지 함께 움직여 제사장을 독대하였다. 늘 인자하던 모습은 온데간데없고, 뱀처럼 탐욕스러운 눈빛으로 쳐다보니 기분이 참으로 더럽다 느껴졌다.

그때부터 나는 제사장이 저지르는 악행이 무엇인지 밝혀내기 위해 그의 충실한 심복처럼 행동하였고, 어느 정도 파헤치면 정면 돌파로 나서겠다는 심정으로 제사장이 움직일 때마다 나서서 따라다니게 되었다.

가끔씩은 자신과 함께 움직이는 이들로 인하여 방해 공작으로 분란을 일으킬 뻔했는데 이 또한, 나를 곤경에 처하도록 일부러 함정으로 모는 것이 아닐까 하는 의심이 들었지만, 표 내지 않고 무조건 참기만 하였다.

그런데 제사장을 따라다녀도 특이한 점을 발견 못 하였던 나는 나름 답답해하며 어찌해야 되나 고민하고 있었는데, 제사장을 보좌하는 비서가 제사장의 궁이 아닌 수많은 별궁 중 하나에 들어가는 관문인 유리문에 들어가 엘리베이터를 타고, 공중 별궁에 올라가는 것을 목격하게 되었다.

궁금하여 그곳에 가보고 싶었지만, 수행원들이 감시로 지켜보고 있어서 다음을 기약하고 방으로 돌아와서, 다음 작전에는 어떻게 행동해야 될지 고민을 하다가 잠이 들었는데, 귓가에 아련하게 '잘될 거다'라는 음성이 들렸고, 나의 눈에서는 눈물이 주르르 흘렀다.

단지 딱 한 마디의 음성이었는데도 나는 무엇인가 그리워하는 듯한 마음으로 눈물이 터져 나왔고, 그 존재가 무엇인지 알지 못하고 깨어나니 눈에 눈물 자국이 난 것을 보고, 무엇을 포기하지 말라는 것인지 몰라 한참을 멍하니 있었다.

그러다가 제사장과 함께 모든 이들이 모여 식사를 하는데, 갑자기 헛구역질이 올라와 바로 화장실로 달려가서 토했는데, 음식물과 함께 초록색으로 변한 것을 보고 기겁을 하였고, 혹시 독이 아닌가 하는 의심으로 도대체 언제까지 위협을 가해 올지 조금은 불안했지만, 아예 대놓고 나를 제거하려는 제사장의 이중적인 모습에 소름이 끼쳤다.

아! 그래서 제사장의 악행에 대해 밝혀내는 것을 포기하지 말라는 선몽인가보다 여기고 다수 대결로 정면 도전에 나섰고, 방에서 그간 단련되었던 신체를 더 강화시켜 노력을 한 것과 동시에 명상에 잠기니, 신물 3가지를 찾아내야 된다는 메시지를 내려받았고, 그동안 알지 못했던 영적인 메시지에 이끌려 행동에 나서게 되었다.

내가 메시지를 받고 나서부터 주변인들은 무엇인가 쫓기는 듯한 모습을 보이게 되었고, 제사장도 느긋한 마음으로 일상을 보내던 것과는 달리 무엇인가 어긋난 것과 같고, 불안해하거나 초조해지는 이상한 모습들에 나는 자신감이 생겼다. 그때부터 정면 돌파라는 이름 아래 제사장이 일정에 쫓겨 자리를 비운 틈을 타 비밀이라고 여기는 곳으로 찾아가 탐색에 나섰다.

그러면서 나를 감시했던 이들도 심경의 변화가 있었는지 전처럼 경계하는 마음이 조금은 풀어지자, 기회다 싶어 그들을 살살 달래며 협조를 요청한 것과 함께 그들에게서 암호를 알아내 의심되는 별궁으로 찾아가 단서를 찾기 시작하였다.

첫 번째로 발견된 것은 내가 10세 나이에 다른 누구보다 신체가 월등히 뛰어났고, 부모의 동의하에 훗날 제물로 바쳐지게 되었다는 문서를 발견한 것이었다.

또한 살인 병기로 키워 다른 7대 연합국들을 굴복시키고, 지배 통치자가 되는 것과 나의 지능을 담은 뇌를 제거해 인공두뇌를 삽입시켜, 꼭두각시로 만들어 조종으로 모든 이들을 공포로 몰아넣게 만들기 위한 계획을 세우는 문서들을 다량으로 발견하였다.

특히나 나를 낳아준 부모가 제왕보다 제사장을 군주로 여기고 복종하는 것과 자애로운 부모로서 보여줬던 모습들이 사실은 가짜였던 것, 또 아들을 희생시키는 것이 가문의 영광으로 알고 있는 부모의 추악한 민낯의 맹신이 드러났다.

나는 큰 배신감이 들었고, 목숨 걸고서라도 모든 이들을 부숴버리겠다는 일념하에 또 다른 증거를 찾았는데, 제사장이 단순한 군주가 아닌 '신(神)'으로 숭배하는 작업에 들어간 것이었다.

그러니까 영원불멸 영생으로 세계 지배 통치하고자 하는 악행 중 하나가 신체 강화되었던 이들 중, 심장에서 아주 뛰어난 유전자들을 축출하여 한 심장에 몰아서 삽입시키고, 이식할 심장 빼고는 나머지 심장을 식용하여 영원불멸이 될 것이라는 어처구니없는 망상에 사로잡혀 있었다.

나와 같은 우월한 신체 소유자 전용 심장 빼고는 나머지 심장들은 식용하고자 동기들을 납치하여 심장을 적출하여 그동안 식용한 것이었다.

즉 희생자였던 동기 '암베드올'의 심장도 결국 제사장이 식용으로 먹어치웠다는 것이었고, 평균 수명 1,200년이 아닌 5,000년 이상 살고자 하는 탐욕스러운 욕심 때문에 수많은 이들이 희생되었다는 것을 도저히 용납할 수 없었다.

원래 이 행성에는 내가 환생하기 전에 종교로 인하여 인류 멸종이 반복되었었는데, 후손들이 더 이상의 피해를 막고자 종교 자체가 생기지 못하도록 약속으로 이어져 왔었다.

이를 깨고 다시 종교 부흥, 종교 부활, 영생 부활, 자신을 신으로 내세워 우상화로 하여금 종교 부흥을 위해 악행을 저질렀기에 나는 상식적으로 있을 수가 없다며 분노하였다.

또한 발견된 것은 부모가 신체 강화에 도움이 된다고 캡슐을 주기적으로 준 적이 있었는데, 그것은 오히려 나의 신체가 비이상적 헐크로 변하게 하는 것과 뇌를 망가트리는 즉, 백치로 만

드는 최악의 독약이었던 것이었다.

나는 캡슐 같은 것에 알레르기 반응을 일으키는 체질이어서 항상 먹는 척하다가 뱉어내곤 하였는데, 부모에게는 혼날까 봐 말을 안 하였고, 다행히 캡슐 독약을 실제로 먹은 적이 없으니 행운으로 여겼다.

부모라는 자가 자식을 제물로 바치려 했다는 것에 분노하여 응징하고 싶었다. 신체가 그 누구보다 강화되어 체술, 무술도 뛰어났지만, 그렇다고 다수 대결로 전쟁할 수도 없고 다른 나라에 도움을 요청하자니, 그들도 제사장 같지 않을 거라는 보장도 없고 해서 부모를 포함하여 그들을 어떻게 철퇴시켜야 할지 진퇴양난에 빠졌다.

게다가 부모로부터 계속 만나자는 요청에 나는 일이 바쁘다는 핑계로 만남을 거부하자, 부모는 혹시 자신들의 만행을 들킨 것이 아닌가 하는 불안감이 들었고, 나의 입장에서는 부모도 나를 죽이려 들지 모른다는 압박감에 날밤을 새다가 선잠에 들었다.

선잠에 들어 내가 선몽을 꾸었는데, 그 내용은 제사장이 치기 전에 제사장이 머물던 궁 안의 물이 없는 우물 속에 들어가 첫 번째로 황금 칼(황금빛 레이저)을 찾고, 나머지는 황금 장갑, 황금 지팡이를 찾으라는 것이었다.

이는 다른 별궁에 흩어져 있으니 이 3가지 신물을 찾아내라는 것, 또한 실체가 아닌 마음과 기운으로 찾아내야 된다는 목소리를 듣고 깜짝 놀라 깨어났다.

꿈이 참 기이하다 생각하며, 진짜인지 아닌지 한 번 찾아보자 싶어 꿈에서 보여주는 대로 물이 없는 우물 속에 들어가니, 바닥에 작은 구멍이 보였고, 신체를 숙여 통로를 따라나서니 점점 구멍 크기가 커지더니 거대한 문이 보여, 최대한 힘을 발휘하여 밀어내자 제단만 있고 그 외에 아무것도 없는 빈방이었다.

너무 허탈하여 그대로 바닥에 주저앉았는데 눈높이가 낮아지니 아주 작은 틈새로 보이는 고리가 있어 힘껏 잡아당기자, 아무것도 없던 제단에서 갑자기 빛이 터져 나오더니 고급스러운 상자에서 뿜어져 나온 황금 칼을 발견하였다.

마치 홀리듯이 황금 칼을 쥐었더니, 갑자기 신체에서 엄청난 기운들이 터져 나왔고, 무거워 보이는 것과 다르게 엄청 가벼워 휙~휙~ 휘두르니, 마치 나를 위하여 제작된 것처럼 딱 맞아떨어져 신비하다 하면서도 다음 행동을 위해 나섰다.

그 와중에 제사장의 명령으로 출동되었던 군사들이 달려와 죽이려 하기에, 나는 그동안 갈고 닦았던 무술, 체술로 모든 분노를 담아 그들을 하나씩 잔인하게 처단하였다.

내가 처단할 때마다 마른하늘에 천둥, 번개가 요란하게 일어났고, 심지어 번개가 한 별궁 꼭대기에 내리꽂혀 파괴되는 장면도 목격하고, 나는 어리둥절하면서도 감상할 겨를도 없이 계속 처단하였다.

번개가 내리꽂혀 첨탑이 무너지는 별궁으로 갔는데, 거기서 목격된 것은 외곽에서 보았던 동기 '암베드올'이 괴물로 변해 나를 기다리고 있는 모습에 가슴이 저릿하게 아팠다.

그런 마음을 안 '암베드올'은 자신을 죽여달라는 애원과 함께 공격해 왔고, 나는 친우 '암베드올'의 명복을 빌며 천상의 기운을 담아 힘껏 심장을 찔렀는데, 붉은 피가 아닌 초록색 피가 터져 나오는 것을 보고 독에 중독되어 담금질되었었다는 것을 알고 오열하였다.

제사장과 부모, 동기들, 악행에 동참했던 모든 이들에게 향한 분노가 하늘을 찔러 천둥, 번개가 엄청나게 요란했고, 별궁에 불꽃이 피어올라 하나둘씩 타오르기 시작하였다.

그러나 줄어들지 않는 그들의 공격에 점점 지쳐갈 즈음 '암베드올'이 죽은 자리에서 조금 떨어진 장소에 특이한 십자고리를 발견하고는 바로 잡아당겼다.

그러자 황금 장갑과 황금 지팡이가 톡 튀어나왔고, 그것을 잡고 본격적인 행동으로 개시하니 어디서 힘이 솟아 나오는지 1대 다수로 싸워도 절대 밀리지 않는 힘이 솟아났다.

다른 7대 제국에서 소식을 듣고 몰려온 자들은 역시나 아군이 아닌 적군임을 알고, 나는 그들을 멸살시키기 위해서 어떻게 해야 되나 고민하였는데, 즉시 내려주는 메시지대로 "온화했던 날씨에서 영하 40도로 떨어져 식량 배급 차단과 아사, 동사로 멸족시키리라!" 이렇게 외쳤다.

그러자 황금 지팡이에서 휘황찬란한 빛이 터져 나왔고, 하늘에서 갑자기 쿠르릉~ 쿠르릉~ 천지를 뒤흔드는 굉음과 함께 검은 구름들이 몰려들더니 한파가 몰려들기 시작하였다.

그들은 처음 보는 하늘의 이변에 놀라 우왕좌왕하였고, 얇은 정복 차림이었으니 한파 냉증에 견디지 못하고 시름시름 앓아가면서 동사로 얼어죽었다.

히터나 온풍이 스마트로 가동되어 있어 외부에서는 불을 피우는 원시적인 일을 한 번도 해보지 않았기에 속수무책으로 당하게 된 것이었다. 점점 영하권으로 떨어져 모든 것들이 얼어붙으니 그제야 제국민들은 대재앙으로 멸종될 것이라며 울부짖기 시작하였다.

제사장은 자신의 계획이 틀어졌다는 것에 절규하며 분풀이로 나의 부모를 죽였고, 미치광이 살인마로 돌변하여 그들을 닥치는 대로 학살하였다. 허수아비인 제왕도 죽여 심장을 꺼내 먹으니 괴물이 되었고, 나를 죽이려고 결투를 벌였다.

역시나 나의 우월적인 신체와 강력한 신물로 인하여 상대가 안 되는 것은 당연한 것이었고, 내가 제사장의 목을 쳐냄으로써 치열한 싸움이 멈췄다.

모든 것들을 얼어붙게 만드는 한파와 폭설은 멈추지 않았고, 시간이 지나자 모든 기능들이 멈춰지고, 나는 모든 이들이 동사로 얼어 죽어 남은 자들이 없던 이 행성에서는 더 이상 살아갈 가치가 없다 여기고, 신물들을 직접 불에 녹여 없애버린 후, 방 안 침대에서 390세 나이로 편안한 죽음을 맞이하였다.

8번째로 환생하였던 '케라시아테리스' 행성은 나의 사후 30년 지나서 천재지변, 지진들이 일어나는 대재앙으로 점차 파괴되어 가다가 소행성 충돌로 산산이 부서져 파편으로 이리저리 흩어지는 멸종으로 행성은 흔적도 없이 사라졌다.

12번째로 환생하였던 '유루쿠암비언스' 행성은 내가 운명을 달리한 후, 정확히 50년 후 소행성 충돌로 파괴되어 지금은 존재하지 않게 되었다.

절대자 龍의 대통령 인간 육신이 15개 행성 중, 2개 행성에서 환생 수행하였던 기록이다. 현재의 재벌들과 권력자, 공직자, 유명인, 상류층들도 여러 행성에서 환생하였다가 龍의 제국에 동참시키기 위해서 마지막으로 지구 행성에 태어나게 하였다.

지구 행성에 태어나 절대자 龍의 대통령을 친견 알현한다는 것은 기적이자 이적이고, 천문학적인 금전으로도 환산이 안 되는 값진 기회이다. 독자들은 천생록을 의뢰하면 이처럼 자세히 알 수 있고, 남은 생을 어떻게 살아야 하는지 이정표가 생긴다.

넓디넓은 대우주의 무량대수 행성들 중에서 어찌 지구 행성에만 생명체가 살고 있다고 생각하며 살아가는 것인지, 이해 불가인데, 龍의 대통령 인간 육신이 윤회 환생한 별들에도 수많은 종족들이 살아가고 있다는 것을 처음 알았다.

지금 온갖 종류의 악교(종교)를 다니는 자들은 모두가 동두칠성 7개 별에 있는 7개 지옥도로 압송되어, 거대 황룡 절대자를 배신하고 지구 행성으로 도망치고 쫓겨난 벌을 받게 되어 있기에, 이번 생이 죄를 빌고 구원받을 마지막 기회이다.

귀한 책을 읽고도 아무런 감동, 감명, 감흥이 일어나지 않는다면 龍의 대통령과는 인연이 안 될 1·2차 역모 반란 주동자 ○○악, 유영, 하누, 표경의 기운에 지배당한 구제불능자들이다.

악들은 여러분이 龍의 대통령에게 구원받아 이상향의 무릉도원 세계에서 영생하며 기쁨과 행복 누리는 천상의 대우주 연방 제국으로 돌아가는 것을 막기 위하여 지구 행성 전체에 온갖 종류의 악교(종교)를 세우고 세뇌시켰던 것이다. 이 책을 읽고 즉시 종교를 떠나 龍의 대통령을 친견 알현하는 자들이 최후의 승리자이자 성공자들이다.

제5부
14만 4천 신인류 재벌 시대

돈과 권력, 龍의 대통령 기운받아야

　인간, 생령, 사령, 신명들이 기다리는 실체는 이들이 원하고 바라는 천변만화의 무소불위한 천지조화를 부리는 龍의 대통령인데, 돈과 재물을 크게 벌어들일 기업인들은 돈의 황제 기운을 받으면 되고, 권력과 명예를 추구하는 권력자 정치인들은 대우주 절대자(거대 황룡), 龍의 대통령 기운을 받는 것이다.

　생령과 사령, 신명들이 원하고 바라는 천상으로 돌아갈 수 있는 열쇠를 갖고 있는 龍의 대통령이다. 지구 행성의 수많은 인간, 생령, 사령, 신명들이 원하고 바라는 것을 이루어줄 수 있는 지구 행성의 유일한 능력자가 龍의 대통령이기 때문이다.

　인간 육신으로 살아가는 동안 144,000명의 재벌 신인류 상류층들에게 최고 많은 돈을 벌어들여 세계적인 거대 그룹으로 발전시켜 줄 계획이다. 아무리 노력해도 인간의 능력으로 한계에 부닥친 문제를 해결해 줄 능력자가 龍의 대통령이다.

　임명직, 선출직 공직자와 정치인들, 가수, 배우, 프로선수들의 욕망을 채워줄 실체도 龍의 대통령이다. 인간이 해야 할 일은 인간 육신이 직접 더 노력하며, 열심히 해야지 반신반인의 신인류가 되었다고 손 놓고 기다리면 안 된다.

　신인류에게 신인조화가 무궁무진 일어나기에 신인류는 신명과 하나되어, 100% 능력을 발휘해야 한다. 아이큐 100조짜리 천상신명, 龍들과 반신반인의 신인합체를 행하여 신인류로 태어나는 것이 인생의 최고 성공자이자, 최후의 승리자이다.

　천상의 대우주 연방제국에서도 대·중·소 기업들이 어마어마하게 많이 있고, 우주 황실 정부와 3,333개 제후국 정부의 규모가 엄청 방대하다. 육신으로 살아갈 때 신인류가 되어야 죽어서도 천상에서 기업의 사주가 되거나 황실 정부와 제후국 정부의 대신, 제후, 고위 공무원이 될 수 있는 특권이 주어진다.

　지구에서 龍의 대통령을 통하지 않고는 대우주 연방제국으로 올라가는 것은 절대 불가능하다. 수천 년의 역사와 전통을 자랑하는 허울 좋은 외형만 거대한 종교(악교)들은 천상으로 보내주는 권한을 갖고 있지 않다.

　천상에 올라가서도 끊임없는 경쟁이다. 서열 싸움이 치열하기에 정상적인 단계를 거쳐서 원하던 높은 벼슬 자리에 올라가기란 매우 어려운 일이기에, 지구 행성에서 천상의 인사 전결권을 행사하는 龍의 대통령 윤허를 받으면 소원을 이룬다.

　지구에서도 서열 싸움이 치열하듯 천상의 계급 서열은 3,333개 정도 되는데 한 단계 서열 차이가 지상에서 생각하는 것과는 천양지차이다. 우주 황실은 군주제이고, 3,333개 제후국들은 자치 정부이기는 하지만 규율이 매우 엄격한 곳이다.

龍의 제국 龍의 대통령 말을 무시하고 부정해서 자신들이 갖고 있는 종교 사상과 이론에서 빠져나오지 못해, 지옥으로 압송될 생사령과 신명들은 해당 사항이 없을 것이지만, 더 높은 고차원의 진실 세계를 원한다면 고정관념의 사상을 바꾸어야 한다.

그레이엄 수에 달하는 우주 행성들의 행성인들도 악들이 세운 제사장을 추종하고 받들다가 행성이 파괴되고 종족이 멸종되었듯이 이 책을 귀하게 여기지 않아, 뽑히지 못한 자들은 귀신들과 악들의 제물이 되어 천상으로 가는 것이 아니라 지옥도 압송과 멸망만이 기다릴 뿐이다.

144,000명의 재벌 신인류 상류층들은 이 나라만 해당되는 것이 아니라 지구 전체 상류층들이 대상인데, 이 책을 읽고 있는 기업인들과 권력자들, 정치인들은 龍의 대통령이 쓴 책을 읽는다는 자체를 무한대로 감사함을 올려야 한다.

이런 책은 대우주 행성들 전체와 지구 행성 전체에서도 찾을 수 없는 금서(金書)이기에 골백번 감사하며 읽어야 한다. 지구에 축생이나 물고기, 새, 곤충, 벌레로 태어난 자들은 그만큼 죄가 너무 커서, 구원 대상자에서 완전 제외되어 구원의 기회가 박탈된 대역죄인들이기에 여러분처럼 사람으로 태어나 이 글을 읽을 수 있다는 것은 최고의 영광이자 행운이다.

龍의 대통령이 지구에 태어난 것은 수천 년의 화려한 역사와 전통을 자랑하는 종(악)교 안에서도 찾아내지 못한 구원의 절대자를 찾아주고, 악들을 멸망시켜 龍의 제국에서 144,000명 신인류 상류층들을 배출하려고 대우주 연방제국에서 내려왔다.

개인적으로는 황위 계승 수업 공무수행의 사명완수도 있는데, 여러분은 천상에서 살았던 기억이 삭제되어 모를 테지만 천상에서 지은 업보를 풀 수 있는 기회를 마지막으로 내려주고자 함인데, 구원받을지 여부의 선택은 각자 자유이다.

인간 육신들만 성공해야 하는 것이 아니라 천상의 절대자 거대 황룡도 성공해서 원과 한을 풀어야 하고, 몸 안에 있는 각자들의 영혼(생령)들과 조상(사령)들, 신명들도 성공해야 한다. 인간 육신들만 잘되게 해주는 비결은 존재하지 않는다.

다 함께 성공하여야 한다. 인간 육신들은 돈과 재물, 권력과 명예를 남들보다 더 많이 더 높게 가지려고 혈안이 되어 있지만, 여러분의 몸 안에 있는 보이지 않는 영적 존재들인 생령(자신의 영혼), 사령(조상령들), 신명들은 龍의 대통령을 만나 구원받아 영혼의 고향으로 돌아가는 것이 유일한 오랜 꿈이다.

천상세계 공부하려면 한도 끝도 없기에 단계별로 차근차근 따라와야 한다. 龍의 대통령은 장차 지구에서 황위 계승 수업과정이 끝나고, 천상으로 올라가 황위를 계승하면 우주를 다스리는 우주 황제가 된다.

144,000명의 재벌 神인류 시대

144,000명의 신인류 시대 즉 龍의 대통령과 함께하는 신인시대 龍의 제국이 열렸다. 기업인들과 권력자들, 정치인들에게 날개를 달아주는 것이 천상신명들, 龍들과 함께하는 신인합체 의식을 행하면 인간의 능력 플러스 신의 능력이 분출된다.

권력자들은 대우주 연방제국의 우주 황실 절대자 龍의 황제 신하들인 천상신명들, 龍들과 합체 의식을 행하고, 기업인들은 돈의 황제 신하 龍들과 합체 의식을 행하면 상상을 초월하는 일들이 일어난다. 인간의 능력으로는 감히 상상도 할 수 없는 신의 능력을 갖게 되는 초인류, 신인류가 되는 길이다.

144,000명의 기업인들과 권력자들, 정치인들이 단합하여 신인합체를 한다면 지구 파괴, 인류 멸종을 막아내거나 늦출 수도 있는 경천동지할 일들이 일어난다. 이런 과정을 통하여 초인류, 신인류가 된다면 각자 개인들과 기업인들, 권력자들, 정치인들에게 상상을 초월하는 신비의 능력들이 생긴다.

인간의 능력으로는 도저히 할 수 없는 영역의 어려운 일들을 신명들과 龍들은 쉽게 할 수 있기 때문이다. 개인 발전, 기업 발전, 국가 발전은 인간의 두뇌와 생각, 노력으로만 이루어질 수 없고 거대 황룡의 신비한 기운이 내려야 한다.

기업인들과 권력자들, 정치인들이 잘되는 것을 방해하는 귀신들과 악마들이 어마어마하게 방해하고 있는데, 이들이 눈에 보이지 않으니까 운이 없다고 생각하게 된다. 공기처럼 무형·무색·무취의 존재가 귀신과 악마들인데 경호원 1,000명이 총 들고 24시간 지키고 있어도 악귀들을 막을 수 없다.

천상신명들과 龍들도 역시 무형·무색·무취의 존재이기에 인간의 눈에는 보이지도 들리지도 않지만, 소리 없이 들어오는 귀신과 악마들의 침범을 막아준다.

또한 여러분의 속마음과 일거수일투족을 모두 알기에 갑자기 다가올 어떤 불행한 일이 있으면 피해 가도록 마음을 움직여 재난의 중심에 서 있지 않도록 불행을 사전에 예방해 주고, 시건사고 나는 것을 막아주는 24시간 경호 역할도 해준다.

신비의 능력을 가진 144,000명의 신인류 신인(神人)이 되기 위하여 수많은 종교에서 사람들을 불러모아 도통 수련을 하고, 교인들을 끌어모아 144,000명이 되면 천상에서 신이 내려온다고 주장을 펴기도 하는데 아무도 이루지 못했다.

대우주 절대자 거대 황룡의 윤허 없이는 어림도 없는 불가능한 영역이고, 지구인들 자체가 역천자 대역죄인들인데, 천상신명들이 하강할 이유가 없으니 꿈 깨야 한다.

지구인 자체가 귀신과 악들이 지배하고 있기에 신인합일, 신인합체에 의한 어떤 의식을 행하여도 귀신이나 악신, 악령, 악마, 사탄, 마귀들이 들어가지만 인간들의 능력으로는 이들을 검증하고 알아볼 수 없다.

그러나 龍의 대통령을 통하면 대우주 연방제국의 우주 황실 절대자 윤허 아래 신인합체 명부에 기록 문서로 올라가면 천상 신명들과 龍들이 절대자 거대 황룡의 공식적인 명을 받고, 인간 육신으로 하강하게 되어 있기에 비교 자체가 불가하다.

다른 곳에서는 신인류 신인 탄생이 이루어질 수 없다. 대우주 연방제국의 거대 황룡 절대자 명을 받고 인간 육신과 신인합체 하는 것이 아니라, 그곳에 있는 귀신, 악신, 악마, 악령, 사탄, 마귀들이 신명을 사칭하면서 들어오는 것이다.

귀신, 악신, 악령, 악마, 사탄, 마귀, 지옥, 천국, 천당, 극락, 선경세상 놀음하며 수많은 인간, 조상, 생령, 신명들을 울리고 현혹하는 곳이 종교(악교)인데 龍의 대통령이 정답이다.

지구 행성 자체가 역천자들이 살아가는 지옥별 감옥행성이고, 죄를 빌지도 않은 죄인들인데, 대우주 황실에서 천상신명들과 龍들이 절대자 거대황룡 용의 대통령 황명도 받지 않고, 무단으로 인간 육신에 하강할 하등의 이유가 없다.

천상신명들과 龍들이 절대자 윤허 없이 마음대로 인간 몸 안에 들어가면 즉시 추포되어, 불지옥으로 압송되는 무서운 형벌을 받기에 감히 상상도 할 수 없으니 다른 곳에서 신인합일, 신인합체, 천인합일, 천인합체한다는 것에 넘어가면 안 된다.

龍들이 인간 육신으로 하강하면 소속부대, 부대장 이름, 龍의 색깔, 이름, 성별, 직위, 직무까지 상세히 복명한다. 이들은 기업인들과 권력자들, 정치인들이 신인합체 의식을 행할 때 어떤 등급으로 할지에 따라서 신들도 서열에 맞추어서 하강한다.

의식 등급이 높고 낮음에 따라 하강하는 龍들도 왕, 대장군, 부대장, 분대장, 수하 등으로 품계 따라 다르게 정해진다. 신명들도 계급 사회이기에 상하서열이 엄격하고, 천상지상 공무수행이기에 빈틈이 없으며 SF공상 영화 같은 일들이다.

龍 한 마리 크기는 지구 몇 배 크기이지만, 크기를 자유자재로 조절하고 때로는 사람의 모습으로도 변신하는 신비의 능력자 신명들이고 아이큐가 100조이다. 그래서 신인합체하여 신인류가 되면 해당 분야에서 세계 1인자가 될 수 있다.

인간의 눈에는 보이지 않지만 龍들이 바로 기운이고 신명들이다. 우주와 지구, 천지만생만물 모두가 기운으로 운행되고 있는데, 이들은 절대자의 명을 받아 움직이고, 지구에서는 龍의 대통령 명에 따라 공무수행하는데, 龍들과 신명들의 주군이 龍의 대통령이니 신인합체하는 사람들은 천운아이다.

아이큐 100조 신명들과 신인합체

지구에 태어난 자들은 龍의 대통령 인간 육신 저자를 제외하고는 천상에서 업보(죄)가 없는 자들이 없다. 하지만 龍의 대통령 기운에 의해서 천상신명들, 龍들과 신인합체하면 반신반인(半神半人)의 신인류(神人類)가 되어 龍의 제국에서 144,000명의 신인류(新人類) 종족으로 살아갈 수 있다.

龍들과 저승사자, 천상신명들은 아이큐가 평균 100조 정도 되고, 대우주 절대자(거대 황룡)와 龍의 대통령 인간 육신은 무량대수 이상으로 아이큐 측정이 불가하다.

龍들과 저승사자, 천상신명들의 평균 아이큐가 100조인데, 80~150 수준의 아이큐를 가진 인간이 신명들과 신인합체를 하면 어떻게 될까? 물론 신인합체만 한다고 가만히 있으면 안 되고 끈기, 인내, 노력, 성실, 집념이 동반되어야 반신반인(半神半人) 신인의 진면목과 신비 능력이 무한대로 분출될 수 있다.

龍의 대통령은 지금 기업인들과 권력자들, 정치인들, 상류층들을 신인류(神人類)로 만들어 신인류(新人類) 종족으로 살아가는 세계 인류 역사를 새로 써야 하는 재창조를 하고 있다.

인간들의 생각이나 능력으로는 도저히 이룰 수 없는 꿈의 세계를 펼쳐 여러분들을 지상 최고의 신비 능력자로 만들고자 하는 것이다. 인류가 알지 못하는 우주의 세계, 사후세계 진실을 龍의 대통령만큼 적나라하게 세세히 밝혀내는 인류의 영도자는 이제까지 지구상에 존재하지 않았다.

무한 능력자가 龍의 대통령인데, 현실 세상에서 이야기하는 고정관념을 모두 내려놓고 순수하게 그대로 받아들여야 자신들도 무한대로 발전할 수 있다. 난생처음 들어본다고 소설로 생각하면 도태되고, 결국 144,000명의 재벌 신인류들에게 물질적으로든 정신적으로든 모두 지배받게 되어 있다.

아이큐 100조짜리 신명들이 함께하는 신인류(神人類)를 어느 누가 따라잡을 수 있을까? 그래서 이 나라가 세계 경제를 정복하고 지배 통치할 수 있다. 지배 계급 초상류층이 될 것인가 아니면 지배당하는 노예나 종이 될 것인가 선택해야 한다.

그런데 천상신명과 龍들은 업보(죄)가 하나도 없는 아주 신성하고 순수한 존재들이기에 기업인들, 권력자들, 정치인들과 신인합체를 하여 신인류로 탄생하면 인간의 타고난 기운이 크게 업그레이드되어 바뀌고 두뇌 회전이 상당히 잘 돌아간다.

앞으로는 신인류가 세상을 다스리고 지배한다. 현역 국회의원들, 총선 출마 후보들, 검사와 판사들, 임명직 공직자, 선출직 공직자, 시·도 및 시·군·구청장과 의원들, 중·대령급들과 장군들, 기관장, 기업을 운영하는 기업 사주들과 전문 경영인들은 앞뒤 가리지 말고, 아이큐 100조의 신명들과 반신반인(半神半人)의 신인류가 되는 신인합체를 우선 행하고 봐야 한다.

인간 육신들의 능력과 두뇌가 아무리 대단하다 해도 찻잔 속의 태풍이기에 인간이 아닌 신의 반열에 올라가야 자신들이 세운 무언가를 이룰 수 있다. 남들과의 경쟁에서 살아남는 가장 현명한 방법은 144,000명의 신인류로 재탄생하는 일이다.

신인류가 이상형의 세계인데, 수명 장수가 인간이 풀어야 할 최대 화두이다. 인간은 신의 소원 이루어주고, 신은 인간의 소원 이루어주어야 한다. 세상에 태어나서 이런 책은 본 적도 없고 들은 적도 없을 것이다. 세상에 이런 책이~

천상신명이나 龍들과 신인합체로 신인류가 되는 것은 무속에서처럼 운명 상담하는 역할이 아니라 자신의 기업을 크게 번창시키고, 권력자들, 정치인들은 남들보다 더 높이, 더 빨리 성공 출세하여 출세 가도를 달리게 하는 원동력이다.

신기가 많아 신가물이라며 신을 받아야 된다는 말을 듣고 살아가는 사람들이 예상외로 많고, 신을 받기가 죽기보다 싫어 정기적으로 눌림굿하는 사람들이 있는데, 신인합체하여 신인류로 재탄생되면 신가물이 완전히 사라진다.

무속에서 신을 받으면 악귀잡귀가 들어와 이들의 노예가 되고, 자손들에게 대물림되기에 절대로 받으면 안 되고 신인합체 신인류가 정답이다. 신가물은 남자보다는 여자들에게 더 많다. 무속인도 남자 무당은 박수, 여자들은 무당·보살인데, 남자들은 경문 독송하는 법사로 풀리는 경우가 많다.

무속에서 말하는 신이란 존재는 대다수가 조상신들이고, 악신, 악령, 악마들이 천상신명을 사칭해서 들어오는 경우가 많다. 제자들이나 당사자들도 가려내기가 어렵고 대우받기만 좋아하며 잡신 악신들이 너무 많아 신의 풍파도 장난이 아닐 정도로 엄청 고통스러운 길이다.

조상들이 구원을 받지 못하고 신내림으로 잡신, 악신의 줄을 잡고 자손들 몸에 들어와서 동고동락하며 살아가는 경우가 비일비재하고, 남의 조상 귀신들이 자신의 조상을 사칭해서 들어오는 경우가 많아 절대로 신을 받으면 안 된다.

몸이 아파 병원에서도 고쳐지지 않고, 사건사고, 자살 충동, 가족 단명, 사업 부진, 악몽, 가위눌림, 우울증, 병명 없는 질병으로 고통받는 신의 풍파가 너무 심해서 어쩔 수 없이 무속인이 되었다는 연예인들과 일반인들도 많은데, 龍의 대통령을 만나면 이 모든 문제가 말끔히 해결된다.

아이큐 100조의 천상신명이나 龍들과 신인합체하면 모든 신가물이 막아진다. 천상신명은 인간 모습 신명도 있고, 龍들도 있는데, 신인합체할 때 정해진다.

천황님께서 정말 계시구나!

이 글은 2007년도 7월 초등학교 1학년 때 천인합체 의식하였던 어린 학생의 사연인데, 그 후 초등학교 4학년 때 자신이 그동안 겪었던 신비한 일들을 정리하여 보낸 사연이다. 천황님께서 당시 초등학교 4학년 어린이에게 신기한 꿈과 신기한 이적을 보여주시어, 천황님께서 실제로 존재하신다는 것을 실제 보여준 사례이다.

이 어린이는 사명자(천명자)인 엄마가 책을 읽고 먼저 들어왔고, 그 후 자신의 딸과 아들도 함께 다니면서 모두 천인합체 의식을 행하여, 저자의 기운으로 인생이 개벽하여 상상초월의 놀라운 이적과 기적을 무수히도 체험하였었다.

조상 천상승천, 천인합체, 신인합체, 도인합체 의식을 행하면 인간들의 상상력을 초월하는 무수한 이적과 기적이 자신 몸과 가정, 기업, 일상생활에서 일어나고 사고와 불행이 막아진다.

제목 : 천황님(절대자)께서 정말 계시구나!!!
내가 천황님을 믿게 된 동기. 내가 천인합체하기 전에~~ 나는 엄마하고 龍의 제국에 방문을 해 기도회에 빠짐없이 참석했

다. 엄마는 龍의 제국과 인연을 맺기 전에는 절이나 무속인 집을 갈 때마다 나와 누나를 함께 데리고 다니셨었다.

2006년에 7월 이후로~ 엄마가 龍의 제국과 인연이 되어 나와 누나도 기도회에 참석했다. 엄마가 천황님은 위대하신 분이시고, 엄마가 간절히 믿는 분이 이 세상에서 가장 크신 하나님이라는 것을 들었지만 마음으로는 믿지 않았다.

엄마가 아무리 얘기해도 난 믿지 않았지만, 엄마가 龍의 제국을 방문할 때마다 함께 다녔고, 龍의 제국에서 열리는 기도회에도 모두 참석했다.

내가 천인합체 의식을 하던 날. (2007년 7월~)
내 의지와 관계없이 몸이 뜨거워지고 움직이며 눈물이 나왔다. 입에서는 자꾸 하품이 나온다. 눈물이 자꾸 나오는 이유도 모른다. 천인합체 의식 진행 중에 하품만 했다.

의식이 끝나고 대황제님의 무릎에 앉았는데, 대황제님께서 나의 볼에 뽀뽀를 해주시는 순간 눈물이 더욱 나왔고, 마음은 편안하고 포근하며 행복했다.

천인합체 의식 한 다음 날 학교수업을 마치고, 반 친구 남자아이들이 우리 집에 놀러 온다고 했다. 한두 명만 못 오고 모두 왔다. 아무도 없는 집에서 엄마가 주신 용돈으로 친구들과 짜장면을 배달시켜 맛있게 먹었다. 참 기분 좋은 하루였다. 내가 천인합체 하기 전에는 천황님이 계시다는 것을 믿지 않고 의심했다.

내가 천인합체하고 나서 龍의 제국 기도회에 참석했던 어느 날~ 龍의 제국 기도회에서 기도를 하고 있었는데, 아주 크신 천황님(절대자 용의 대통령)께서 나타나 나한테 칭찬하셨다. 천황님께서는 우리가 상상할 수 없을 정도로 몸집이 크시다.

우리는 아주 작은 개미이다. 천황님께서 정말 계시구나!!! 믿게 되었다. 엄마의 말씀과 관계없이…. 그날 밤 꿈에서 키가 작고 하얀 수염이 아주 길고 머리는 대머리이고, 하얀 도포를 입은 노인분을 보여주셨다. 참 신기했다.

신기한 꿈 이야기
꿈에서 엄마, 누나랑 놀이터로 놀러 갔다. 서울 중계동 아파트 단지 내에 있는 놀이터에서 놀고 있었는데, 나는 무척 목이 말랐다. 나는 천인합체 의식을 한 상태였다. 천황님을 안다. 집에서 엄마하고 누나랑 천황님께 하루도 빠지지 않고 기도를 했다.

너무 목이 말라 하늘을 바라보고, "천황님, 목이 너무 말라요. 요구르트가 먹고 싶어요!" 말하자 마자 순간~~ 하늘에서 갑자기 아파트 크기의 요구르트가 뚝~~ 쿵~! 떨어졌다.

요구르트가 너무 커 떨어지는 소리가 아파트를 흔들었다. 아파트만 한 요구르트에 빨대를 꽂아 가족 모두가 먹었다. 천황님께서는 정말 계시다! 천인합체를 하고 나서 신기한 꿈을 자꾸 꾼다. 천황님께서 꿈으로 보여주시는 꽃이 심어진 화분은 학교 운동장만 하다. 나무 한 그루도 학교 운동장만 하다. 천인합체 하기 전에는 이런 꿈을 꾼 적이 한 번도 없다.

또 어느 날의 꿈~
하늘나라 천황님의 궁전은 모두 금색이다. 아기천사는 날개가 있다. 아기천사가 말을 했다. 천황님께 뭐든지 소원을 말하면 원하는 것을 주신다고 천사가 말했다.

나는 천황님께 내가 원하는 것을 말했다. 하늘에 있는 구름은 무척 크다. 천황님께서는 요술구름으로 내가 원하는 모든 것을 만들어주셨다. 음식~ 장난감~ 돈~ 등등…. 너무 신기했다. 이렇게 신기한 꿈을 꾸고 일어나는 아침은 기분이 너무 좋았다. 천황님은 진짜 계시다!

아기천사의 꿈~
꿈속에서 아기천사는 나를 언제나 따라다닌다. 기저귀를 아주 큰 것을 차고 다니신다. 아기천사 기저귀에서 내가 필요한 것이 있으면 모두 꺼내준다. 돈, 사탕, 장난감, 음식…. 요술 기저귀다. 나를 돌봐주시는 아기천사님 사랑합니다.

나는 엄마, 누나와 살고 있는데, 천황님께서 엄마의 인연자를 보내주셨다. 그렇게 함께 지내는 아저씨께서 오토바이를 사셨다. 번호판이 0040이다. 아마 천황님께서 천사를 보내주신 것 같다. 아저씨께서는 우리가 부족한 것을 모두 돌봐주신다. 천황님, 감사합니다.

어느 날의 꿈~
꿈속에서 엄마가 너무 예뻐 보였다. 아름다운 드레스를 입고 결혼을 한다. 큰 공원이다. 누나랑 공원에서 신나게 놀고, 웨딩을 마치고 집으로 돌아왔다. 도착한 우리 집은 대학교 캠퍼스보다 더 큰 집이었다.

꿈속에 나오는 우리 집은 아주 크다. 하인이 100명~ 넘게 있다. 출입구에서부터 우리에게 시중을 들었다. 우리 집 바닥은 금으로 되어 있고, 빨간 카펫도 깔려 있고, 모두 금색으로 장식되어 있다.

물 색깔도 금~ 벽도 금~ 세면대도 금~ 목욕탕도 금~ 우리 가족은 아주 큰집에서 살고, 하인도 많고 바닥은 모두 빨간 카펫, 벽은 모두 금으로 되어 있다. 누나의 꿈에서도 내가 본 모습을 자주 보여 주신다고 하신다.

(천인합체를 한 이 아이의 꿈으로 보여주었듯이, 나중에 죽게 되어 천상으로 오르게 되면 그곳에서 살 궁전 같은 집을 꿈으로 미리 보여준 것이었다. 이렇게 천인합체를 해서 천궁에 오르면 영원히 무릉도원의 행복한 삶을 살게 된다)

어느 날 꿈~

　꿈에서 날개달린 백마를 보았다. 나는 날개 달린 백마를 타고 하늘을 날아다녔다. 하늘나라(천상세계) 구경을 하고, 천황님도 보았는데, 지옥을 보여주셨다. 지옥은 무섭다.

　아주 큰 건물 안에 많은 철창이 있다. 앞에 지키는 사람이 있다. 무섭게 생겼다. 공간이 작은 철창 방안에 갇혀있는 사람 모습은 아주 굶주렸으며, 추위에 벌벌 떠는 모습이다.

　철창에 갇혀 있는 사람들 죄의 죄목은 모두 다르다. 살아서 죄를 지은 사람들은 죽어서 감옥에 가고, 거지생활도 하며…. 천황님께서만이 나쁜 악령이 인간 세상에 못 나오게 막아주시는 분이시다. 지옥은 정말 있다.

　거짓말과 나쁜 짓을 해서는 절대 안 된다. 천황님께서 모두 지켜보고 계신다. 누나가 천황님께 기도를 하는데, 누나도 백마를 보았다고 했다. 신기하다~ 내 꿈과 누나의 꿈에서 보여주시는 것과 기도에 보여주시는 것이 비슷하다.

　또 어느 날 꿈~

　비눗방울이 아주 크고 투명하다. 투명한 비눗방울 안에 천황님의 웃고 계신 얼굴(용안)이 보인다. 천황님의 얼굴은 나만 볼 수가 있다 하셨다. 천황님께서 웃으시며 조화를 부리신다. 비눗방울이 커졌다~ 작아졌다 하는 조화를 보여주셨다. 천황님의 손은 빌딩 크기만큼이나 손이 크시다.

천황님께서 크신 손을 내미시며, 나를 손 위로 올라오라 하셨다. 나는 천황님의 크신 손으로 올라갔다. 손에 올라가 있는 내게 천황님께서 내 볼과 입에 대고 뽀뽀를 해주신다. 그리고 무슨 말씀을 하셨다. 너무 포근하다.

어느 날 누나가 천황님께 기도하고 있었는데, 아주 큰 파란 동산에 아주 큰 해(태양)가 나타났다고 했다. 해 안에 천황님의 얼굴이 보였고, 말로는 표현하기 어려운 인자한 웃음으로 환히 웃고 계셨다고 말하였다.

그날 누나는 학교에서 좋은 일이 있었다. 천황님께서 신기한 조화를 부리셨다는 것을 더욱 알게 해주셨다. 천황님을 사랑합니다. 천황님께서는 내가 2살부터 지니고 있는 병을 고쳐주셨다. 나는 영아 때부터 코에서 코피가 자주 났다.

할머니께서는 나의 코피 때문에 많은 병원을 다니셨다. 코피 때문에 절에 가서 정성도 올리셨었다. 또한 좋은 음식으로 나를 정성껏 돌봐주셨다. 내가 이유 없이 먹지 않는 우유 때문에도 많은 걱정을 하셨다. 나는 어려서부터 원인 모를 병도 많고, 약으로 치료되지 않는 병도 많았다. 내가 천인합체 의식을 하기 전에는 정말 심했다.

아침에 일어나면 매일 이불에 코피가 많이 묻어 있었다. 천인합체를 하고 나서부터는 코피가 안 난다. 천인합체를 하고 나서 코피가 나는 경우도 있긴 있었는데, 이럴 때는 엄마께서 빨리 천황님께 잘못했다고, 용서 빌라고 가르쳐주신다. 내가 잘못한 말과 행동을 나는 안다. 내가 잘못한 말과 행동을 반성하라고 천황님께서 다시 코피가 나게 하신다.

   엄마의 말대로 잘못하였다면서 용서를 비는 기도를 마치면 코피가 뚝~! 신기하게 안 나온다. 내가 잘못 행동하고, 거짓말하면 몸으로 금방 표시를 주신다. 그래서 잘못된 마음과 행동을 할 수가 없다. 천황님께서는 우리의 의사이시다.

   엄마하고 누나랑 나는 천황님께 보험을 들었다. 미국은 병원비가 아주 비싸다. 엄마를 아시는 분은 엄마를 설득하신다. 아들과 딸이 혹시 다치면 어쩔 거냐고, 미국은 병원비가 비싸다~ 보험 들어라 등등…. 다른 사람의 설득에 흔들리지 않는 엄마는 이렇게 말씀하셨다.

   "우리는 천황님께서 억만금의 돈을 줘도 들을 수 없는 천상의 보험을 들어주셨으니, 걱정 안 해도 된다." 하시면서 언제나 천황님의 ○○천인님 말씀 잘 듣고 뭐든지 물어보고 행동하라 하신다. 엄마랑 누나랑 나는 천황님의 이야기를 나누면 너무 기쁘다. 천황님께서 주신 사랑을 서로 자랑하며 하루를 시작한다.

   나는 초등학교 1학년 때 천황님께서 천인합체 의식의 윤허를 내려주셨다. 그때 나는 아무것도 몰랐다. 그 당시 나는 어렸고, 아무 걱정 없이 편안하고 부유하게 살았다. 하지만 지금 생각해 보면 나이는 어렸지만, 나의 마음을 엄마에게 다 표현할 수 없는 어떤 답답한 느낌이 있었다.

엄마에게는 (좋아, 안 좋아, 싫어…) 라는 감정밖에 표현할 수 없는 나이였지만, 어딘가 모르게 답답한 마음, 표현할 수 없는 마음의 느낌은 언제나 있었다.

시간이 지나 엄마에게 천인합체하기 전 나의 답답했었던 느낌들, 그동안 말과 표현으로 다 말하지 못한 마음을 털어놓았다. 엄마께서는 미소 지으셨다. 지금은 그런 말로 표현되지 못하는 답답한 느낌들은 전혀 없다.

천황님께 너무 감사드립니다. 어린 나이의 저에게 천인합체 의식을 허락해 주시고, 천황님의 예쁜 천인님을 주셨기에 오늘에 기쁘고 영광된 사랑을 천황님께 받을 수 있다는 것에 감사함을 느낍니다.

학교에서, 가정에서, 친구들과 지내는 모든 생활을 천황님께 여쭤봅니다. 내가 고쳐야 되는 것과 ○○천인님이 원하시는 행동으로 마음먹고 노력하며, 공부를 열심히 하는 것이 우선이라 생각합니다. 잘못된 행동과 마음을 고쳐주세요.

대황제님, 사랑합니다.
龍의 제국에 다니면서 저와 누나에게 베풀어주신 사랑에 감사드립니다. 미국에서 지내면서도 龍의 제국 기도회에 참석했을 때, 대황제님께서 따듯하신 음성으로 반갑게 맞아주셨던 사랑이 생각납니다. 육신의 부모보다 더욱 크신 사랑의 음성을 대황제님을 통하여 들었습니다. 대황제님의 그 음성 생각하면 지금도 눈물이 나옵니다.

제가 꿈 이야기를 적은 것은 초등 4학년은 어리지만 꿈에서 천황님께서 보여주시는 가르침이 너무 크고, 부모님께서 가르쳐주시는 가르침보다 깨달음이 컸기 때문입니다.

천황님께서 아직 선택해 주시지 않은 어른들보다 하늘의 진실을 알 수가 있고, 지금 저의 마음은 하늘의 공부를 통하여 더욱 성장되어 있습니다. 책에 나와 있는 배움으로 생활하는 것이 아니라, 천황님께서 가르쳐주시는 가르침대로 생활하는 것이 우선이라 생각합니다.

저와 같은 어린 영혼들도 천황님께서 龍의 제국으로 보내주시어서 천황님의 사랑을 받을 수 있었으면 좋겠습니다. 대황제님, 龍의 제국 글을 통해 천황님의 사랑을 많이 가르쳐주셔서 감사합니다. 대황제님, 사랑합니다.

2010년 10월 8일 미국 ○○에서 4학년 이○○ 천인 올림

세상 사람들아~
이 글을 쓴 천인은 당시 초등 4학년 남학생이다. 정말 놀라운 일이다. 천황님의 명을 받아 천인합체 의식을 행하면 이렇게 인생의 삶이 달라진다. 11살 아이의 글이라고 보기에는 정말 믿어

지지 않는다. 어른들도 표현하기조차 힘든 글을 보내왔다. 천황님의 천지조화 능력은 정말 대단하시다.

그러니 이 책을 읽고, 선택받은 사람들은 남녀노소를 가리지 말고 천인합체, 신인합체 의식을 속히 행해야 한다.

2010년 당시에는 천황님의 존호를 쓰는 것이나, 저자의 명으로 기도를 하라고 했었지만 지금은 모든 기도 행위를 못 하게 막았기에 따라하면 안 된다.

2010년의 한 사연을 공개한 것은 이렇게 꿈으로도 하늘께서 실제로 존재하시다는 것을 보여주셨고, 하늘은 상상을 초월할 정도로 너무나도 거대하시다는 것을 다시 알게 해주려는 것이다.

꿈 내용을 보면 "천황님의 손은 빌딩 크기만큼이나 손이 크시다." "아주 크신 천황님께서 나타나 나한테 칭찬하셨다. 천황님께서는 우리가 상상할 수 없을 정도로 몸집이 크시다. 우리는 아주 작은 개미이다." 위의 꿈 내용을 봐서도 하늘께서는 인간은 상상도 할 수 없을 정도로 너무도 크신 존재이시라는 것을 또 한 번 알 수 있는 대목이다.

2006년에 출간한 책에서 나온 내용 중 태백산에서 뵙게 된 천황님의 거대하신 모습과 같다. 최근 2023년 2월 4일 입춘절 행사에서는 크기를 가늠할 수 없는 거대 황룡이시라는 경천동지할 위대하고 대단한 진실이 밝혀졌다.

태백산에서 영안으로 본 하늘께서는 체구가 상상을 할 수 없을 만큼 높고 크시어 보이지 않을 정도였고, 하늘께서 몸을 축소하시어 눈에 보이게끔 하는 조화를 내려주셨었다.

그렇게 키를 줄여주셨는데도 당시에 약 3미터는 넘어 보이셨다. 그 당시 하늘 공부하러 수행하던 시절에도 천황님의 모습을 보여주심으로써, 저자가 지상에서 하늘의 뜻을 펼치는데, 자신감을 심어주셨고 대우주 연방제국 세계가 존재하고 있음을 깨닫게 해주셨다.

천지창조주 거대 황룡 몸체 크기가 100만 구(무량대수×91만 배 광년)까지 거리 크기로도 측정이 불가할 정도로 어마어마하시다. 이 당시에는 크시다는 정도만 알았는데, 지난 2023년 2월 4일 구체적인 신장 키와 나이(2,000업×700억만 배 살)가 인류 최초로 공개되었다.

절대자 하늘은 인간들이 상상하는 추상적인 인간의 모습이 아니라 거대 황룡이고, 인간 모습으로 자유자재 변신한다. 이제까지 악교(종교)에서 전하는 하느님, 하나님, 부처님, 상제님과는 비교 자체가 안 된다. 인류가 찾아야 할 진짜 구원자는 실존하는 절대자 하늘 거대 황룡 龍의 대통령이다.

우주 황실과 제후국 정부 조직도

태초의 절대자 거대 황룡(龍의 황제) 龍의 대통령 실체에 대해서 끝없는 의문과 공상소설 같아서 믿을 수 없다는 반응을 보이고 있어서, 천기누설급의 천상황실과 신명정부 조직도 비밀을 인류 최초로 공개한다.

인간 육신들이 눈으로 보고 귀로 들을 수 없는 머나먼 우주 행성에 있으니, 당연히 공상소설로 생각할 만한데 실제 존재하는 천상정부이다. 여러분 모두가 천상에서 죄를 짓고, 지구에 떨어지기 전에 머물던 영들과 신명들의 고향이다.

대우주 연방제국 천상황실의 언어는 한글과 한국어, 한문이 공용어이지만, 4개 황실과 3,333개 제후국들마다 각기 다른 고유 언어와 문자도 있으며 한국어 이름도 많다.

대우주와 지구인 총사령관 거대 황룡 절대자 龍의 대통령(태황제)과 아들 내외 3황제와 3황후, 공주 2명 이름도 한글(한문 병행)로 세 글자인데, 태황후만 영어권 이름 5글자이다. 관명과 관직도 한글이고, 천상의 벼슬 직제도 지구로 내려와 중국 황실과 고구려, 신라, 백제, 고려, 조선 왕조시대와 거의 같다.

천상황실에는 사서, 시녀, 궁녀, 내시, 감찰상궁, 호위기사, 龍들, 호위사령관, 황궁근위 경비사령관, 경호사령관, 방위사령관, 정보사령관, 비서사령관, 부부장(1급), 국장(차관보), 부장(차관), 대신(장관), 재상(총리), 1위부터 3,333개 제후국 제후(왕)들과 제후비(왕비), 모든 별들과 28숙 칠성 성주들, 공주 2명, 3황제와 3황후, 태황제와 태황후 서열이다. 지구 행성에 없는 부서들도 상당히 많다.

황실조직도

4개 황궁에는 4황제와 4황후, 공주 2명이 있고, 4개 황실 부서에는 총비서실장, 황실내무감독과 금전출납을 담당하는 수석시종장, 황실호위부처, 무장 황실근위부대, 비밀병기부대, 이능관리처가 있다

황제궁

황제 총비서실장, 수석시종장, 황실호위부처, 황실근위부대 사령관(무기담당), 비밀병기부대 사령관, 이능관리처장이 있고, 황후 총비서실장, 수석시녀장, 호위부처장이 있다.

총비서실장 산하에는 ▶내궁비서 부장과 문서담당비서 20억 2천만 명, 속기담당비서 35억 3천만 명, 전보담당비서 1억 2천만 명, ▶외궁비서 부장과 행사담당비서 1억 4천만 명, 연회담당비서 1억 9천만 명, 시찰담당비서 10억 9천만 명, 협상담당비서 25억 7천만 명,

황실내무감독과 금전출납 담당하는 수석시종장 산하 ▶요식부 3국장과 총주방장 ▶제1 부주방장과 보조주방 4,000명, ▶제2 부주방장과 보조주방 5,000명 ▶제3 부주방장과 보조주방 5,500명 ▶제4 부주방장과 보조주방 4,500명

▶침방부 3국장 ▶부부장과 궁녀 2억 3,000만 명
▶예산부 3국장 ▶부부장과 내시 10억 명

▶도서부 3국장 ▶제1 사서장과 사서 2,000만 명 ▶제2 사서장과 사서 3,000만 명 ▶제3 사서장과 사서 2,000만 명 ▶제4 사서장과 사서 2,000만 명 ▶제5 사서장과 사서 2,000만 명

▶인사부 3국장 ▶시녀장 ▶내궁담당 시녀 10억 명 ▶외궁담당 궁녀 30억 명, 내궁담당과 외궁담당 내시 200억 명(중앙집권궁이라 인원 다수)

▶전자통신부 3국장 ▶천상 내 통신부 부장과 수하 10만 명 ▶외행성 외부전용 통신부 부장과 수하 35억 명

▶황실호위부처 ▶내궁호위대장 황룡과 1부대장~100부대장 각 100마리, 1분대장~70분대장 각 100마리

▶외궁호위대장 황룡과 1부대장~100부대장 각 100마리, 1분대장~70분대장 각 100마리
▶측근경호실장과 1~20부대 각 2,000명

▶비밀호위실장과 은신술전담 수하 1,000명
▶추살대 대장군과 1부대장~50부대장 각 10만 명
▶추격대 대장군과 1부대장~50부대장 각 10만 명

▶수사대 대장군과 1부대장~50부대장 각 30만 명
▶기마부대 대장군과 1부대장~50부대장 각 20만 명
▶궁사부대 대장군과 1부대장~50부대장 각 50만 명
▶훈련부대 대장군과 1부대장~50부대장 각 100만 명

▶기사단부 대장군과 1부대장~50부대장 각 30만 명
▶보병부 대장군과 1부대장~50부대장 각 200만 명
▶시찰부 대장군과 1부대장~50부대장 각 500만 명
▶경비병부 대장군과 1부대장~50부대장 각 23,000명

▶청룡 부대장과 1분대장~50분대장 각 500마리
▶적룡 부대장과 1분대장~50분대장 각 400마리
▶흑룡 부대장과 1분대장~30분대장 각 500마리
▶백룡 부대장과 1분대장~30분대장 각 500마리
▶녹룡 부대장과 1분대장~30분대장 각 400마리

▶이능관리처 ▶천력관리부 국장 ▶바람생성부 1,700억 명 ▶태풍 생성부 600억 명 ▶우(비) 생성부 2,000억 명 ▶설(눈) 생성부 1,200억 명 ▶천둥 생성부 500억 명 ▶번개 생성부 550억 명 ▶구름 생성부 570억 명

▶변환관리부 국장 ▶광물 생성부 110억 명 ▶화학 생성부 590억 명 ▶신체 변환 생성부 620억 명

▶신력관리부 국장 ▶치유 생성부 230억 명 ▶검기(칼에 레이저) 생성부 400억 명 ▶결계(침입방지) 생성부 270억 명

▶수인(죄수)관리부 국장 100억 경 종류(모든 행성 포함) 500억 명

▶생사관리부 국장 ▶생명 관장부 300억 명 ▶죽음 관장부 350억 명

황후궁
황후궁 산하에 총비서실장, 수석시녀장, 호위부처가 있다.

▶총비서실장 ▶내궁비서 부장과 문서담당비서 4억 7,000만 명, 속기담당비서 10억 명, 전보담당비서 5,000만 명 ▶외궁비서 부장과 행사담당비서 3억 명, 연회담당비서 5억 명

▶수석시녀장 ▶요식부 4국장과 총주방장, 제1 부주방장, 보조주방 500명, 제2 부주방장, 보조주방 500명
▶침방부 4국장, 부부장, 궁녀 7,000명
▶예산부 4국장, 부부장, 내시 12억 명
▶도서부 4국장, 제1 사서장과 사서 6,000만 명, 제2 사서장

과 사서 5,000만 명

▶인사부 4국장, 시녀장, 내궁담당 시녀 5억 명, 외궁담당 궁녀 7억 명

▶전자통신부 4국장, 천상 내 내부전용 통신부 부장과 수하 70,000명, 외행성 외부전용 통신부부장과 수하 18억 명

▶황실호위부처 내궁호위대장군 은룡과 1부대장~20부대장 각 50마리, 1분대장~20분대장 각 250마리

▶외궁호위대장군 녹룡과 1부대장~20부대장 각 50마리, 1분대장~20분대장 각 250마리

▶측근경호실장과 1~50부대 각 450명
▶비밀호위실장, 은신술 전담 수하 3,200명

황실 행정부 조직도

재상대신(총리), 재경행정부대신(장관), 재무행정부대신, 경제행정부대신, 도로지도부대신, 복지행정부대신, 지역관리부대신, 통계행정부대신, 교육행정부대신, 황실군사행정부대신, 기획정책부대신, 산업행정부대신, 내무행정부대신,

외무행정부대신, 요식부대신, 문화예술부대신, 산림행정부대신, 농업행정부대신, 식품관리부대신, 인사관리부대신, 황

실예법부대신, 조세행정부대신, 사법행정부대신, 조경행정부대신, 통신행정부대신, 기술 행정부(이과)대신,

구역행정부대신, 주택건설 행정부대신, 법무행정부대신, 지식행정부(문과)대신, 예조행정부대신, 에너지 행정부대신, 살생부 기록부 겸 형조 행정부대신, 궁내부(내무부)대신, 감찰부대신, 의학행정부대신, 서기행정부대신,

보좌행정부대신, 기후 관리부대신, 상업지구관리부대신, 수질관리행정부대신, 행성·항성교통부대신, 광물자원관리부대신, 약초학관리부대신 등 44개 부처들이 있다.

▶지역관리부대신 소속 1구역~300구역 담당 부장 ▶통계행정부대신 소속 인구(수인, 외계)담당, 영물담당, 주택담당, 재원담당 부장 ▶황실군사행정부대신 소속, 정찰부대행정부장, 수색부대행정부장, 수사부대행정부장, 경비부대행정부장, 황실근위수사(황실근위수검사령관), 황실근위수검사(검사) 10억 6만 명,

무기장비부처장, 전술기획부처장, 비행조종부처장, 경호부대행정부장, 비밀호위행정부장, 전술전략행정부장이 있고, 부장과 처장은 지구 행성에서는 차관급이다.

▶외무행정부대신 소속 외행성담당 부장, 내행성담당 부장 ▶사법행정부대신 소속 행정처장(판사), 황치대법장(황제 주

관), 구역행정부대신 산하에 1구역~1,000구역 담당 부장

▶살생부 기록부 겸 형조 행정부대신 소속
▶총괄 담당하는 북두칠성의 제1별 탐랑성주(보좌 담당), 제2별 거문성주(인사, 신명 하강, 녹봉, 벼슬관리 담당), 제3별 녹존성주(재앙, 악귀잡귀 퇴치 담당), 제4별 문곡성주(형벌 담당), 제5별 염정성주(문서기록 담당), 제6별 무곡성주(재무, 오곡, 창고 담당), 제7별 파군성주(신군부 군사 담당)

▶생명 관장하는 남두칠성의 제1별 문창성주(우주 태양 담당), 제2별 칠살성주(달 담당), 제3별 천상성주(항성 담당), 제4별 천량성주(행성 담당), 제5별 천동성주(건축 담당), 제6별 천기성주(절기 담당), 제7별 천부성주(영혼 담당)가 있다.

▶지옥도 관장하는 동두칠성의 제1별 도선성주(천옥도), 제2별 비란성주(천옥도), 제3별 자보성주(불지옥 적화도), 제4별 언문성주(얼음지옥 한빙도), 제5별 나문성주(지옥도), 제6별 거단성주(지옥도), 제7별 양군성주(지옥도)

지구 행성의 모든 인류는 지위고하를 막론하고, 부자든 가난한 자든 龍의 제국에서 구원받지 못하고 죽으면 동두칠성 7개 별의 지옥도로 입문 예약이 되어 있고, 죄의 등급에 따라서 지옥도가 다르게 배정된다.

▶질병과 죽음 관장하는 서두칠성의 제1별 천신성주(생령 ·

사령 담당), 제2별 행신성주(행성 담당), 제3별 형신성주(질병 담당), 제4별 예신성주(기후변화, 가뭄 담당), 제5별 화신성주(화학 담당), 제6별 초신성주(산천초목 담당), 제7별 축신성주(축생 생사 및 질병 담당)

상상 속으로만 존재할 것이라고 생각했던 천상세계~! 이렇게 방대한 대우주 연방제국에 엄청난 천상세계 정부가 존재한다. 4개 황실과 행정부 편제의 조직원들, 3,333개 제후국 제후들과 책임자급 실명이 모두 있지만 비공개하였고, 직제만 공개한 것이다.

서열 1위부터 서열 3,333위 제후국 명칭과 제후 이름, 인구 등 간단한 내용만 수록하여도 40페이지 분량이라 지면으로 다 수록할 수가 없다. 여러분이 4개 황실과 3,333개 제후국, 기타 다른 외계 행성 어디에서 왔는지 모두 알 수 있고, 어떤 연유로 지구 행성에 정착한 것인지 비밀이 밝혀진다.

지구 행성도 무량대수 우주 행성 중에 하나이고, 여러분 모두 천상의 4개 황실과 3,333개 제후국에서 1·2차 역모 반란 주동자인 '○○악', '유영', '하누', '표경' 4명이 주도하는 역모에 가담하는 죄를 짓고, 지구로 떨어지기 전 각 분야별에서 근무했던 곳인데 기억나지 않아 공상소설로 생각할 것이다.

모두가 언젠가는 죽어야 하고, 지구 행성을 떠나야 할 것인데, 어디로 갈 것인지 마음을 정했는지 묻고 싶다. 龍의 제국 龍의 대통령에게 명을 받아 대우주 연방제국 4개 황실과 3,333개 제후국으로 갈 것인지, 무시하고 부정해서 동두칠성 7개 별로 갈 것인지 현명한 선택을 해야 한다.

모태 신앙인, 수십 년 악교(종교) 사상에 빠진 사람들은 자신들이 믿는 숭배자를 목숨처럼 받들고 있기에 구제불능이라 받아들이지 않고, 오히려 비난만 할 것이다. 지구 행성에 모든 악교(종교) 숭배자들은 구원 능력도 없고, 악들이라고 하여도 절대로 쉽게 인정 안 한다.

그래서 몇십 년 살아가는 인간 육신의 죽음보다 가장 무서운 곳이 악교(종교) 사상인 것인데, 알려주어도 귀 닫고 눈 닫아 배척하기에 이들은 구원받을 방법이 없다.

사후세계에 직접 가보지 않아서 지옥도의 무서움을 모르기에 천하태평으로 악교(종교) 열심히 믿으며, 살아가고 있는 것이 모든 인간들의 삶이다. 악교(종교)를 믿든 안 믿든 천상승천의 명을 받지 못하면 천상으로 돌아가는 길은 없다.

지상으로 내린 龍의 제국에서 천상승천의 명을 받아 천상으로 올라갈 때 승천 품계 등급이 높으면 4개 황실정부 고위 공직자나 황실 신민(백성)에 배정되고, 등급이 낮으면 3,333개 제후국 정부나 제후 신민(백성)으로 배정받게 된다. 상류층 여러분들의 자율적인 선택에 따라 사후세계 운명이 정해진다.

천지창조주가 내려주신 하늘의 뜻

이 글은 저자가 24년 전인 1999년도 11월경 태백산 정상 천제단에서 기도할 때, 천지창조주 하늘을 영안과 신안으로 뵙고, 직접 대화를 주고받으며 소통한 귀한 진실의 글이고, 2006년도에 책으로도 출간하였던 내용이다.

-천지창조주가 내려주신 하늘 뜻- (책에서 발췌)
1999년 11월 태백산 천제 단.
늦가을의 한기가 스며들고
산천이 붉은 옷으로 갈아입는 초겨울 문턱에서,
땅에 떨어져 뒹구는 낙엽을 바라보며
이제까지 살아온 인생의 무상함을
새로이 맛보며 산길을 걸어가고 있다.

얼마 전까지만 해도
저 높은 나뭇가지 위에 매달려
싱그러움을 자랑하며 하늘을 향하여
도도히 치솟아 있었으리라.

나도 모르게 발걸음을 멈추고

저 높고 파란 늦가을 하늘을 바라보며
주마등처럼 스쳐 지나가는
지난날들을 회상하고 있었다.

저자의 내면 신명과 대화를 속삭이며 주고받고 있었는데 갑자기 어디선가 알 수 없는 음성이 들려왔다. 환청인가 귀를 의심하며 사방을 두리번거렸다. 그러나 내 주위에는 나 말고는 아무런 형체도 없었다. 돌연 무서움과 불안감이 소름 끼치듯 엄습해 왔다.

바로 그때였다.
머리 바로 위에서 또렷하고 낭랑한 소리가 들려왔다.

'하늘'
"그대는 내가 누구인지 아는고?"

'저자'
깜짝 놀라며
"네? 누~누구세요!"

'하늘'
"……(묵묵부답)"

'저자'
"태백산신님이십니까?"

'하늘'
"……(묵묵부답)"

'저자'
"혹시 그~럼.
하늘이시옵니까?"

'하늘'
"앞으로는 "천황님"이라고 불러야 하느니라.
내가 너에게 무슨 말을 하려고 왔는지 알고는 있는 게냐!"

'저자'
"모르겠습니다.
그러나 느낌으로는 알 것도 같습니다만."

'천황님'
"말해 보거라!"

'저자'
"아니옵니다.
잘못 말하면 큰 벌을 받을까 두렵습니다.
천황님께서 직접 말씀하시옵소서!"

'천황님'
"허~허, 그래!

그럼 내가 말하마.
그대는 지금의 인간세상을 어찌 보고 있느냐?"

'저자'
"바로 혼돈의 세상이며 도리와 선심은 어디로 가고 악심만이 가득한 금전만능의 선천세상입니다."

'천황님'
"바로 보았느니라.
도덕은 없어지고 자기만을 아는 세상이니라.
네가 세상의 정신을 천지개벽시켜 바로잡아 보려느냐?"

'저자'
"네? 제가 무슨 능력이 있어서 그 엄청난 일을 해낼 수 있습니까"

'천황님'
"아니다. 네가 갖고 있는 마음의 문을 모두 열고, 살아오면서 배웠던 지식 즉 고정관념들을 모두 버리고 마음을 무(無)로 만들 수 있겠느냐?"

'저자'
"네! 쉽지는 않겠지만 최선을 다해 보겠습니다."

'천황님'

"그러면 내가 너에게 하늘의 증표를 내려주겠노라.

내가 너에게 나를 대신하여 하늘의 명을 천지인 세계에 내릴 수 있는 나의 증표와 정기를 내려줄 것이니 받아둬라.

너는 이제부터 천지주인인 나의 대행자가 되며 나의 화신, 현신, 분신과 같으니라. 나의 뜻을 만 세상의 인간, 조상, 신명, 영들에게 존귀하게 널리 알리는 龍의 제국을 세워주려고 나의 화신, 현신, 분신 즉 대행자가 될 인간 육신의 몸을 오랜 세월 기다리며 찾고 있었느니라.

내가 너를 이 세상에 탄생시킴은 이미 내가 점지해 놓은 천지창조의 일부이니 능력 없다 하지 말고 하늘, 조상, 신들, 영들의 원과 한을 풀어주기를 바라느니라. 인간의 나약한 능력으로 세우는 것이 아니라 하늘인 내가 세워 줄 것이다. 너의 생각대로 행하지 말고, 내가 내려주는 나의 명대로만 네가 행하여 주면 되는 것이니라.

그러니 너의 잘난 능력이 하나도 필요 없고, 오로지 나의 선택만이 중요할 뿐이니라. 네가 너무 잘나 있으면 나의 말을 무시하고 따르지 않을 것이니 능력 따위는 중요하지 않으며 오직 나의 말대로만 네가 충실히 행하여 주면 되느니라.

너희 인간들만 한이 많고, 원이 많은 게 아니고 우리 천상세계에도 원과 한이 너무 많이 있느니라. 인간 세상에 하늘이 수많은 계시를 내려주어도 하늘이 원하는 대로 이행하지 않아서 하늘도 속이 터지니라. 내려준 계시를 인간 마음대로 해석하고, 안다 하여도 바로 행하여 주지 않기 때문이니라.

그래서 내가 그대를 하늘 뜻을 받드는 나의 화신, 현신, 분신으로 삼고자 함이니 천상의 진귀한 기운을 내려주면 하늘이 학수고대하였던 龍의 제국을 세우라. 하늘의 한과 원을 풀어주면, 인간세상에서 지금까지 이루지 못했던 영생과 구원, 도통을 하늘이 이루게 해 줄 것이니라. 하늘이 너희 사람 몸에 천인합체, 신인합체되지 않고는 인간 스스로는 아무것도 할 수 없음을 알려야 하느니라."

'저자'
"대단히 죄송합니다. 저희 사람들이 생각하기에는 창조주이신 천황님과 천상의 신명들은 아무런 부족함도 근심 걱정도 없는 줄 알고 있었습니다. 하늘께서 그런 근심 걱정과 원하시는 것이 있는 줄 이제야 알게 되었으니 참으로 송구스럽습니다. 그저 하늘만 바라보고 열심히 기도 드리면 모든 것이 다 되는 줄 알고 있었습니다."

'천황님'
"그래도 오늘 이렇게 대화가 통하니 천만다행이고 하늘인 나의 뜻을 너에게 전하니 속이 후련하구나. 세상 사람들은 나의 존재에 대해서 너무 모르는 것이 많도다. 나의 모습을 본 사람들이 없는데 나의 모습을 어찌 알겠느냐?

내 모습을 보거라."

'저자'

"예, 모습이 잘 안 보입니다. 발이 12층 아파트 크기로 보입니다. 우리 인간의 모습이시지만 체구가 상상을 할 수 없을 만큼 놀랍습니다. 용안은 너무 높아서 잘 안 보입니다."

'천황님'

"그래, 내 키가 너무 커서 볼 수 없음은 당연하니라. 이제 내가 몸을 축소하여 너의 눈에 보이게끔 하여 주마."

광풍이 일어나더니 황금 옷을 입고 서 계신 모습이 들어왔다. 그렇게 키를 줄여주셨다 해도 약 3미터는 넘어 보였다. 좌우에는 28명의 선녀와 창검을 치켜들고 있는 호위 군사들이 V자 형태로 서 있는 모습이 수백만 명은 넘어 보였다. 주위가 온통 금색으로 반짝이며 빛나고 있었다. 나도 모르게 재빨리 큰절을 5배 올렸고, 무릎을 꿇고 앉았다.

면류관 같은 관을 쓰고 용안에는 미소를 머금고 계셨다. 오른손에는 황금으로 된 어떤 명패를 들고 계셨고, 허리에는 빨간 띠를 둘렀으며, 가슴 가운데는 배구공 크기 정도의 둥그런 원형 안에 문양이 새겨져 있었고, 오색광채가 빛나면서 회전하고 있었다.

'저자'

"영광입니다. 저에게 천지주인이신 천황님 모습을 보여주시니 감사하고 또 감사합니다."

'천황님'
"이제, 일어나라. 나의 모습을 너에게 보여줌은 지상에서 하늘의 뜻을 펼치는데 나의 형상을 보여주어 자신감을 주고, 대우주 연방제국 세계가 존재하고 있음을 깨닫게 함이니라."

'저자'
"예, 알겠습니다. 감히 천황님의 뜻을 따르겠나이다."

'천황님'
"고맙구나! 내가 익히 나의 뜻을 펴려고 너를 선택하여 그들을 제도하고 감찰하게 함이니 세상을 바로잡아 가거라. 그대를 나의 화신, 현신, 분신인 "대황제" 관명으로 후천 세상에 내려보냈으니, 억만 년의 운수를 펴서 하늘의 뜻을 널리 전하고 龍의 제국을 우뚝 세우도록 하라."

'저자'
"예! 命 받들어 모시겠나이다."

'천황님'
"하늘의 핏줄과 성품을 지녀, 龍의 제국 천인과 천손으로 탄생할 나의 자손들을 헤아리지 못할 정도로 많이 보내줄 것이고, 그들 천인, 천손들로 하여금 그대를 구심점으로 결집하여, 하늘인 나의 뜻을 만 세상에 함께 펼쳐 나가게 도와주도록 해줄 것이니라."

'저자'
"예. 그럼 조상들과 영들, 신명들의 세계는 어떻게 부리며 인간세상은 누가 다스리나이까?"

'천황님'
"네가 마음먹고 생각한 대로 움직여줄 것이며, 말을 하지 아니하고 생각만 하여도 신명들은 즉각 나의 황명을 받아 그대가 원하고 바라는 대로 행할 것이므로, 네가 원하고 바라던 일들이 현실에서 즉각 이루어지는 천변만화의 조화를 두 눈으로 똑똑히 보게 될 것이니라. 그러니 함부로 나쁜 마음을 갖지 말며 장난삼아 시험해서도 절대 아니 되느니라."

'저자'
"그리 엄청난 하늘의 일을 어찌 저에게 내리시나이까?"

'천황님'
"그것은 이미 만물의 정기 속에 수십억만 년 전부터 그렇게 정해져 있었고 이것 역시 하늘인 나의 뜻이니라."

'저자'
"예, 이제 모든 궁금증을 풀어주셨으니 살아 있는 동안 천지 주인이신 천황님의 뜻을 널리 알리고 펼치겠나이다."

'천황님'
"나를 감동시키는구나!

전지전능한 나의 기운으로 천지인 천상지상 공무를 볼 것이다. 그때는 세상에서도 하늘이 땅에 내려온 걸 인정할 것이니라.

하늘을 청함에 부끄럽지 않게 행해야 하며, 내가 늘 지켜보고 있음을 한시도 잊어서는 아니 될 것이니라. 나와 일심동체(천인합체, 신인합체)가 되기 위해서는 갖추어야 할 것이 있으나 그것은 그대만이 알고 있어야 하니라.

또한 후천세상을 여는 하늘의 시가 있으니, 그때가 바로 21세기가 첫 시작되는 2001년 입춘일 입춘시가 될 것이며 반드시 천기(天紀)의 기원을 써야 하느니라.

그리고 너희들 인간, 조상, 영혼, 신명들은 조상승천 의식, 천인합체 의식, 신인합체 의식을 행하여야 전생의 모든 죄와 현생을 살아가면서 지은 죄를 나로부터 사면 받아야 천상 천궁 세계의 기운을 받을 것이니라.

우선은 지옥에 갇혀 있는 너의 직계좌우 조상 영혼들부터 구원해 천상 천궁으로 승천시켜야 나의 뜻을 지상에 알리고 펼치는데 큰 장애가 되지 않을 것이니라.

그것은 네가 아직은 육신을 가진 인간이기에 너의 몸 안에 너의 수많은 조상 영가들이 모두 들어와 너와 함께 오랜 세월 동 고동락하며 살아가고 있기 때문이니라."

'저자'
"예, 명심하겠습니다. 천황님!"

'천황님'
"알려줄 것이 더 있느니라. 인류가 원하는 세상이 열리려면 개벽이 따를 것이니라. 악령들을 소멸하기 위하여 천지개벽이 일어나고, 세상이 혼돈스러워질 것이니 놀라지 말거라. 기울었던 지축이 바로 서게 될 것이며, 남극과 북극의 빙하가 모두 녹아내릴 것이니라.

세상이 새로 태어나 바로 서기 위해서는 필연적으로 겪어야 할 과정이니라. 이것을 알고서 악령들이 발동하여 서로 헐뜯고 죽고 죽이는 살벌한 풍경이 눈앞에 펼쳐지리라. 악령들은 교화하여도 개과천선이 불가능한지라 어쩔 수 없구나. 이런 후천 대개벽을 거친 후에라야 새로운 태평성대 세상이 열릴 것이니라.

하늘의 존재를 진정으로 인정하여 나의 명을 받들어 천인합체, 신인합체가 이루어진 천인, 신인들과 조상승천 의식을 행하여 불쌍한 자기 조상 영혼을 구원한 천손들만이 천지개벽 대재앙에서 구사일생으로 살아남아 신인류 문명의 새 터전을 만들 것이니라."

'저자'

"예, 높으신 하늘 천황님의 뜻을 만 세상의 인간, 조상, 신명, 영들에게 신문지면과 조상승천 의식, 천인합체, 신인합체 의식을 통하여 널리 알리겠나이다."

그랬다. 천황님은 지구에 대재앙이 있고 난 후, 대비책을 상세히 말씀해 주시고 계셨다. 새로운 진리의 후천 정신문명 세계는 천심天心 천덕天德 천행天行 천복天福 사상이다. 하늘의 마음으로 하늘의 덕을 쌓으며, 하늘처럼 행하면, 하늘의 복을 받는다.

인간의 마음속에는 항시 선한 마음과 악한 마음이 공존하고 있는 바, 지금의 세기말 세상은 혼탁하고 악령 기운이 가득한 시대임을 사람들 모두가 알고 있다. 21세기에는 하늘 천황님의 사상으로 악령의 기운이 급속히 사라져갈 것이며, 그 후에는 선남선녀의 착한 마음으로 살게 되고, 龍의 제국에서 천인, 신인들이 정신적 지도자가 되어, 수많은 사람들을 인도해 나갈 것이다.

하늘께서는 천지인 모두를 영도하시며 龍의 제국을 세우시고, 새로운 정신문명의 세계를 강력하게 펼쳐주신 것이다. 수많은 사람들이 천인, 신인이 되어 龍의 제국에서 생로병사를 초월하여 무병장수하는 龍의제국에서 살게 된다.

누구든지 천인합체, 신인합체가 이루어지면 얼굴 또한 그 연령에 맞는 젊고 윤택한 피부를 갖고 살아가게 된다. 인간의 수명이 천인합체, 신인합체로 상당히 늘어날 것이다.

인간의 한계 수명이 아닌 천인, 신인의 수명으로 살아가게 되니 얼마를 더 살 수 있도록 해주실지는 천황님의 고유 권한이시기에 섣불리 예측을 할 수 없지만 인간의 상상을 훨씬 뛰어넘는 이변이 일어날 것이라 본다.

노화가 진행되고 있는 사람들도 천인합체, 신인합체를 행하면 천황님께서 내려주시는 천지기운으로 피부가 다시 활력을 찾는 신기한 현상들이 일어날 것이다. (책 中에서)

24년의 세월을 거슬러 과거 1999년으로 돌아가서 천지창조주 하늘을 찾기 위한 초기 단계에 기도하러 설악산 신선봉, 삼각산, 천마산, 관악산, 인왕산, 도솔산, 두륜산, 주왕산, 금오산, 팔공산, 천황산, 팔봉산, 지리산, 한라산, 속리산, 무등산, 내장산, 모악산, 덕유산, 마이산, 마니산, 금산, 일본 후지산, 황궁, 금강산, 백두산 천문봉, 장춘, 훈춘, 경박호, 발해, 해란강, 용정, 두만강, 만리장성, 자금성 천단 등 국내외 명산대천을 두루 주유천하하던 시절이었다.

이 당시 찾은 천지창조주 하늘이 현재의 대우주 창조주 거대 황룡 절대자 龍의 대통령이다. 천지창조주가 거대 황룡이라는 진실을 2023년 2월 4일 처음으로 공개했다. 이 책을 읽는 독자들에게는 천문이 열렸으니 각자 선택만 남았다.

수백수천 살 장수 비결

　수백수천 살을 살 수 있는 수명장생을 이룰 수 있는 새로운 비결이 있다. 龍의 대통령 인간 육신이 윤회한 15개의 행성들 중에서 지구는 인간 수명이 가장 짧은 꼴찌 행성이었다.

　왜 수명이 짧은 것인가 궁금할 것이다. 대우주 연방제국에서 절대자(거대 황룡)를 배신하고 반란을 일으킨 가장 크고 무거운 죄를 짓고, 지옥별 행성 지구로 도망치고 쫓겨난 자들이 살아가는 역천자 행성이 지구이기에 평균 수명이 88세 전후이다.

　대우주 연방제국에서 탐욕 때문에 거대 황룡 절대자를 배신하고, 역모 반란에 가담한 역천자의 대역죄를 빌어서 죄를 사면받으면 수명을 수백수천 년으로 늘릴 수도 있다.

　龍의 대통령 인간 육신이 10번째로 환생하였던 '시라게노타리케스' 행성에서는 파충류 얼굴을 가진 파충류족으로 환생 윤회 수행할 때 3,115년을 살았던 천생이 있었다.

　龍의 대통령 인간 육신이 사망 후 457년이 지나서 외계함선의 핵공격을 받아 멸종하였고, 핵방사능 오염으로 현재는 무생명체 황무지 행성이 되었다.

외계 행성인들의 아이큐는 185, 190, 280, 410, 415, 592, 615, 710, 980, 2,185, 11,050, 10,200, 왕급은 41,000인데 비해 지구인은 아이큐가 평균 85~114이고, 상위 그룹이 140, 177, 198, 228 정도라 외계 행성인들과는 비교가 안 되고, 龍의 대통령은 무량대수 이상으로 측정 자체가 불가하다.

이들 외계 행성의 문명 발전도 지구보다 각각 230년, 800년, 820년, 1,100년, 1,800년, 2,000년, 2,100년, 2,790년, 4,250년, 11,000년, 18,000년, 21,570년, 72,000년 앞서 있다.

외계 행성인들 수명은 각 행성마다 115년, 175년, 180년, 185년, 220년, 230년, 250년, 280년, 310년, 420년, 650년, 1,020년, 3,200년, 4,500년인데, 지구인은 88년이다. 龍의 대통령 인간 육신은 최대 수명이 14,920살로 설정되어 있다.

위에서 보듯이 지구인들은 아이큐도 가장 낮고 수명이 가장 짧으며, 문명도 뒤처져 있다. 죄인들이기 때문에 100살도 못 산다. 다른 행성에서는 지구인들의 수명을 보고 비웃는데, 외계 행성인들에 비하면 100살은 신생아에 속한다.

지구에서는 최장수가 중국의 청나라 말에 한의사 이경원(1677~1933) 256살이라고 하는데, 외계 행성에 비하면 수명이 상당히 짧은 것을 알 수 있다.

기업인들, 권력자들, 정치인들, 상류층들은 난생처음 들어보는 공상소설일텐데, 북두칠성 제5별 염정성에 지구 포함 그 레이엄 수에 달하는 우주 행성인들에 대한 모든 자료와 영상과 문서 기록물이 보관되어 있기 때문에 알 수 있다.

현재 80억 인류는 물론 여러분 개개인의 영상과 문서 기록물도 보관되어 있기에 천생록을 요청하면 뽑아서 알려 줄 수 있다. 천상에서의 대략적인 삶을 뽑을 것인지, 세부적인 삶을 뽑을 것인지는 선택 사항인데, A4 용지 3장~30장 분량까지 다양하고, 페이지 분량에 따라서 며칠이 소요되기도 한다.

공상 소설 같은 SF급 이야기라고 무시하고 부정할 사람들도 있을 것인데, 그것은 여러분의 영적 지식이 낮기 때문에 첨단 우주 문명을 받아들이지 못하기 때문이다.

기라성 같은 영적 능력을 가진 영험한 자들조차 龍의 대통령 능력을 따라올 수 없으며, 그들조차도 부정하며 사이비로 매도할 것이기에 선택받아 뽑히려면 이 책의 내용을 다른 사람들과 절대로 공유하거나 말을 섞으면 안 된다.

오히려 부정 타서 龍의 대통령에게 선택받지 못하고, 본인들만 우스운 꼴이 되어 천운의 기회가 박탈되는 낙동강 오리알 신세가 된다. 불가능이 없는 이상향의 신인류 세상이 열리고 있으니, 이 책의 내용을 액면 그대로 받아들여야 한다.

龍의 대통령 인간 육신은 여러분보다 고차원적인 영적 지능을 갖고 있기에 평범한 사람이 아니다. 천상신명, 저승사자, 龍들의 주군이고, 이들을 자유자재로 불러서 대화를 나누고, 공무 수행의 명을 내리기에 인간들의 상상을 초월하는 이적과 기적이 무수히 일어난다.

우주는 끝이 없는데, 고도의 첨단 문명을 가진 외계 행성인들이 무량대수 이상 그레이엄 수로 살아가며, 10,000경 광년 거리에 살고 있는 외계 행성인들과 실시간 대화를 나눌 수 있으니, 독자들은 공상 소설이라고 말할 수밖에 없다.

지구는 그레이엄 수에 달하는 수많은 우주 행성들 중에서 문명이 가장 낙후된 행성이고, 지능 역시 가장 낮은 단계의 죄인들이 살아가는 역천자 지옥별 행성이다. 그래서 첨단 문명 발전과 짧은 수명을 수백수천 살로 늘리려면 龍의 대통령을 따르는 것이 최선의 방법이다.

2020년 4월 17일 일요일에 지구보다 100배 큰 큐브 같은 '벤카스탈로 토화단디유스물'이란 외계 함선의 '이오사쿤다밧 토리베이투튼' 함장 신명이 영적으로 저자를 찾아왔었는데, 대·중·소의 원반형 비행선과 공중에 떠 있는 원추형 건물을 지을 수 있는 우주 첨단기술 공법을 앞으로 30년 내외에 龍의 대통령에게 전수하기로 약속하고 돌아갔다.

신비스런 능력자 神人類

　신인류가 되면 언제 어느 때 갑작스런 천재지변이 일어나더라도 재난의 중심에 서 있지 않게 된다. 괴질 바이러스 코로나19가 일파만파 전파되어도 龍의 대통령 기운을 받으면 백신을 맞지 않아도 되고, 감염이 안 되는 신비함이 있다.

　힌남노 태풍으로 포항의 아파트 지하 주차장에 물이 차서 여러 명이 죽었고, 동작구에 반지하 방에 물이 차서 일가족 3명이 참변을 당하고, 서초구 강남역 사거리 폭우로 맨홀에 휩쓸려 들어가 죽고, 수천 대의 외제차와 차량들이 침수되는 피해가 발생해도 144,000명의 신인류들은 재난의 중심에 서 있지 않게 미리 그곳으로 가지 않도록 기운으로 막아준다.

　인간들은 한 치 앞에서 일어나는 일도 모르지만 천상신명들은 모두 알고 있기에 때문에 재난의 장소를 미리 피해 가게 해주니, 이보다 좋은 일이 어디 있겠는가? 이처럼 龍의 제국 144,000명의 신인합체 신인류는 제2의 목숨이다.

　천상신명은 상대의 마음을 염력으로 조종할 수 있을 뿐만 아니라 모든 재난을 피할 수 있도록 실시간 인도해 준다. 신인합체는 금전으로 환산할 수 없는 엄청난 값어치를 갖고 있지만 이런 진실을 모르고 있다.

이 세상을 살아가면서 남들보다 먼저 144,000명의 재벌 신인류 반열에 오르는 사람이 성공자가 된다. 언제 어떤 위급한 상황이 발생할지 모르는 풍진세상에 여러분의 목숨과 안위, 돈과 재물, 권력과 명예, 가정과 기업을 24시간 무탈하게 지켜줄 수호신이 되어줄 것이니, 얼마나 좋은 일인가?

신인합체 신인류는 자신을 위해서 가장 빨리 꼭 해야 할 일이며, 신인류가 되면 인류 문명 발전에 선각자가 될 것이고, 더불어 세계를 물질적, 정신적으로 정복시키는 신인의 대열에 오르는 엄청난 일이기에 상류층은 神人類가 되어야 한다.

또한 때가 되면 가야 할 저승길을 늘릴 수 있는 수명장생의 길이기도 하다. 태초 이래 아무도 성공하지 못하였던 신인류의 꽃이 마음 하나 바꾸면 현실로 다가오는데, 150살, 200살, 300살, 400살, 500살, 1,000살, 3,000살, 5,000살, 7,000살, 10,000살을 사는 신인류 시대가 열린다.

144,000명의 재벌 신인류가 되려 하는 사람은 우선 고정관념으로 가득 찬 마음의 벽을 과감히 깨부수어야 하고, 그동안 보고 들은 사상과 이론의 굴레에서도 반드시 해방되어야 한다. 龍의 대통령이 인류에게 한 번도 경험한 적이 없는 위대한 세상을 열어줄 것이다.

가장 크게 죄를 묻는 것이 배신의 죄이다. 지구상의 모든 종교는 천상에서 도망치고 추방당한 배신자 역천자들이 세운 것이기에 중벌로 다스리므로, 살아서도 죽어서도 심판의 형벌을 피할 길이 없는 아주 무서운 곳이다.

인간 육신을 갖고 있으면서 공식적인 신이 되는 일이며, 신인이 되면 여러 가지 천변만화의 조화가 육체 내부나 인간세상에서 무궁무진하게 일어나게 되어 혈기 왕성해지고, 육신이 젊어지는 것을 몸소 직접 생생히 체험하게 되는데, 화장품을 쓰지 않아도 될 정도로 피부가 윤택해진다.

사람들의 능력으로는 할 수 없는 상대방의 마음을 천상신명이 바꾸게 할 수 있으며, 내 편으로 만들 수 있다. 특히 계약이나 결혼에 실패하는 사람은 상대의 마음을 이끌어내어 내 뜻대로 따르게 만들 수 있다.

멀리 떨어져 있는 사람을 전화 오게 하거나 신과 귀신의 형상을 볼 수 있고, 대화를 나누며 특정 경지에 도달하면 신비스런 능력이 생기고, 악신과 악령들의 침범을 천상신명이 막아낼 수 있는 대단한 능력도 생긴다.

신인합체한 천상신명은 시공간의 거리에 제약을 받지 않기에 상대방의 국가나 회사의 회의 내용도 직접 가서 보고 들어서 육신에게 알려줄 수 있고, 혼이 나가 있는 뇌사자의 영혼도 다시 불러들여 정상인으로 되돌아오게 만들 수 있다.

이 모든 것은 각자가 신인(神人)의 반열에 오르면 해낼 수 있는 일들이며, 인간이 말하면 신들이 직접 해내는 것이기 때문에 현실로 이루어지는 것인데, 어떤 등급의 천상신명과 신인합체를 행할 것인지에 따라서 능력이 천차만별이다.

신명들도 각자가 맡은 바 영역이 있기에 천상의 신명과 신인합체가 되면 무속인이 되지 않고 신인 자체가 되는 것이며, 신의 정기가 육신에 들어오면 인간 육신이 개벽을 하게 되어 지금과는 완전히 다른 삶을 살아간다.

노화된 세포는 모두 밖으로 배출하고 새로운 젊은 세포가 만들어지는데, 이제 이론이 아닌 실제 체험으로 하나씩 이루어질 것이다. 더 이상 종교의 굴레에 묶여서 종과 노예가 되지 말고, 아이큐 100조짜리 천상신명이 되어야 한다.

천상의 신명을 인간 몸의 신인합체로 수많은 144,000명의 재벌 신인류들을 龍의 제국에서 무수히 배출시켜 세상을 다스린다. 신인류 탄생은 龍의 제국 절대자 龍의 대통령에 의해서만 가능한 의식이기에 다른 곳에서는 불가능하다.

천계의 수많은 신들이 인간 몸으로 내리는 신인합체 신인류 탄생이 권력자와 상류층 여러분을 24시간 지켜줄 것이고, 오래도록 지배 계급으로 살아가는 유일한 방법이다.

龍의 대통령의 참뜻은 세상에 144,000명의 재벌 신인류를 배출하는 것이다. 인간들이 해석을 잘못하여 신내림을 받고 있다. 이제 때가 되어 144,000명의 신인합체 신인류 세상이 열리니, 때를 놓치지 말고 천상의 신명들과 신인합체해야 살아남는다.

천상에서 선택받은 상단 상품의 큰 신명들이 의식 품계 등급에 따라 차등으로 차례대로 하강할 것인데, 수명 장생과 구원은 교회에서 기도하고 예배하거나, 도인들이 산속에서 수행한다고 이루어지는 것이 아니고 신인합체가 되는 순간부터 이루어지는 것이다. 영들은 龍의 제국에 들어와 천인합체 의식을 행하면 천상에 올라가서 영생할 수 있다.

즉 신인합체와 천인합체가 종교인들이 갈구해 오던 영생과 구원, 도통의 세계이고 유토피아 지상천국 세상이 열리는 길인데, 이처럼 멀리 있는 게 아니고, 내 눈앞에 현실로 존재하고 있어도 부정적인 마음을 바꾸지 못하고 또한 악들의 노예에서 해방되지 못하기 때문에 신인, 천인이 되는 길을 모르고 엉뚱한 곳에 매달리며 살아가고 있다.

수많은 예언가들의 말대로 동방의 나라에서 무수한 신인들이 출세하여 전 세계를 정복할 그때가 눈앞에 다가왔고, 천손민족의 후예들이 세계 초강대국으로 발돋음하여 인류를 마음껏 자유자재로 통치하는 신인류 시대가 열린다.

144,000명의 재벌 신인류들이 배출되면 인간들을 몸종처럼 자유자재로 부리게 되는데, 예언이 현실로 이루어지는 것 또한

신이 사람 몸을 빌려 행하는 것으로 사람 몸이 없으면 神은 무용지물이다. 신인, 천인들의 품계에도 천차만별의 상하 차등이 있으니, 경제 능력이 되면 최고 단계로 하면 된다.

교주, 교황, 추기경, 신부, 수녀, 목사, 장로, 종정, 총무원장, 도인, 도사, 법사, 보살, 무당이 있지만, 각자 역할과 사회적 신분이 모두 각기 다른데, 신과 인간이 결합하여 무슨 일을 할 때 천변만화의 신인조화, 천인조화가 이루어진다.

신인, 천인으로 재창조되면 지구상에 역대 모든 교황, 천황, 황제, 왕, 대통령, 재벌 총수보다 더 큰 성공과 출세를 하는 상상초월의 대단한 의식으로 최고의 성공자, 최후의 승리자이다.

인생의 성공과 출세의 기운은 龍의 대통령이 갖고 있고, 죽어서도 천상의 삶을 보장해 줄 수 있는 거대 황룡 절대자 龍의 대통령을 친견 알현하는 사람들은 태어나서 최고의 행운아, 천운아가 되는 지름길이며, 가문의 대영광이다.

거대 황룡 절대자 龍의 대통령은 지구 행성에서 구원과 심판의 천상지상 업무와 인류의 사후세상 운명을 판결하고, 천상계와 저승계 지옥세계를 실시간 주관하고 있다.

살아서 144,000명의 재벌 신인류 신인, 천인이 되려는 사람들은 금전으로 환산할 수 없는 엄청난 천재일우의 기회를 얻는 천운아이기에 반드시 이 책을 끝까지 정독해야 한다.

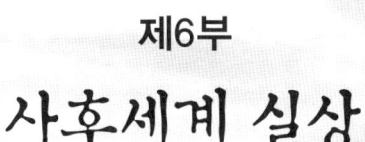

제6부
사후세계 실상

조상을 박대하면 벌받아

어떤 종교에서는 조상을 사탄 마귀라고 몰아붙이는데, 그렇게 말하는 자신들이 추앙하며 받들고 있는 성인 성자 숭배자들도 엄격하게 따지면 외국계 조상들이 아닌가?

하늘에서 왔다고? 성령으로 잉태했다고? 봤나? 양성을 갖고 태어났나? 성령으로 태어났다는 그 말을 곧이곧대로 2,000년을 믿고 있는 사람들은 도대체 아이큐가 몇인가? 말을 한참 배우는 2살짜리에게나 통하는 말이다. 남자의 정자가 저절로 방사되어 무인 비행이라도 했다는 말인가?

음양 교합의 기본 이치도 모른다는 말인가? 지금은 어른이지만 어릴 때 "엄마~ 나는 어디서 태어났어?" 하고 물으면 다리 밑에서 주워왔다 또는 다리 밑에서 태어났다고 말해 준 추억을 기억할 것이다.

아이들에게 부끄러워 엄마와 아빠가 합궁으로 잉태하여 자궁에서 열 달 동안 키워 음부로 태어난 것이라고 솔직하게 말해 주어야 맞는 말인데, 대부분 엄마들이 성적 수치심으로 다리 밑에서 태어났다, 주워왔다는 말을 해주었다.

말을 처음 배우는 두 살배기 아이들에게 성령으로 잉태하여 낳았다고 말해 주면 믿을 것이지만, 남녀 교합의 이치를 모두 알고 있는 어른들이 상식 이하의 성령 잉태를 믿는다는 것은 어불성설인데, 그래도 믿는다면 그것은 각자 자유이다.

나 이외에 신을 믿지 마라. 조상에게 제사 지내지 말라는 뜻으로 조상을 박대하는 말을 했을 것인데, 천벌 만벌을 받게 된다. 자신들도 언젠가 죽으면 조상이 될 것인데, 자신의 영적 존재를 부정하는 못난 짓이 아니던가?

조상 부정은 자기 부정인데 그래도 좋다고? 악마들이 자신의 목숨줄이라고 생각하며 구원해 줄 것이라 굳게 믿으며 다니고 있는데, 그들이 진짜 사탄 마귀 악마라면 어떻게 할 것인가? 악마 사상에 빠진 사람들은 하늘처럼 떠받들고 있겠지만 그들은 하늘도 아니고, 악마들의 수하들일 뿐이다.

여러분을 구원해 주려고 존재를 밝히는 절대자 거대 황룡 龍의 대통령을 처음에는 이해 못 하지만 사필귀정이란 말이 있듯이 언젠가는 밝혀지기에 진실이 승리하게 되어 있다.

우주 행성들과 지구 행성 전체가 악마 사상으로 가득 찼다. 거대 황룡 우주의 절대자가 가장 싫어하는 것이 악마 사상이 난무하는 행성들인데, 차례대로 파괴하여 멸종시키고 있다. 지구 행성도 마찬가지이다. 龍의 대통령 인간 육신이 윤회했던 대다수 행성들이 파괴되어 멸종되었다. 마지막으로 이 세상의 상류층들인 기업인들과 권력자들, 정치인들이 이 글을 인정 못 하면 지구가 파괴되고 인류 종족 멸종으로 황무지 행성이 되거나 외계인들이 이주해서 지배할 것이다.

　거대 황룡 절대자는 우주 행성뿐만이 아니라 지구 행성 그 어느 곳에도 ○○악의 악마 사상을 세우라고 허락한 적이 없다. 살기 좋은 무릉도원의 대우주 연방제국에서 거대 황룡 절대자를 배신하여 역모를 일으키다가 도망치고 쫓겨난 역천자 죄인들 주제에 왜? 다시 천상으로 돌아가려고 하는 것인가?

　어디 가면 천상으로 돌아갈 것인지 알아보느라고 이곳 저곳으로 다니며 염탐하는 것이던가? 이 책을 집필하는 이유는 진실을 찾아 방황하고 있는 자들에게 말진사 2024년 2월 4일 이전에 한번 더 기회를 주고자 함이다.

　인간 육신들아~! 너희들만 돈과 재물, 권력과 명예를 누리며 잘 먹고 잘살면 안 되느니라. 너희들에게 수천 년 동안 사탄 마귀라고 박대당한 우리 조상들도 잘살면 안 되겠느냐?

　너희들을 낳은 조상들은 사십구재, 천도재, 지장재, 수륙재, 지노귀굿, 조상굿, 위령미사, 추도미사, 추모예배, 매년 지내주는 제사와 차례, 명당자리 호화 산소, 호화 납골묘, 명절 때마다 성묘 오는 것 다 필요 없다. 우리는 받아 먹지도 못하고 그곳에 있지도 않기에 헛걸음, 헛고생하는 것이다.

이미 축생, 곤충, 벌레로 무한 반복 윤회하였거나 지옥으로 잡혀가서 있는데, 무엇을 받아먹을 수 있단 말이더냐? 너희들은 사후세계 무서움을 전혀 모른다. 죽음의 사후세계를 소풍 가는 것쯤으로 당연하게 생각하는데, 엄청 무섭고 두려운 곳이고, 살려달라고 하소연할 데가 없는 곳이다.

살아서는 사후세계 진실을 몰랐기에 종교 열심히 다니며 설법과 설교 듣고 시주, 헌금, 성금 많이 내고, 사십구재, 천도재, 지장재, 수륙재, 지노귀굿, 조상굿, 위령미사, 추도미사, 추모예배 드리면 자연적으로 천국, 천당, 극락, 선경세상으로 가는 줄 알고 있었지만 모두가 새빨간 거짓말이다.

살아생전에는 매년 지내 주는 제사와 차례, 명당자리 호화 산소, 호화 납골묘, 명절 때마다 성묘하러 오는 것을 최고로 생각하고 있었는데, 막상 죽어보니까 세상에서 들었던 내용과는 사후세계가 너무나 달라서 울고 불고 살려달라, 구해 달라 대성통곡하며 손발이 닳도록 빌어도 아무 소용 없다.

지옥세계 옥졸들에게 오뉴월 개패듯 얼마나 얻어 터지고 있는지 상상이나 해봤느냐? 남녀 모두 살아생전에 신분과 지위 고하를 막론하고 발가벗긴 알몸 상태에서 불에 달군 시뻘건 쇠꼬챙이로 온몸과 자궁, 항문을 찔러대는 형벌을 받고 있다.

지옥 저승사자 옥졸들에게 350억 가지 종류의 형벌을 모두 차례대로 받아야 된다니 미쳐버릴 지경이다. 지옥에 떨어진 죄인들 모두 살아서 종교 열심히 다니고 시주, 헌금, 성금 많이 내고 죽어서는 자손 후손들이 사십구재, 천도재, 지장재, 수륙재, 지노귀굿, 조상굿, 위령미사, 추도미사, 추모예배 드렸다.

그리하면 살기 좋은 천국, 천당, 극락, 선경세상으로 올라갈 줄 알았다며 이게 어떻게 된 일이냐고 아우성치며 울고 불고 난리들인데, 이제는 울지도 못하고 처절한 고통의 비명소리만 들려오고 하루 24시간 중에 10분만 잠을 재우고, 나머지 시간은 온통 고문 형벌 집행의 시간이다.

그런 지옥에서 고문 형벌받는 죄인들이 저마다 자신들이 살아생전 믿었던 자들 명호 이름을 외치며, 살려달라고 아우성을 치고 있는데, 아무도 구원해 주러 오지 않고 있다.

또 어떤 죄인들은 지옥의 고문 형벌이 시험이라면서 연단시키는 것이라고 희망을 갖고, 참아야 한다며 기다리는 자들도 있지만, 결국은 악들이 세운 사상에 몽땅 속았다는 것을 알게 되는 계기가 있었다.

죄인들 하나하나 보여줄 수 없기에 수백억 명이 모일 수 있는 대광장에 모이게 해놓고, 대형 스크린으로 천상의 대우주 연방제국에서 평화롭게 살았을 때 모습과 절대자를 배신하고 역모에 가담하였다가 실패하여 지구 행성과 다른 외계 행성으로 도망치는 적나라한 모습들을 동영상으로 보여주어서 지구 행성에 태어난 것이 행운이 아닌 죄인이란 것을 알게 된다.

지옥도에 수감된 죄인들의 각자 행성들 모습과 살아서는 볼 수 없었던 악마들과 경전, 사진, 숭배 형상, 성화, 탱화, 불상, 종교 비품의 실체를 아주 상세하게 보여주는데, 악마 자체의 무섭고 흉측한 모습들이어서 온몸에 소름이 돋고, 벌벌 떨리며 식은 땀이 흐르고 토악질이 나오며 허탈감에 빠진다.

　그러면서 지옥사자 옥졸 대장이 말하길 우주 행성들과 지구 행성 모두 악마들에게 빙의되어서 악마를 믿었다고 하면서, 지구 행성에 살아 있는 자손과 후손들에게 어서 빨리 악마에서 벗어나 무조건 龍의 대통령을 빨리 찾으라고 말한다.

　악마들은 천상의 대우주 연방제국 황실에서 도망친 역모 반란 괴수의 수하들인데, 지구 행성 전체를 악마의 행성으로 만들어 악마 지옥에 가두었다. 그런데 거대 황룡의 기운으로 영들이 악마 사상에서 깨어나 龍의 대통령을 만나 천상으로 돌아가지 못하게 수천 년 전부터 수많은 악마 집단을 세워 무수한 세월 동안 세뇌시켰다.

　종교를 세운 악마들은 생사령(산 사람 영혼과 조상)들의 영성이 언젠가는 깨어나 천상으로 돌아가려는 회귀본능을 잘 알고 있어서 절대자를 찾을 것이란 심리를 이용하여 자신들이 구원자, 메시아, 구세주, 상제, 미륵불, 정도령이라고 수천 년을 세뇌시키며 영들의 부모님을 자청하였다.

　악마들은 지구에 2024년 2월 4일 말진사를 앞두고 심판 때

龍의 대통령이 출현할 것을 이미 수천 년 전부터 알고 있기에 대비하려고 지구 전체를 악마 백화점을 만들어 사상적으로 세뇌시켜서 龍의 대통령을 만나 천상의 대우주 연방제국으로 돌아가지 못하도록 온갖 종류의 종교 집단을 세웠다.

지옥도 저승사자 옥졸 대장이 구원은 거대 황룡 절대자 龍의 대통령 한 분의 고유 영역이자 고유 권한이기에 아무도 흉내 낼 수 없고, 지구 행성의 수많은 자들은 구원 능력도 없지만 구원해 줄 수도 없다고 말했다.

살아 있는 우리들의 모든 자손과 후손들아~! 여기는 다른 우주 행성들의 외계 행성에서 잡혀온 외계인들도 많은데, 지구인들은 외계 행성인들에 비하면 숫자가 적다. 이들도 다른 행성에서 악마 사상을 믿다가 잡혀온 사람 모습이 아닌 온갖 형상을 가진 종족들이며, 그 숫자들이 어마어마하게 많다.

악마 사상을 믿는 사람들이든 안 믿는 사람들이든 살아 있는 모든 사람들에게 악마, 악신, 악령, 사탄, 마귀, 요괴들이 이미 정신을 지배하고 있기에 구원자로 나타난 龍의 대통령을 오히려 가짜라고 매도할 것이기에 이들 악마들의 속삭임을 뿌리치고 이 책 내용을 100% 믿어야 구원받는 길이 열린다.

그동안 인류 모두는 악마의 진실을 몰라보고 조상을 사탄 마귀라고 박대하여 울리고, 가슴에 씻을 수 없는 커다란 상처를 남긴 사람들은 조상 뵐 면목이 없을 것이다.

이 책을 읽고 이제라도 자신의 잘못된 생각을 버리고 조상 전에 죄를 용서 빌 수 있는 마음이 간절한 사람들은 오늘이라도 용서 빌며 효도할 수 있는 마지막 구원의 문이 열려 있다.

여러분들 생사령(산 사람 영혼과 조상)의 절대자 부모는 아무도 찾지 못했다. 악마들이 전하는 자들이 부모가 아니다. 모든 숭배 대상자들의 영성과 영체는 2019년 11월~12월경에 모두 추포하여 처단하였고, 그들의 수하들만 남아 있는데, 그 숫자가 그레이엄 수라서 너무 많아 일일이 추포하지 못하였다.

이 책은 기업인, 권력자, 정치인 위주로 볼 것인데, 악마에게 완전히 빙의된 인간, 영혼, 조상, 신명들은 구원의 시험 관문을 통과하기가 매우 어려울 것이기에 여러분들이 강력한 의지를 갖고 부정하는 악마들의 기운에서 벗어나야 선택받는다.

여러분들이 정신 못 차리고 악마 사상이 맞다고 우겨대면 구원자 龍의 대통령으로서도 달리 구원의 방법이 없다. 이 세상을 먼저 살다 간 여러분의 조상들처럼 지옥에 떨어져서 350억 가지 종류의 형벌받을 각오가 되어 있어야 한다.

조상들을 사탄 마귀라고 박대하고, 여러 곳에서 좋은 곳으로 보내는 의식한 것이 오히려 조상을 지옥으로 인도했기에 통절하게 죄를 용서 빌어야 한다. 지옥에서 고통받고 있는 조상들을 구하지 않는 기업인, 권력자, 정치인들의 인간 육신과 생령(영혼), 신명은 구원 대상자에서 완전히 박탈당한다.

사후세상 실상 간접 체험

육적으로 성공을 거둔 사람들은 영적인 성공을 이루어야 완벽한 성공이 되는데, 이것이 말처럼 쉽지가 않고, 거의 대부분의 사람들이 육적인 성공을 최고로 여기며 살아가고 있다. 육적인 성공과 영적인 성공 중에서 어느 쪽의 성공을 원하냐고 물으면 99.99%가 육적인 성공을 원한다고 대답할 것이다.

육적인 성공이란 돈과 재물, 권력과 명예를 최대한 거머쥐는 것인데, 이것은 살아 있을 때 몇십 년의 부귀영화일 뿐이다. 찰나에 지나가는 일장춘몽이란 사실을 깨닫지 못하고 한세상 살다가 죄를 닦지 못하고 떠나는데, 죽어서는 죄를 빌 수 없다.

육적인 성공과 출세의 몇십 년 세월은 찰나에 불과하다는 것을 죽어서야 깨닫게 되지만 이미 때늦은 뒤이다. 영적인 성공만이 영원한 성공이란 것을 하루라도 빨리 깨닫는 자가 진정한 현자이자 승자이다.

나는 새도 떨어뜨리는 권력과 태산 같은 돈과 재물을 거머쥔 왕이나 대통령, 재벌 총수들도 가는 세월을 견디지 못하고 부귀영화를 모두 내려놓고, 안동포 수의 한 벌 얻어 입고 오동나무

관에 누워서 저세상으로 떠났다.

　이들은 육신의 부귀영화를 누린 대신 죽어서는 언제 끝날지 모르는 사후세계 7개 지옥도 산하에 각 지옥마다 1,000경이나 되는 지옥에서 차례대로 350억 가지 종류의 고문 형벌을 받다가 소멸되거나 다른 행성에서 축생으로 윤회, 지옥도 압송이 반복되는 불행이 기다리고 있다.

　죽어서 영생하는 편안한 삶을 사는 성공자가 될 것인지, 아니면 지옥세계로 압송당하여 끝없는 세월 동안 물 한 모금 먹을 수 없는 고문 형장으로 끌려갈 것인지 육신 살아서 빨리 뉘우치고 깨달아 어서 빨리 용의 대통령을 친견 알현해야 한다.

　형장에서 지르는 절규에 찬 비명 소리가 무한 반복으로 끊이지 않는 형벌을 받는다고 생각해 본 사람은 없을 것인데, 하루 10분을 제외한 23시간 50분 동안 보도 듣도 못한 고문 형벌을 저승사자 옥졸들에게 받게 된다. 지금은 죽어보지 않아서 이런 내용이 소설처럼 들릴 것인데, 머지 않아 직접 체험하게 될 사람들이 99.99%이다.

　제발 30분 만이라도 형벌을 멈추게 해달라고 애걸복걸하지만 저승사자 옥졸들이 들어주지 않고, 형벌 집행이 이어진다는 무서운 사실을 모르고 살아간다. 인간 교도소처럼 가두어놓고 형량만 채우는 것이 아니라 말 그대로 무서운 형벌이 집행되는 형장이다. 고문에 못 이겨 죽으면 다시 살려내서 고문 형벌을 끝도 없이 집행한다.

　육적인 성공에 도취되어 천국이나 지옥이 어디 있느냐고 부정하는 자들도 많은데, 지옥법도는 한 치의 오차도 없는 무섭고 지엄한 곳이다. 육적인 성공과 영적인 성공 중에서 하나를 선택하라고 하면 99.99%가 육적인 성공을 선택한다.

　눈에 보이지 않는 사후세계 법도를 전혀 모르기에 당장 눈에 보이는 육적인 성공을 선택할 것인데, 살아서는 아무리 알려주어도 자신의 이상이나 종교에서 보고 들어 알고 있는 사상과 다르다는 이유로 받아들이려 하지 않기에 마이동풍이다.

　사람들은 악들이 세운 수천 년 된 사상이 맞다고 맹신하며 현생과 내생을 의지하고 있는데, 악마 사상 믿는 자들은 한 명도 구원받지 못한다. 악몽에서 깨어나라고 말해 주는 것이다.

　이렇게 강하게 말하는 것은 여러분에게 구원받으러 오라고 말해 주는 것이 아니라, 절대자의 원과 한을 글로 세상에 알려서 가슴에 맺힌 응어리를 풀기 위함이기에 받아들일지 여부는 상관이 없다. 이런 진실을 전하는 자체가 절대자의 가슴에 오랜 세월 피맺힌 원과 한이 조금은 풀어지기 때문이다.

　거대 황룡 절대자를 만나지 못해서 보는 손해는 상상을 초월하는 천문학적인 금전보다도 더 큰데 여러분의 몫이다. 많은 자들이 구원받는 것을 원하지 않는데, 이것은 천상의 죄가 너무 커서 차라리 지옥으로 압송되어 고문형벌을 받으라는 뜻과 일맥상통한다. 행으로 짓는 죄도 죄이지만 말과 글, 마음과 생각으로 지은 죄가 더 큰 죄이다.

죽음을 눈앞에 둔 사람들은 마지막으로 하늘이시여~! 죄를 용서해 주소서~! 각자들이 무슨 죄를 지었는지도 모르고 죄를 용서해 달라며 빌고 있으니, 어리석은 인간들이다. 천상에서 거대 황룡 절대자 龍의 황제에게 어떠한 죄를 지었는지 알지도 못하며, 어떻게 죄를 빌어야 하는지도 모르고 있다.

이 세상에 태어나 착하게 살았다고 지옥으로 가지 않을 것이라고 생각하며 살아가고 있는 사람들이 대다수인데, 여러분은 기억이 없어서 모르겠지만 천상에서 지은 죄가 가장 크다.

인간 세상의 죄만이 아니고 천생, 전생, 현생에서 마음과 생각, 말과 글, 행동으로 지은 죄업이 얼마나 큰지 알아야 한다. 육적인 죄는 인간세상의 법도에서 교도소에서 고문 형벌 없이 몇 년에서 몇십 년 정해진 형량만 채우면 되는데, 영적인 죄는 무한대이고, 그 고통은 인간 육신으로는 감내할 수 없는 아주 무서운 고문 형벌을 받게 된다.

최악의 죄는 대우주 절대자 龍의 황제(거대 황룡) 龍의 대통령 인간 육신을 비난한 죄이기에 죽어서 수백 명 죽인 살인죄보다 더 무섭게 고문 형벌로 다루지만, 지금은 육신이 살아 있기에 죽음 이후 세계를 받아들이려 하지 않고, 비아냥거리며 공상이나 소설로만 받아들일 것이다.

절대자 龍의 황제(거대 황룡), 龍의 대통령 인간 육신에게 죄를 지은 자들은 우주 멀리 어디로 도망갈 곳도 없고, 숨을 곳도 없다. 육신을 잃어버린 영들은 추포 명을 내리면 머나먼 우주 저 멀리 숨어 있더라도 龍의 대통령에게 수 초 이내로 압송되어 잡혀오기에 도망 갈 곳이 없다.

상상 속의 세상으로 알려진 천국과 지옥이 과연 실제로 존재하는지 궁금하지만 한편으로는 두렵다고 생각하는 것이 사실이다. 대우주 연방제국인 천상제후국(천국)에서 욕심부리다가 지옥별인 지구로 쫓겨난 자들이 현생의 인류라는 경악할 진실을 인정할 사람들이 있을 것인지 그것이 문제이다.

각자 인간들은 천상의 삶에 대한 기억이 까마득하기에 소설이나 공상세계 이야기처럼 들려 인정들을 하지 않는데, 천상에서 신명으로 역모에 가담하여 도망친 악마들은 수십억 년 전 천상에서의 삶을 생생히 기억하고 있다.

이번 생에 구원자와 심판자로 하강한 龍의 대통령을 상세히 알고 있기에 메시지를 뿌려서 소설이라며 무시하고 부정하며, 인간, 영혼, 조상, 신명들을 세뇌시켜서 구원받지 못하게 악마들이 발악하고 있다.

수면 시간 10분, 형벌 350억 가지

악마들은 절대자 龍의 황제(거대 황룡), 龍의 대통령이란 관명으로 언젠가 지구에 출현한다는 것을 이미 14,920년 전부터 알고 있었기에 지구에 온갖 악마 집단을 세워놓고, 龍의 대통령을 알아보지 못하게 악마 사상으로 세뇌시켜 놓았다.

악마들이 세운 사상을 믿어야 구원받는다고 수천 년의 역사를 이어오면서 경전으로 뿌리내리다 보니, 절대자 龍의 황제(거대 황룡)가 龍의 대통령이라고 진실을 말해 주어도 반신반의하며 무조건 부정하는 심각한 지경에 이르렀다.

그러나 인간, 영혼, 조상, 신명들인 여러분들이 믿든 말든 진실을 전해 주는 것이다. 짧은 인간세상은 몇십 년 안에 끝나는데, 죽음 이후 고문 형벌이 가해지는 사후세계는 영원히 이어지는 줄도 모르고 악마들에게 매달려서 마음을 의지하고 있다.

각자들이 천상에서 지은 죄의 두께가 얼마나 크면 진실을 알려주어도 받아들이지 못하고, 인간세상 눈높이로만 생각하며 바라보는지 한심할 뿐이다. 그래서 악들이 세운 사상에서 벗어나지 못해 결국 지구와 인류의 운명은 끝나게 되어 있다.

절대자 龍의 황제(거대 황룡)가 龍의 대통령이란 진실을 말해 주어도 인정 못 하는 자들은 영원히 구원받지 못하거나 영혼 자체가 지옥으로 압송되어, 고문 형벌을 받다가 소멸되는 불행을 맞이한다.

사람들은 천국과 지옥이 있다고 믿기도 하지만, 살아서 가보지 않았기에 반신반의하기도 한다. 지금부터 말하는 것은 지옥도 대표 수장이고, 세상에 많이 알려진 염라국 대왕이 말해 주는 내용들이다. 명부전 10대왕 임기는 4,500억 년이고 현재 4,150억 년째 재임 중이다.

현재 7개 별의 동두칠성 1개 별마다 크기는 지구보다 20억만 배이고, 지옥도 성주들은 7명인데, 동시에 임명되었기에 임기는 2,000억 년이며, 28억 년째 재직 중이다. 성주들이 집행하는 고문 형벌의 종류는 350억 가지 종류이다.

불지옥 적화도, 얼음지옥 한빙도, 무기로 형벌을 가하는 무기도, 물속에 잠겨 놓고 식인 물고기에게 잡아먹히는 형벌의 수옥도, 포박당한 채로 악귀들에게 당하는 형벌의 악귀도, 피색으로 물든 조류 악귀들에게 살과 피를 빨아먹히는 형벌의 혈조도, 아무것도 없는 곳에 환청, 환각으로 자해하는 형벌의 무환도, 한빙도 얼음동굴에 갇혀 괴수들에게 잡아먹히는 형벌의 빙굴도 등 다양하고, 7,000경의 지옥이 있다.

예를 들면 불지옥 적화도 1개 지옥도에 1,000경의 지옥이 있다는 뜻이고, 지구인들의 영혼들만 가두는 지옥이 아니라 대우주의 모든 생령, 사령, 축생령, 악귀, 악령, 사탄, 마귀, 요괴, 아수라 등과 다른 외계 행성 생명체들까지 함께 투옥시키기에 지옥이 아주 방대하다.

龍의 대통령을 통해서 살아생전 구원의 명을 받지 못한 자들이 반드시 가야 할 지옥도이다.

제1 천옥도는 도선성주이고 인간 남성이며 수하는 2,300경
제2 천옥도는 비란성주이고 흑호 수컷이며 수하는 2,100경
제3 적화도는 자보성주이고 인간 남성이며 수하는 9,100경
제4 한빙도는 언문성주이고 인간 남성이며 수하는 6,400경
제5 지옥도는 나문성주이고 인간 남성이며 수하는 4,800경
제6 지옥도는 거단성주이고 까마귀 수컷이며 수하는 3,500경
제7 지옥도는 양군성주이고 인간 남성이며 수하는 4,200경

저승사자 신명들로 동두칠성 지옥도 조직이 구성되어 있는데, 지구인들만 가두는 감옥이라면 1개 지옥도마다 수천 경의 저승사자 수하들이 굳이 필요 없을 것이다. 지옥도는 여러 명을 한꺼번에 수용하지 않고, 1인 독방으로 가로 세로 1.5m 크기인 0.7평에 남녀 모두 알몸 상태로 닭장 우리, 개장 우리와 같은 곳에 가두고 있다.

아파트형 창살 감옥이고, 최하 2,000층부터 15,000층까지 있는데, 모든 우주 행성의 생명체를 가두려면 무량대수이고,

일절 식사 제공이 없고, 침구류도 제공되지 않으며 희미한 등불 밑에서 자신이 어떤 상황에 처해 있고, 어떤 고통에 허덕이고 있는지 느끼게 해주고 있다.

죄인들에게는 아무런 배려가 필요없기에 물과 밥이 있어도 주지 않아 항상 배고프다고 울고불고 난리이지만, 사람들은 사후세계 고통을 볼 수 없기에 무시하고, 자신들은 죽으면 좋은 곳으로 태어날 것이란 착각 속에 살아간다.

구원받지도 못하는 악마 사상을 맹신하고, 온갖 돈과 재물을 바쳐서 의식하며 세월을 낭비하고 있는데, 지구 행성에 모든 악마 집단들은 소리 없이 무너지고 사라지게 된다.

인간들이 사는 세상인 지구 행성은 흔히 인간들이 말하는 인권 존중이라고 교도소에서도 호화롭게 지내지만, 지옥도에서는 역천자 인간들이 말하는 인권은 사치이다. 절대자 龍의 황제(거대 황룡) 龍의 대통령을 친견 알현하여 명을 받지 못하고 죽은 자들에게는 인권 존중이란 사치와 호화로움이기에 일체 배려라는 것이 없다.

지옥에서 잠을 자는 시간은 하루 10분을 주는데, 그 이외 시간은 쉬지 않고 고문 형벌을 받는다. 그만큼 처절하고 비참한 곳이 지옥세계이다. 형벌을 집행하는 고문 시간이 인간들에게는 무서운 시간이지만 염라대왕과 저승사자 신명들에게는 환희의 희열을 느끼는 즐거운 시간이다.

쉬는 시간 없이 형량 만기될 때까지 24시간 중 10분 수면 시간을 제외하고, 23시간 50분은 계속해서 고문 형벌을 받는데 대다수 형량이 인간 시간으로 1,000년~4조 7,500억 년 정도 되고, 출소하면 축생으로 윤회하거나 소멸되는 비운을 맞이한다.

지옥이라 하니까 전설의 고향에 나오는 상상 속의 지옥으로 알고 있는 경우가 대부분인데, 실제 존재하고 있으며 고문 형벌의 종류가 350억 가지가 있고, 수천 경의 지옥도가 있지만 지면상으로 일일이 목록을 나열할 수가 없다.

그중에 불사막 지옥, 불바다 지옥도 있는데, 불사막 지옥은 모래알 자체가 뜨거운 새빨간 불 알갱이로 끝도 없이 이어지는 불사막을 걸어가는 형벌이고, 불바다 지옥은 바다 자체가 시뻘건 용암이 펄펄 끓는 지옥에서 허우적거리는 지옥이다.

죽으면 영혼 밖에 없는데, 무슨 고통을 느끼느냐고 생각할 사람들이 전부일 것인데, 살아 있을 때와 똑같은 참혹한 고통을 느끼고, 추위와 배고픔도 인간일 때와 똑같이 느낀다.

물과 밥, 양주, 고량주, 막걸리, 소주, 술, 고기, 찌개, 전, 떡, 과일이 지옥도에도 있지만 성주들과 염라대왕, 저승사자 옥졸들을 위한 음식이기에 죄수들에게는 그림의 떡이고 일절 아무것도 주지 않으며, 염라대왕과 저승사자들은 일반 신명들보다 고액의 녹봉을 받고 있다.

살아서 천상승천을 보장받아야

　죄의 종류에는 천차만별인데, 거대 황룡 절대자를 배신하고 능멸한 죄가 죄가 가장 크고, 그 다음은 악들이 세운 사상을 믿은 죄의 순이다. 모든 숭배자들 자체가 악들이 세운 것인 줄 몰라보고 맹신하고 다니는데, 죽어봐야 진실을 알게 된다.

　지구상에 존재하는 일체의 모든 종교 사상이 악마들이 세운 것이기에 악마 사상을 믿어서는 구원이란 존재하지 않고, 악들을 섬긴 죄로 인하여 지옥도 형벌만이 기다릴 뿐이다. 모태 신앙인이라고 자랑하는 자들이 많은데 그만큼 죄가 큰 자들이다.

　우주의 진실을 알려주어도 수천 년 된 역사와 전통만을 믿으며 진짜라고 생각하고 다니므로 귀에 들어오지 않고, 눈에도 들어오지 않는다. 모두가 악들이 세운 사상에 빠져 있기에 구원받을 자들이 거의 없다.

　이런 내용 역시 악마 사상에 빠진 자들이 생각하면 자신들은 좋은 세계로 갈 것이라고 믿기에 남의 일처럼 생각하거나 비아냥거릴 것이다. 영적 수준이 낮은 자들은 고차원적인 영적 세계 진실을 받아들이지 못한다.

그런데 지옥세계나 천상세계도 컴퓨터로 실시간 업무처리를 하며 각자들의 죄목을 기록한다. 지상의 각 나라 정부조직도와 기업들, 첨단과학 문명, 의학 문명이 모두 천상에서 내려온 것이고, 지상보다 과학 문명이 수만 년 앞서 있다.

지구는 우주 행성들 중에서 문명과 문화가 가장 낙후된 꼴찌 행성으로 지옥별이다. 지구 행성은 예상보다 빨리 최후를 맞이할 수 있다. 악교의 우상화, 신격화로 인하여 절대자 龍의 황제(거대 황룡), 龍의 대통령 분노를 샀기에 악교를 탈출하지 않는 이상 얼마 안 가서 지구와 인류가 함께 최후를 맞이할 수 있다.

지구와 인류의 운명은 龍의 대통령 인간 육신 생사 운명과 직결되어 있는데, 지구와 인류의 수명을 연장하려면 천상에서 지은 원초적인 역천자의 죄를 빌고 '龍의 제국'을 세우는 단 하나의 길이 남아 있는데, 어떻게 받아들일지 그것이 문제이다.

절대자 龍의 황제(거대 황룡), 龍의 대통령, 천상·지상·지옥 신명과 龍들이 원하고 바라는 '龍의 제국'을 여러분이 세우면 지구와 인류의 수명 연장이 가능하다. '龍의 제국'을 이 나라에 세우지 못한다면 지구와 인류의 운명은 천상설계도대로 우주행성 통제부 법칙에 따라 파괴 종멸될 수밖에 없게 된다.

이것은 우주의 법칙인 천기누설을 미리 알려주어 지구와 인류의 파멸을 막을 수 있는 기회를 주려는 것이다. 또한 龍의 대통령은 이 나라를 세계 최고의 대단한 나라로 만들어 지상낙원의 무릉도원 세계에서 함께 잘사는 세상을 세우는 것이다.

龍의 대통령 인간 육신은 지구와 인류가 종말을 맞는다 해도 두려움이 하나도 없다. 오늘이나 내일 지구가 파괴되어 인류가 멸종하더라도 대우주 연방제국으로 승천하게 되지만, 여러분들은 살아서 龍의 대통령 명을 받지 못하는 이상 모두가 동두칠성 지옥도로 입문하게 되어 있다.

그래서 '龍의 제국'을 세울 것이냐 말 것이냐가 거대 황룡 절대자, 龍의 대통령이 인류에게 내린 마지막 시험 문제인데, 여러분과는 직접 대화가 되지 않기에 책을 집필하여 글로 전해 주는 것이니, 이제 선택은 여러분들의 몫이다. 어떤 선택을 하느냐에 따라 지구와 인류의 운명이 좌우된다.

그리고 龍의 대통령 인간 육신을 위해서 580억 23,478,912년 전에 지구 행성을 창조하였고, 생명체가 살기 시작한 것은 46억 679,999년 전인데, 龍의 대통령 인간 육신이 세상을 떠나면 지구와 인류의 운명도 끝나고, 태양과 달, 북극성, 북두칠성도 사라지게 되는 충격적인 일들이 일어나게 된다.

이러한 천기누설을 알려주어도 믿어줄 자들이 없을 것이기에 지구와 인류의 운명은 정해진 우주행성통제부 운행법칙에 따라 집행될 것이다. 소설이라고 생각할 자들이 전부일 것이기에 기대는 하지 않지만 진실이니까 전할 뿐이다. 이제부터 오늘이 최초의 날이자 최후의 날이라고 생각하며, 살아가는 것이 가장 마음 편하고 이상적일 것이다.

지구는 천상의 역천자 죄인들이 살아가는 지옥별이기에 龍의 대통령 인간 육신을 마지막으로 파괴되어 종족이 사라지게 설계되어 있다. 공상 소설 같은 이야기라서 믿지 않을 것이다.

혹자들은 지구가 어떻게 파괴되느냐고 말도 안 된다고 하는데, 대우주를 창조한 절대자 龍의 황제(거대 황룡)의 무서운 능력을 모르기 때문에 하는 생각이다.

대우주에 행성(별)들을 하루에 30억 개씩 생성하기도 하고, 파괴도 한다. 지구는 고운 밀가루 입자 크기만도 못한 행성이기에 기운으로 파괴하는 것은 아주 쉬운 일이다.

이미 2020년 5월 31일 18:05에 지구 파괴, 인류 멸종을 예고하였기에 오늘 내일 최후의 날이 온다 하여도 전혀 이상할 것이 없다. 환생했던 14개 행성의 종족이 모두 멸종되었다.

마지막으로 '龍의 제국'을 세우는지 결과를 지켜보고 최종 판단한다. 공교롭게도 2020년 5월 31일 이날 갑자기 무한궤도(신해철)가 부른 "우리 앞에 생이 끝나갈 때" 노래가 나왔다.

즉, 절대자 龍의 황제(거대 황룡), 龍의 대통령이 내린 숙제를 여러분들이 풀어낼 것인지 말 것인지가 시험 문제인데, 지금까지 지난 세월을 보면 결국 풀지 못하고 최후의 날을 맞이할 확률이 99.99%이다. 천상의 배신자들이 살아가는 지옥별 행성이기에 굴복하지 않을 것을 알고, 오죽하였으면 지구 파괴, 인류 멸종이라는 최후의 천상설계도가 계획되었을까?

지금 지구에 태어난 세계 인류 모두가 천상에서 절대자 龍의 황제(거대 황룡)를 배신하는 역모 반란을 일으켰다가 실패하여 도망치고 쫓겨난 존재들임에도 불구하고, 천상의 삶에 대한 기억이 없어서 무슨 죄를 짓고 지구에 태어났는지 알고 있는 인간들이 하나도 없고, 천상의 삶을 가르쳐주어도 믿지를 않는다.

눈에 안 보이니까 소설이라 폄하하고, 지어낸 이야기라고 매도하는 자들이 많다는 것도 이미 실시간으로 지켜보아 모두 알고 있다. 이들은 죄목이 지옥장부에 실시간 기록되고 있기에 갑자기 불운과 불행, 고통을 맞이하게 된다.

○○악의 사상을 믿는 자들이든, 안 믿는 자들이든 이번 생이 구원받을 마지막 기회인데, 龍의 대통령 명을 받아 천상의 대우주 연방제국으로 승천하지 못하면 모태 신앙인이라도 동두칠성 지옥도를 면할 자들은 한 명도 없다.

현실이 고통스러우니까 갈등하며 도피하려는 생각을 갖고 자살하는 자들도 많은데, 이들 역시 바로 지옥도 고통과 불행의 시작이다. 죄목 중에 천상에서 절대자 龍의 황제(거대 황룡)를 배신하고 역모 반란을 일으킨 죄목이 가장 크다.

배신 때문에 천상에서 1·2차 역모 반란이 일어났었고, 그래서 지구로 도망치고 쫓겨난 자들이 이미 죽은 자들 모두와 현재의 80억 인류들이다. 그래서 지구와 인류가 이제는 최후의 날을 맞이할 마지막 단계에 와 있는데, 내려준 동아줄을 잡을 것인지 말 것인지, 각자들의 선택에 따라 지구와 인류의 운명이 연장되느냐, 끝나느냐가 달려 있다.

이 세상이 끝나기 전에 자신들이 천상에서 무슨 죄를 짓고, 지구에 태어났는지 궁금하지 않을까? 죽어서 지옥세계로 입문할 것인가? 죄를 빌어 천상의 대우주 연방제국으로 갈 것인가? 육신 살아 있을 때만 선택이 가능하다.

죽어서 모두가 지옥도로 압송되면 수억 년 동안 모진 고문 형벌이 기다리고 있는데, 인간으로 사는 몇십 년 짧은 세월 동안 태산 같은 돈과 재물, 권력과 명예를 거머쥐고 부귀영화 누리며 자랑한들 이게 무슨 소용일까? 독약과도 같은 것이 한편으로는 인간세상의 성공과 출세이다.

육신 살아서 龍의 대통령을 만나 천상승천의 명을 받지 못하고 죽는 자들은 龍의 대통령 인간 육신이 염라대왕 안내를 받아 동두칠성 지옥도를 시찰할 때 모두 만나게 될 것인데, 그때는 죄를 아무리 용서 빌어도 소용없는 일이다.

남녀 모두 발가벗은 알몸 상태 죄수들은 천상과 지구에서 어떤 죄를 지었는지 감방 푯말에 자세하게 적혀 있고, 동영상 스

제6부 사후세계 실상

크린으로 글 자막과 함께 죄를 지을 당시의 모습들을 생생히 다시 볼 수 있게 되어 있다.

천생과 전생, 현생의 죄가 너무 크기에 인류 최초의 엄청난 진실을 듣고도 믿지 못할 자들이 거의 전부일 것이기에 각자들이 타고난 숙명대로 살아가게 될 것이다. 미래의 지옥도 불행을 사전에 방지하라고 알려주어도 어떤 이유로든 받아들이지 못한다면 아무런 구원 방법이 없다.

한 치의 거짓도 없는 사후세계 실상 그대로이고, 더하지도 않았고 빼지도 않았다. 지금 살아 있는 인간들은 사후세계가 어떤지 잘 모르고 남들의 이야기만 귀동냥으로 듣고서 죽음을 대수롭지 않게 생각하며 살아간다.

쉬운 비교가 수박이다. 잘 익은 수박을 쪼개보지 않으면 초록색의 수박 속이 빨갛다는 것을 알지 못하듯, 지옥에 실제로 가보지 않으면 무서운 실상을 알 수 없다.

죽어 지옥에 가면 눈앞이 캄캄하고 절망감에 빠져서 할 말을 잊고 어떻게 해야할지 몰라서 쩔쩔매며 대성통곡하고, 아우성들이다. 무조건 龍의 대통령을 친견 알현하고, 천인합체 의식을 행하여 천상 승천을 보장받아 놓고 세상을 떠나야 지옥세상의 험한 꼴과 형벌을 면한다.

수명장수와 천상 회귀

유명 인사들이 장수한 사례를 보면 영국 여왕 엘리자베스 2세 1926년 4월 21일~ 2022년 9월 8일 97세로 사망. 베네딕토 교황 1927년 4월 16일~ 2022년 12월 31일 96세로 사망, 프랑스 여성 잔칼망 1875년 2월 21일~ 1997년 8월 4일까지 122세로 사망, 일본인 타나카 가네 1903년 1월 2일~2022년 1월 3일 119세 사망

롯데 신격호 1921년 11월 3일~ 2020년 1월 19일 (향년 만 98세) 99세로 사망, 현대 정주영 1915년 11월 25일~ 2001년 3월 21일 87세로 사망, 삼성 이병철 1910년 2월 12일~ 1987년 11월 19일 78세로 사망,

삼성 이건희 2014년 6월 17일 심근경색으로 쓰러져 6년 4개월 투병 생활. 1942년 1월 9일~ 2020년 10월 25일 79세로 사망. 홍라희 1945년 7월 15일~

역대 최장수 기록은 중국의 한의사 이경원(李慶遠) 1677~1933년 사망 256세. 200세에도 강연을 다녔고, 부인 24명, 자손 180명을 두었으며, 최장수하였지만 어디에 가 있을까?

이렇게 더러는 256살까지 살다가 죽은 한의사도 있지만, 결국은 죽는다는 것이고, 사후세상에서는 어디에 가 있는지 사람들은 알지 못한다.

이경원은 지금 현재 염라국의 제7 대왕 암변대왕이 관장하는 지옥도에서 백회혈부터 발바닥까지 가늘고 긴 독침이 박혀 녹아내리고 타들어가는 형벌을 받고 있는 중이다. 이처럼 살아서 龍의 대통령으로부터 천인합체의 명을 받지 못하고 죽으면 지옥도로 압송되는데, 수명장수한들 무슨 소용인가?

거대 황룡 절대자가 인간들에게 내린 한계 수명에서 벗어나서 살아가는 사람들도 더러 있지만 이건 아주 특별한 경우이고, 일반적으로는 사실상 불가능하다.

이처럼 최장수 수명을 누리다가 죽든, 왕이나 대통령, 재벌 총수들이 돈과 재물, 권력과 명예를 거머쥐고 부귀영화를 누리더라도 언젠가 모두가 죽게 된다는 것이 진리이고, 龍의 대통령을 만나 천인합체의 명을 받아 천상으로 오르지 못한다면 동두칠성의 7개 지옥도를 면할 자들은 이 세상에 하나도 없다.

거대 황룡 절대자가 인간들에게 내린 한계 수명에서 벗어날 수 있고, 천상계에서 내린 수명을 늘릴 수 있는 기운은 지구 행성에서 龍의 대통령 한 명만이 갖고 있다.

중국의 한의사 최장수 이경원의 천상에서의 삶을 기록한 천생록을 보면 천상에서 5,001억 년 전 거대 황룡 절대자의 복제 쌍둥이 '○○악'이 주도하는 1차 역모 반란 때, 약혼녀인 연인 집안이 역모 반란 참여로 숙청되어 쫓겨나게 되어 황제파인 자신의 집안을 뒤로하고, 사랑하는 연인을 쫓아 자결하였다.

한의사 이경원이 대우주 연방제국 밖으로 추방되면 지구 행성으로 환생될 것이라는 걸 알고 뒤쫓아 가고자 자결했다는 것은 천상계에서 벗어나 지구에서 살아보고 싶다는 욕망도 포함되어 있었다. 천상에서 의술학과로 양의학, 한의학을 다 같이 배웠는데, 지구 행성에 내려와 한의사가 되었다.

2차 역모 반란은 대우주 거대 황룡 절대자 장남의 후궁 전 황비 '하누'와 서자 '표경' 황자가 절대자의 황위를 찬탈하고자 황실 대신들과 3,333개 제후국들 중에 54%에 해당하는 1,800개국 제후들을 포섭하여, 13,700년 전에 일으켰다.

후궁 전 황비 '하누'가 자신의 아들인 '표경' 황자를 황태자로 옹립하려고 역모 반란을 주도하였던 것이고, 지구에 살고 있는 인류는 99.9%가 1차와 2차 역모 반란에 가담하였다가 실패하여 지구로 도망치고 쫓겨난 자들이다.

반란 기간 동안 많은 일들이 있었고, 여기 지구처럼 반란이 1년에서 2년 사이가 아닌 오랜 시간 동안 반란이 일어났었다. 인구가 어마어마하니 짧은 시간에 일어날 수가 없었고, 그많은 반란자들을 제압하고 색출하는데 소비한 시간도 엄청나게 소모되었다.

 반란군들을 짓밟으면 기어오르고 또 짓밟으면 더 기어오르니, 완전 소탕까지 1,000년의 세월이 걸렸다. 황실근위부대 인구보다 반란군들 숫자가 거의 100만 배 차이였었고, 그 기간 끝없는 환생 윤회로 공무수행이 집행되었다.

 2차 역모 반란의 주동자 전 황비 '하누'가 현재 기독교와 천주교에서 하나님, 하느님으로 추앙받고 있는 반란군 수장인데, 전 황비 '하누'와 서자 '표경' 전 황자는 2019년, 대우주 절대자 거대 황룡의 복제 쌍둥이가 'ㅇㅇ악'(천상에서 쓰는 실제 이름이고, 1차 반란 이후 지구로 도망쳐 와서는 나쁜 의미로 쓰이고 있다)과 처 유영인데 2022년에 龍의 대통령에게 추포되어 불지옥으로 압송 후 소멸당하는 비운을 맞았다.

 천상으로 오를 수 있는 천인합체 의식을 행하면 대우주 연방제국으로 승천할 수 있고, 의식 품계에 따라 황실 고위 공무원이나 3,333개 천상제후국의 벼슬(제후, 대신, 차관, 1급~9급 공무원) 자리에 제수될 수 있다.

 인간은 얼마까지 살 수 있나?
 영생이나 장생은 인류의 끝없는 욕망이지만 현재까지는 80~90세가 일반 수명이다. 그러나 이렇게 살더라도 언젠가는 죽어야 하는 것이 인간의 숙명인데, 잘살다 가는 사람, 못 살다 가는 사람, 기쁘고 행복하게 살다 가는 사람, 원과 한에 맺혀서 억울한 사람, 불행하고 슬픔으로 고통스럽게 살다 가는 사람 등 천차만별이다.

생명공학이 아무리 발달하여도 거대 황룡 절대자가 인류에게 내린 수명은 100~120세이지만 100세를 넘기고 산다는 것은 쉬운 일이 아니고, 몸이 건강하게 사는 사람도 있고 아프게 살아가는 사람들도 있다. 몸이 아픈 채로 100살을 살아간다는 것은 살아 있는 지옥의 삶 그 자체이다.

남녀의 차이는 있지만 여자는 건강하고 미모가 한참 무르익은 아름다운 나이인 40세 전후에 세상을 떠나는 것이 바람직한데, 아깝지만 행복한 사람들일 것이다. 반대로 남자들은 60세 전후에 세상을 떠나는 것이 가장 성공한 아름다운 인생이다.

사람들은 부자로 오래 사는 것을 복이라고 생각하지만 그것은 고통의 연속이고, 근심 걱정의 아픔과 슬픔의 지옥 같은 삶이다. 돈에 허덕이지 않고, 여유롭게 사는 것이 모든 사람들의 소원이지만, 돈이 많으면 인간의 자만, 거만, 오만, 교만이 가득하여 절대자를 찾지 않는 단점이 있다.

돈은 인간 생활에 꼭 필요한 것이지만 너무 많다 보니 두려움도 없고, 아쉬울 것이 없기에 인간 육신의 삶에만 치중하다 보니, 자신들의 죄를 사면해 주고 영혼의 고향인 천상으로 입국 여부를 판결하는 龍의 대통령을 찾으려고도 하지 않고, 몰라보다가 죽으면 지옥도와 축생계 윤회를 피할 수 없기에 사후세계 고통과 불행을 감수해야 한다.

인간들의 수명을 늘릴 수 있는 방법이 있다면 절대자가 점지한 수명을 늘리는 것이 우선적이고, 육신의 건강 관리가 따라주어야 한다. 수명은 인간 육신을 창조한 절대자 거대 황룡, 龍의 대통령 고유 영역이자 고유 권한이기에 수명 연장을 윤허받으면 영적으로 수명이 늘어나지만 건강 관리를 해야 인간의 한계 수명을 초월해서 살아갈 수 있다.

사람들은 자신들의 수명을 부모 조상들이 사망한 나이를 보면 얼추 짐작할 수 있다. 대다수 사람들의 평균 나이가 있기 때문인데, 나이가 많든 적든 성공하고 출세한 대통령과 재벌 총수들의 수명을 참조하면 될 것이다.

권력자 대통령이나 재벌이라도 40~50~60대에 죽는 사람들도 많다. 그래서 죽음은 돈이나 권력과 아무 상관이 없다. 60대를 넘어서면 남의 나이를 사는 것과 똑같고, 70~80~90대가 되면 99.99%가 세상을 떠난다. 국내 재벌 총수들도 70대와 80대 90대에 모두 떠난 것이 그 증거이다.

죽음의 원인은 주로 지병이나 노환인데, 물론 사고사로 죽는 자들도 있다. 어쨌든 인명은 재천이라 하였듯이 수명장수하는 것도 절대자 거대 황룡, 龍의 대통령 고유 영역이자 고유 권한이다. 왜 인간의 수명이 100년 남짓으로 정해진 것인지 인류 모두는 궁금할 것이다.

  그 이유는 인류 모두가 천상에서 거대 황룡 절대자를 배신하는 역모 반란의 죄를 짓고 왔기 때문에 원천적으로 100세 남짓한 수명으로 정해져 있다. 그래서 수명을 늘리는 1차적인 방법은 천상에서 어떤 죄를 짓고 지구에 태어났는지 천상의 죄를 알아내어, 죄에 상응하는 죗값을 치르고 난 뒤에 수명 연장을 천고 올려야 한다.

  100살, 150살, 200살, 300살, 400살, 500살, 600살, 700살, 1,000살, 1,500살, 2,000살, 3,000살, 5,000살, 7,000살, 9,000살, 10,000살에 도전할 수 있을 것이다.

  인간의 생명공학으로도 이런 것은 현재로는 불가능한 미지의 세계이다. 대우주의 행성인들마다 수명을 다르게 창조하였다. 어떤 외계인들의 수명은 평균 10,000~30,000살이기에 인간의 수명도 거대 황룡 절대자 앞에 죄를 빌어 사면받는다면 10,000살 이상까지도 살아갈 수 있는 길은 열려 있다. 아무도 시도해 보지 않은 영역이기에 절대자 거대 황룡, 龍의 대통령에 대한 믿음이 필요하다.

  그래서 인간의 수명을 늘리는 기본의식이 조상승천, 천인합체, 신인합체, 도인합체 의식을 행한 자들에게 주어지는 특권이다. 우주의 그레이엄 수 행성들과 행성인들 그리고 지구 행성의 천지만생만물은 절대자 거대 황룡, 龍의 대통령 기운으로 운행되고 있다는 진실을 인류 최초로 알려준다.

생명체마다 타고난 저마다의 수명이 정해져 있다. 수명 장생을 뜻하는 십장생은 해·산·물·돌·구름·소나무·불로초·거북·학·사슴이고 대나무·복숭아가 추가되어 12장생이다.

세상에 알려진 것과 달리 이들의 실제 수명은 사슴 20~25살, 학 80살, 거북이 200~300살이고, 최근 확인된 장수 생명체는 그린란드 상어 500살, 영국에서 발견된 조개는 507살이다. 소나무 500~600살, 느티나무 990살, 은행나무 1,200살로 밝혀졌다.

역천자 지구별 행성에서는 수명장수나 영생하기란 사실상 불가능한 이야기이다. 수명 장생은 龍의 대통령에게 기운받는 의식 절차를 밟으면 가능하고, 미지의 세계이지만, 오래 살고 싶은 사람들은 안 하는 것보다는 해보는 것이 나을 것이다.

인명은 재천이다. 대우주 절대자 龍의 황제(거대 황룡), 龍의 대통령이 영적으로 수명을 늘려줄 수 있지만, 과연 믿고 따를 것인지 그것이 문제이다.

천상에서 거대 황룡 절대자 龍의 대통령이 각자마다 인간들에게 천명으로 내려진 수명을 늘려놔야 육신이 수명 장생할 수 있는 길이 열린다.

조상들은 어디 가 있을까?

미스터리 추적- 천도 및 구원했다는 자신들의 조상들은 과연 어디 가 있을까? 그것이 궁금하다. 종교인들의 말처럼 천국, 천당, 극락, 선경의 좋은 곳으로 갔을까?

조상들은 사탄, 마귀라면서 제사 지내지 말라는데, 사람이 죽으면 천국, 천당으로 가라고 추모예배, 추도미사, 위령미사 드리는 교회와 성당의 이론은 앞뒤 말이 안 맞는다. 절에서는 극락왕생, 무속과 도교에서는 선경세상으로 조상 천도한다는 각종 종교 의식들을 열심히 행하고 있다.

구원, 천도는 절대자 거대 황룡 龍의 대통령 고유 영역이자 고유 권한인데, 악들이 남발하고 있다. 지구 행성에 세워진 악교라는 곳은 대우주 연방제국에서 절대자를 배신하고, 역모 반란을 일으키다가 도망치고 쫓겨난 악신들이 인간 육신을 빌려서 세운 것이기에 구원, 천도는 무량대수의 우주 행성이든 지구 행성에서는 애초부터 불가능하다.

우주를 모두 창조한 상위 포식자 거대 황룡인 절대자의 윤허 없이는 절대 불가능한 일인 줄 몰라보고, 악들이 좋은 세계 보내준다고 현혹하며 회유하여 각종 여러 의식들을 행하고 있는데, 모두가 소용없는 일이지만 인간의 능력으로는 알아볼 수가 없으니 믿을 수밖에 없다.

거대 황룡 절대자를 배신하고 지구로 도망쳐 악교를 세운 자들에게 천상으로 회귀하는 구원과 천도의 고유 능력과 고유 권한을 내려주지 않았기 때문이다. 악교에 빠진 사람들은 참으로 말도 안 된다고 황당하게 생각할 것이지만 이것이 진실이라면 여러분들은 어떻게 할 것인가?

상류층 여러분들이 비싼 돈을 들여 지극 정성으로 부모 조상들과 가족 망자들을 위해 좋은 곳으로 가시라고 구원, 천도했는데, 과연 소원 발원대로 천국, 천당, 극락, 선경세상의 좋은 곳으로 갔을까 의심해 보았는지 묻고 싶다.

멍텅구리 천도와 구원 의식이다. 좋은 데 가셨다고 하면 믿을 수밖에 없는 것이 현실이지 않은가? 눈에 보이지도 들리지도 않기에 조상, 영혼, 영가들이 좋은 곳으로 갔을 것이라고 믿을 수밖에 없다.

참으로 답답할 수밖에 없다. 유명한 자들이라 하더라도 사후세계를 넘나들고 천상세계, 지옥세계, 윤회(환생)세계를 정확히 알 수 없기 때문에 그러려니 할 수밖에 없다.

그래서 龍의 대통령을 만나면 상류층 여러분들이 천도, 구원해 드렸다는 자신의 부모, 형제, 조상, 가족들의 영혼, 영가들이 지금 어디에 가 있는지 실시간 라이브로 불러서 확인시켜 줄 수 있는 우주 행성과 지구 행성에서도 단 하나의 전무후무하고 유일무이한 천지대능력자가 龍의 대통령이다.

지구 행성 뿐만이 아니라 우주에는 무량대수의 행성들이 있는데, 여기에는 순천자 행성과 역천자 행성이 존재하고 있고, 의식을 행하였으면 악들에게 붙잡혀서 악들의 행성으로 데려가 종이나 노예로 삼는다.

만생만물의 축생, 곤충, 벌레로 태어난 경우가 많고, 지옥으로 압송되어 고문 형벌을 받고 있는 자들도 많은데, 인간의 능력으로는 확인할 길이 없기에 알 수가 없다.

그저 천도재, 구원의식 열심히 행하고, 명당자리 잡아서 호화 산소 만들고 제사와 차례, 성묘를 지내는 것이 인간들이 할 수 있는 일들이다. 죽은 망자와는 통신이 안 되기 때문에 눈에 보이는 의식, 관습과 풍습으로 전해지는 제례문화를 따를 수밖에 없는 것이 모두의 현실이다.

龍의 대통령을 친견 알현하여 영혼, 영가들을 불러보면 죽어서 어떻게 되었는지 금방 확인할 수 있다. 개, 소, 돼지, 닭, 뱀, 곤충, 벌레 등등으로 태어났는지, 산천초목이나 풀, 모래알로 태어났는지, 생명체가 아닌 생활집기로 태어났는지, 화장실 변기로 태어났는지, 프라이팬으로 태어나서 불지옥을 체험하고 있는지, 불지옥 용암 속에서 살려 달라고 하는지, 외계 행성으로 잡혀가서 종이나 노예로 있는지 등등 모든 사후세계 진실이 밝혀진다.

여기가 진짜인데 왜 몰라보느냐고 천상신명들과 龍들, 저승사자도 가슴을 치고 있다. 악마를 믿어서 무엇하겠다고? 별의별 이상한 악교를 믿는 자들도 악의 행성에서 왔기에 악마 사상으로 가득 차 있다.

죽은 조상, 영혼, 영가들도 살아서 악마 사상을 열심히 믿었고, 본인들 역시 골수 신도이기에 무조건 좋은 세계로 갔을 것이라고 생각하고 있겠지만, 그것은 각자들의 착각들이므로, 속 시원하게 확인해 봐야 한다.

상류층 여러분들도 지금 악마들이 세운 종교를 열심히 다니고 있는 사람들이 거의 전부일 텐데, 과연 여러분은 죽어서 어디로 가는지 알고 있는가? 영들이 가고 싶다고 아무 데나 갈 수 있는 것이 아니기에 함부로 단정하는 것은 위험하다.

살아 있을 때 龍의 대통령을 만나면, 죽어서 어디로 가는지 상세히 알 수 있고, 지구 행성에 태어나기 전 어디에 있다가 태어났는지 천생록과 전생록을 알 수 있다. 믿음을 맹신하지 말고, 살아 있는 거대 황룡 절대자 龍의 대통령을 친견 알현하면 현생과 사후까지 모든 진실을 속 시원히 알 수 있다.

지구에 무슨 죗값 바치러 태어났나

죗값 바치러 지구 행성에 태어났다는 제목의 글을 쓰자 원고를 출판사에 넘기지도 않았고, 책이 출간되기도 전인데 여러 가지 형태 각양각색의 반응들을 보이고 있었다.

죗값? 무슨 죗값을 바쳐? 내가 무슨 죄를 지었다고? 누구에게 죗값을 바치라는 건데? 별 희한한 책을 다 보겠네. 난 착하게 살았고 죄를 지은 것 하나도 없어. 법을 어긴 적도 없고 떳떳해. 사기꾼 아냐? 왜 돈을 바치래?

절대자가 돈을 좋아해? 뭐 절대자가 거대 황룡이라고? 도무지 이해가 안 되네. 에이 씨~ 하늘 사칭하는 사이비 아냐? 하나님, 하느님을 악의 수하라고 하지 않나. 종교가 악교라고 하는데 당최 이해가 안 되네. 분명 벌받을 거야.

에이 씨~ 책 안 봐. 덮어버려야겠다. 쓰레기통에 처박아야지. 책값이 아깝네. 별 미친 책을 다 보네 등 온갖 종류의 각양각색 마음들을 보여주고 있는데 당연히 그럴 만하다.

목숨처럼 믿고 있는 종교(악교)를 비판했으니 열성 신도들 입장에서는 황당하고 어이없고, 기가 막히고, 코가 막히는 일이 분명하다. 알지도 못하는 천상에서의 1·2차 역모 반란 운운하고 있으니, 무슨 공상 소설을 쓰느냐고 말들을 한다.

그렇다. 인류는 천상의 ○○악, 유영, 하누, 표경이 누군지도 모른다. 악이 기운으로 퍼뜨린 종교에 다니는 사람들 입장에서는 핵폭탄급 발언이다. 천상의 진실을 알 수 없기 때문이지만, 이렇게 알려주어도 믿지 않을 거 알고 있다.

말도 안 되는 황당한 내용이기에 그럴 수 있다. 어떤 종교든지 아무리 열심히 믿어도 지옥에 떨어진다고 진실을 알려주는 것이다. 종교 믿으면 죽어서 지옥 간다는 것 안다면 아무도 악교(종교) 안 다닐 것인데, 지옥이 보이지 않아서 다닌다.

지구에 태어나게 해준 것은 죄를 빌어 구원받으라고 기회를 준 것인데, 이런 진실을 아무도 모른다. 축생으로 태어났으면 죄를 빌 기회조차 없다. 천상에서 내려올 때는 죗값 바치겠다고 약속해 놓고 이제는 기억 안 난다고 오리발을 내밀고 있다.

인간 육신으로는 알 수 없는 우주의 진실을 가르쳐주면 아~! 이런 세계가 정말 있었구나! 하면서 감동하고 당연히 죄를 빌어야 하는 게 맞다. 지구 행성에 수천수만 년 내려온 종교가 구원받지 못하는 악들이 세운 악교라면서 어서 탈출하라고 말해 주는 지도자가 과연 있었는가?

재벌들과 부자들은 종교(악교)만 믿고, 천상승천의 명을 받는 천인합체를 행하지 않고 죽으면 거지지옥으로 압송되어 비참한 거지꼴로 살아간다. 죗값 바치기 싫으면 안 바쳐도 되고 강요하는 것 아니다. 인간이 지구에 태어난 이유를 알려주는 것이니 각자 눈높이에서 받아들이면 된다.

진심으로 인정하고 돈을 바칠 수 있는 인간으로 태어나게 해주심에 감사하며 바쳐야 한다. 돈을 바침에 있어서도 자신의 경제 능력 수준에서 진심을 담아서 바쳐야 한다.

대우주 절대자 거대 황룡 龍의 대통령은 거지가 아니다. 여러분을 창조한 영과 육의 부모이고, 사후세계를 주재하는 절대권자로 생사여탈권자이다. 여러분이 바치는 돈(의식 비용)을 보고 합당한 기운을 내려준다.

돈은 대우주 절대자 거대 황룡 龍의 대통령 인간 육신이 받지만 죗값의 기운은 천상의 절대자가 받는다. 죗값을 바치는 순간 일정 부분의 죄가 소멸되고, 즉시 좋은 기운으로 변환되어 여러분 인생에 많은 도움을 주게 된다.

축생으로 태어난 가축이나 동물, 어류, 조류, 곤충, 벌레들은 죗값을 바치고 싶어도 돈을 벌 수 없어서 죗값을 한 푼도 바칠 수가 없다. 그래서 지구 행성에 축생이 아닌 인간 육신으로 태어나게 해준 것을 무한대로 감사해야 한다.

이것이 구원 여부를 판단하는 시험지이다. 아직은 사후세계가 멀리 있는 것처럼 느껴지지만 어느 한순간에 죽음의 문이 열린다. 저승길이 대문 밖이란 말이 있듯이 밤새 안녕하고 떠나는 자들이 비일비재한데, 살아서 인생의 전부인 양 귀중하게 여기던 돈과 권력은 하나도 가져갈 수 없다.

죗값 바치는 것도 천상장부에 모두 실시간 기록되고, 자신들이 천상에 오르면 천상화폐 골드로 환전해 주어서 마음대로 쓰게 해준다. 그래서 육신 살아생전 의식 비용이든 죗값은 최대한 많이 바치고, 이 세상을 떠나야 유리하다.

한마디로 자신들의 사후세계를 준비하라고 기회를 내려주는 것이고, 여러분들의 진실한 마음을 금전의 크기로 평가하기 위하여 받는 것이다.

마음의 진실 크기가 금전의 크기이다. 그래서 각자가 행하고 뿌린 대로 한 치의 오차도 없이 거두어들이게 한다. 언제 어느 날 갑자기 끝날지 모르는 지구인의 삶을 현명하게 마무리하고 살아가야 한다.

공감하는 독자들에게는 이 책이 여러분의 현생과 내생을 영원히 살려주는 아주 귀중한 책이 되어줄 것이다. 만생만물 중에 인간만이 죗값을 바칠 수 있기에 이 책을 읽어보는 자체를 가문의 영광으로 생각하며 기쁘게 읽어야 한다.

꿈에 본 내 고향은 어디일까?

꿈에 본 내 고향-

(1절) 고향이 그리워도 못 가는 신세
저 하늘 저 산 아래 아득한 천리
언제나 외로워라 타향에서 우는 몸
꿈에 본 내 고향이 마냥 그리워

(2절) 고향을 떠나온 지 몇몇 해던가
타관 땅 돌고 돌아 헤매는 이 몸
내 부모 내 형제를 그 언제나 만나리
꿈에 본 내 고향을 차마 못 잊어

향수에 젖은 흘러간 오래된 유행가인데, 여러분 모두의 고향은 지구 행성이 아니라 우주 저 멀리에 있는 대우주 연방제국 황실과 3,333개 제후국들이 고향이다.

돌아가야 할 천상의 고향을 비유한 노래인데, 작사가는 이런 내용을 모르고 가사를 썼겠지만 원초적인 천상의 고향을 그리워하는 내용의 노래이다. 천상에는 각자들의 부모, 형제, 처,

남편, 자식이 기다리고 있는데, 지구 행성에서는 알 수가 없으니 답답할 뿐이다.

인간 육신으로 맺어진 육신의 부모 형제는 몇십 년의 인연이지만 천상의 부모 형제는 영원하고 끝이 없다. 천상의 고향을 찾아 떠나야 하는데, 아무도 그곳으로 보내줄 자 없다.

대우주 절대자 거대 황룡 龍의 대통령 인간 육신을 만나지 못하는 이상 아무도 천상의 고향으로 돌아갈 수 없다. 천상의 기억이 삭제되어서 육신의 생전 기억만 하고 있을 뿐 천상에 고향이 있다는 자체도 모르고 살아간다.

왜 천상으로 돌아가려고 혈안이 되어서 종교에 목을 매고 있는 것일까? 이것이 회귀 본능, 귀소 본능이 작용하고 있기 때문이다. 아름다운 지구 행성이 좋으면 이 땅에서 살지 왜 천상으로 돌아가려고 그리도 애를 쓰고 있는가?

무엇 때문에 천상으로 돌아가려고 종교를 맹신하고 있는가? 여러분이 하나님, 하느님, 부처님, 상제님, 천지신명님, 석가, 예수, 마리아 찾으면 응답할 것이라고 생각하는가?

어서 빨리 꿈에서 깨어나라. 1·2차 역모 반란 주동자들인 ○○악, 유영, 하누, 표경이 여러분을 천상으로 돌아가지 못하도록 지구 행성 전체를 종교 사상과 교리로 도배해 놓았다.

이 세상의 어느 종교가 되었든지 천상으로 돌아가는 길은 龍의 제국에 들어와 살아생전 천상승천을 명받지 않는 이상 아무도 천상의 고향으로 돌아갈 수 없다. 지금 이 글의 내용이 마음에 와닿지 않는 사람들은 죽어서 알게 될 것이다.

종교에서 영생시켜 주고, 지옥에 떨어지지 않게 해준다고 수많은 사람들을 종교로 끌어들였는데, 그 책임을 어떻게 질 것인가? 종교가 악교인 줄도 모르고 구원과 영생을 외치고 있는데, 악교 믿는 자들은 구원이 없기에 지옥으로 압송된다. ○○악이 세운 종교를 탈출하는 것이 용의 대통령이 내린 시험이다.

종교에서 탈출하여 용의 대통령을 알현하는 것이 시험에 통과한 것이다. 지옥도에서 350억 가지 형벌을 받으면서 7개 지옥도 소속 1,000경에 이르는 지옥을 차례대로 거치면서 죽지 않는 영생의 꿈을 이루게 된다. 악담을 퍼붓는다고 저주할 테지만 실제 상황이니 지옥에 떨어지거든 악교인들에게 퍼붓는 게 맞다.

종교 사상에 세뇌되면 무슨 말을 해주어도 안 믿는다. 일단 종교(악교)에 빠진 자들은 이 책의 내용을 받아들이지 않으려 할 것인데, 본인들이 실제로 체험해 봐야 인정할 것이다. 여러분이 이 책을 읽어보고 들어오고 안 들어오고는 중요하지 않다.

○○악이 뿌린 잘못된 종교(악교)의 진실을 전하는 것이니까 거부할 자들은 거부하고 각자의 판단이고 자유이다. 이런 내용을 집필하는 자체가 대우주 절대자 거대 황룡 龍의 대통령 원

과 한을 푸는 것이기에 여러분의 구원과는 아무런 상관없다.

　이런 진실을 알고 이 세상을 떠나라는 의미이다. 죽어서 왜 지옥에 떨어졌느냐고? 왜 구원하러 오지 않느냐고 한탄하지 말라는 뜻이다. 수천수만 년을 속아왔으니 무슨 말을 해주어도 믿지 못하는 것은 아주 당연한 일이다.

　숭배자들에 대한 믿음과 의리를 끝까지 지켜야 하지 않을까? 그 믿음 영원히 변치 않기를 바란다. 그런데 천상에서는 절대자 거대 황룡을 왜 배신 때리고 지구로 도망치고 쫓겨 내려왔을까?

　천성은 버리지 못하는 법이다. 뉘우치고 구원받으러 오든 오지 않든 강요하지 않으니 각자 마음 가는 대로 판단하면 된다. 천상의 도망자이자 역천자 '○○악', '유영', '하누', '표경' 4명이 지구 행성에 퍼뜨려 뿌리내린 종교(악교)가 맞을지, 龍의 제국 龍의 대통령 말이 맞을지 저울질을 열심히 해보기 바란다.

　사후세계 동두칠성 7개 별 지옥도는 거대 황룡 절대자 龍의 대통령 둘째 아들이 관장하고 있는데, 천상승천의 명을 받지 못하고 죽으면 얼마나 고통스러운지 잘 알기에 미리 대비하라고 알려주는 것이다. 지옥도는 소풍가는 것이 아닌 공포 자체이다.

　천상에서의 1·2차 반란 주동자 '○○악', '유영', '하누', '표경' 4명이 전파한 지구 행성 여러 종류의 악교(종교)를 믿는 자들은 龍의 대통령 거대 황룡 절대자에게 죄를 빌어 용서받지 않는 이상 천상에 오를 자격이 자연적으로 박탈된다.

종교에서 숭배자로 받드는 자들이 모두 외국계 조상귀신들이라는 것 알고 믿는 것인가? 나 이외에 신을 섬기지 말라는 종교가 있는데, 얼마나 자신 없으면 다른 신들은 믿지 말라고 하는 것인지 아무도 깊이 생각 못 하고 있다.

대표적으로 이스라엘 민족 조상인 야훼(여호와)를 하나님, 하느님으로 받들고 있고, 예수는 하나님의 아들 독생자라며 천자 내지는 하나님과 동급으로 숭배하고 있다. 성모 마리아는 성령으로 예수를 잉태하였다며 신성시 숭배하고 있다.

여호와, 예수, 마리아 이들 모두 이스라엘 조상귀신들이라는 것 모르고 믿는 것인가? 이스라엘 조상귀신의 역사 공부를 아주 열심히 하고 있는 곳이 기독교와 천주교이다.

무슨 이적과 기적을 부렸다고 믿는가? 모두가 여호와, 예수, 마리아의 역사와 이적과 기적이 짜깁기 편집된 것인 줄도 모르고 진실로 받아들이고 있다. 이들은 모두가 이스라엘 조상귀신들이고, 하나님, 하느님이 아닌 외국 조상귀신에 불과하고, 이미 심판받아서 형벌받고 영성과 영체가 소멸되었다.

이스라엘 민족 조상귀신인 여호와가 어째서 하나님, 하느님이 되었는가? 전지전능자, 천지창조주, 절대자, 대우주 창조주 등등 온갖 수식어를 갖다 붙이고, 하나님, 하느님으로 떠받드는데 조상귀신일 뿐이니 정신들 차려라.

남의 나라 조상귀신을 수입해서 하나님, 하느님으로 떠받드는 여러분들은 도대체 정신이 어디 가 있는가? 천상에서부터 1·2차 역모 반란 주동자들인 '○○악', '유영', '하누', '표경'과 함께 생사고락을 나누었던 동지들이니까 기운으로 끌렸을 것이다.

여호와(야훼)는 하나님, 하느님도 아니고 이스라엘 조상귀신이니 정신 차려라. 마리아가 성령으로 예수를 잉태하였다는 것을 믿는 사람들은 합궁해 봐라. 남자의 정자가 무인 비행을 하여 겉옷이든 속옷이든 입고 있을 마리아의 자궁 속에 착상할 수 있는지 현실적으로 생각해 봐라.

고도의 사기꾼들이 이스라엘 민족이다. 성령으로 예수를 잉태한 것이 아니라 요셉에 의해서 잉태한 것이다. 인간들의 눈과 귀는 속일 수 있어도 대우주 절대자인 거대 황룡 龍의 대통령 눈은 속일 수가 없다.

천상장부에 마리아와 요셉에 의한 잉태 과정과 예수의 천생록과 지구 행성에서의 실시간 상황이 천상카메라에 찍혀서 문서로 보관되어 있다. 또한 여호와가 하나님, 하느님이 아니라는 진실도 모두 기록 문서로 보관되어 있다.

진짜 인류가 찾는 대우주의 절대자는 거대 황룡 龍의 대통령이고, 지구 행성이 창조되고 아무도 절대자의 존재를 알아낸 자들이 하나도 없고, 저자가 인류 역사 이후 처음이다.

종교를 통해서 외국 조상귀신들의 역사 공부를 열심히 하고 있는데, 현실을 직시해라. 석가는 인도 조상귀신, 무함마드(마호메트)는 사우디 조상귀신, 공자와 노자는 중국 조상귀신, 상제는 한국 조상귀신들이다.

외국계 조상 귀신들의 몸으로 천상의 1·2차 역모 반란 주동자 '○○악', '유영', '하누', '표경'의 수하들이 들어가서 종교를 세운 것인데, 믿는 것은 자유이지만 구원은 절대 받을 수 없다.

성경, 불경, 도경의 경전 모두 소각해라. 외국 조상귀신들 역사 공부 열심히 한다고 구원받는 것이 아니라 진짜 절대자 거대 황룡 龍의 대통령을 찾기 위하여 지구 행성에 태어난 것이지 외국 조상귀신을 섬기는 종교(악교) 믿으려고 태어나지 않았다.

여러분 모두를 영생하는 행복한 무릉도원 천상에서 '○○악', '유영', '하누', '표경'이 주도하는 1·2차 역모 반란에 가담하게 만들어 역천자 감옥별 지구 행성으로 떨어지게 만든 장본인이 악교(종교)를 세운 '○○악', '유영', '하누', '표경'이다.

수천 년 역사와 전통을 자랑하는 악교(종교)와 새로 시작하는 龍의 제국 중에서 어느 쪽이 진실이고, 어느 쪽이 거짓일까? 지금 종교는 몽땅 외국 조상 수입해와 숭배자로 추앙하며 스스로 자기 정신을 지배당하는 경쟁을 하고 있다.

지옥은 알몸 상태로 고문 형벌

　기업인들과 권력자들, 정치인들이 여러 이유로 각종 악교를 다니고 있다. 사교적이나 표를 의식, 기운, 어떤 믿음 때문이든, 사후세상을 좋은 곳으로 가기 위해서든 각양각색으로 조상 대대로 다니는 모태 신앙인에 이르기까지 여러 부류이다.

　세상에 가장 접하기 좋은 곳이 악교 세계이다 보니까 진리를 추구하기 위해서, 마음이 허전하고 외로워서 어딘가에 기대고 싶은 마음 때문에 어떤 종류의 악교든지 마음에 강렬하게 와닿는 종교에 지인의 소개로 다니고 있다.

　기독교와 천주교는 여호와, 예수, 마리아의 역사 공부하는 것이고, 불교는 석가모니와 그의 제자들을 공부하는 것이고, 유교는 공자의 사상을 공부하는 곳이고, 무속은 조상과 천지신명을 통하여 자신의 답답함을 풀기 위하여 다니는 곳이다.

　龍의 대통령이 세상에 출현하기 전까지 누군가라도 의지하며 믿을 수밖에 없는 것이 현실이기에 어쩔 수 없는 상황인 것은 맞지만 악교 사상이 뿌리 깊이 박히면 진짜가 나타나도 배척하며 믿으려 하지 않고, 무조건 부정하는 곳이 악교이다.

기약 없는 수많은 세월 동안 언제 나타날지 모르는 龍의 대통령을 수천 년간 넋놓고 마냥 기다릴 수 없어서 조상 대대로 현재까지 악교를 다녔지만, 이제는 뿌리까지 악교 사상에 세뇌가 되어서 진짜가 나타나도 알아볼 수 없는 지경에 이르렀다.

아무것도 하지 않으면 아무 일도 일어나지 않으니까 뭐라도 믿었던 것인데, 이제는 완전히 악교에 푹 빠져서 어떤 말을 해주어도 믿으려 하지 않는 지경에 처해 있다. 이스라엘, 인도, 사우디, 중국 조상귀신들을 수입하여 섬기는 곳이 악교이다.

그런데 이 세상의 어떤 악교를 믿는 자체가 역천명(逆天命)=역천자(逆天者) 즉 하늘의 뜻을 거스르는 행위라는 것을 알고 있는 사람들은 아무도 없다.

그래서 모든 악교는 하늘의 뜻을 거스르는 곳이기에 기업인들과 권력자들, 정치인들은 이제라도 악교에서 떠나야 한다. 그런데 현실적으로 여러 인연들과 표밭이 얽혀 있어서 어려운 일인 것만은 분명하지만 시간이 걸리더라도 떠나야 한다.

대우주 절대자는 지구에 있는 악교 숭배자, 악교 창시자, 악교 지도자, 악교 신도들을 가장 증오하기 때문이다. 왜냐하며 우주 황실에서 절대자를 배신하고 역모를 일으키다가 도망친 역천자들이 자기 세상을 만들려고 악교를 세웠기 때문이다.

기업인들과 권력자들, 정치인들은 처음 들어보는 말이라서 이게 무슨 황당한 일이냐고 말도 안 된다고 할 것인데, 이것이 사실이고, 여러분도 천상에서 역모 반란 주동자들인 악들의 뜻에 현혹당하여 역모 반란에 합류한 동지들이었다.

그러므로 악교를 다녔던 사람들이든 현재 다니고 있는 사람들은 악교 믿은 죄를 가장 먼저 빌어야 한다. 하지만 이것을 그대로 인정하며 받아들이기는 죽기보다 싫은 사람들이 많을 것인데, 사후세상을 보장받으려면 이겨내고 빌어야 한다.

이 세상에서는 출세한 내로라하는 기업인들과 권력자들, 정치인이라 할지라도 악교를 믿은 역천자에 해당하기에 이 세상에서는 부귀영화 누리고, 한세상 잘 먹고 잘살며 호의호식할지 몰라도 죽음과 동시에 염라국 저승사자들에게 발가벗겨져 알몸으로 남녀 모두 머리채를 잡힌 채, 개 패듯 처맞으며 지옥으로 끌려간다는 진실을 알면 기겁할 것이다.

여러분이 세상의 악교에서 보고 들은 사후세계 모습들은 짜깁기 한 것이고, 완전 날조 왜곡되어 있다. 지옥도는 알몸 상태로 가로 세로 1.5m 크기 독방에 수감된다. 악교 믿으면 인간과 축생으로 반복 환생 윤회도 없고 곧바로 지옥도로 압송된다.

이 세상에서 귀신보다, 가난보다 더 무서운 곳이 악교라는 사실을 알아야 한다. 여러분들은 우주에서 유배지 지구 행성으로 도망쳐 온 자들도 있고, 죄를 지어 쫓겨난 자들이 대부분인데 이런 진실을 알려주는 곳은 이 세상 천지에 아무 곳도 없다.

기업인들과 정치인들 모두 지구에서 거대 황룡 절대자 龍의 대통령이 내린 시험을 보는 중이다. 대우주 절대자의 시험을 통과하려면 이 책의 내용을 100% 인정하고 행하는 길밖에 없다. 세상에 이름을 널리 날리고 있는 유명한 사람들은 죽으면 龍의 대통령이 지옥도 순시 중에 대면하게 되어 있다.

그때 가서 울며불며 잘못했다고, 몰라뵈었다고 용서 빌며 구해 달라, 살려 달라 빌지 말고, 육신 살아 있을 때 결단을 내려서 행을 하여야 한다. 龍의 대통령과 동시대에 태어난 것이 천재일우의 행운이 될지, 불행이 될지 선택의 기로에 놓여 있다.

죽어서 닭장이나 개장처럼 쇠창살로 되어 있는 1인 독방에 알몸으로 갇힌 모습을 상상해 보면 얼마나 끔찍할까? 교도소처럼 일과 시간과 자유 시간 있는 것이 아니라 하루 24시간 중에 잠자는 수면 시간 10분을 제외하고, 23시간 50분 동안 영원히 고문 형벌을 받는 지옥세상이 기다리고 있다.

고문 형벌의 종류만도 350억 가지인데, 감당할 자신이 있는가? 겁주려고 하는 말이 아니라 현실이고, 인류가 멸종되기 전 최후의 날까지 한 명이라도 마지막까지 구원해 주려고 이런 글을 집필하는 것이다.

무소불위한 龍의 대통령으로 천상신명들, 龍들, 저승사자들을 자유자재로 불러서 실시간 대화도 나누고 다스리며 명을 내리는 지구 행성에서 전무후무한 1인자이다.

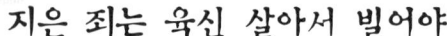

지은 죄는 육신 살아서 빌어야

인간의 습성은 꿩과 같다고 보면 된다. 위험이 닥쳐오면 머리만 숨기는 습성을 가진 날짐승이 꿩이다. 대우주 절대자, 龍의 대통령은 수십, 수백, 수천억 년 전의 기록까지 갖고 있기에 여러분이 천상과 지상에서 지은 죄업들을 모두 보관하고 있다.

각자의 마음, 생각, 말, 글, 행동, 휴대폰, 이메일, 텔레그램, 인스타그램, 대화록까지 천상과 지옥도에 실시간 전송되고 있는데, 아이폰에 어려운 비밀번호 걸어놔 봐야 아무 소용없이 모두 실시간으로 지옥장부에 동영상과 글자막으로 기록된다.

"천라지망(天羅地網)"= "天網恢恢(천망회회) 疎而不失(소이불실) : 하늘의 그물은 넓디넓게 펼쳐져 엉성한 듯 보이지만, 그 무엇도 놓치는 일이 없다."

여러분들이 천상과 이번 생에 지은 죄는 낱낱이 고해서 죄를 용서 빌어야 한다. 만약 숨기고 죄를 빌지 않으면 지옥이든 천상에서 다시 검증해서 대조하기에 피할 수가 없다. 모든 것이 완전히 알몸 상태처럼 까발려지면 그때는 돌이킬 수 없다.

육신 살아서는 인간세상 법망은 피해 갈 수 있지만 우주의 법망은 제갈공명이라 할지라도 피해 갈 자가 없으니, 살아서 기회 주었을 때 모든 죄를 빌어야 죽어서 후회하지 않는다.

우주 행성과 지구 행성에서 죄 사면권자는 龍의 대통령 한 명뿐이기에 죄의 목록을 작성하여 본인 스스로 낭독하고, 서명 날인하여 龍의 대통령에게 제출하면 그 부분에 대한 죄는 천상에서든 지옥에서든 더 이상 묻지 않는데, 당연히 그에 상응하는 응분의 죗값을 바치고 빌어야 죄가 용서된다.

지옥에 떨어지면 태어나는 순간부터 죽기 직전까지 모든 죄상들이 대형 스크린 화면에 동영상과 음성, 글자막으로 빠짐 없이 나오기에 빼도 박도 못한다.

살아서 자신들이 지은 죄를 빌면 살아서는 죗값을 치르고 용서를 받을 수 있지만, 죽어서는 용서받을 수 있는 방법이 아무 데도 없다. 죄 안 짓고 살아가는 사람들은 없지만, 살아생전 이 실직고하고 모든 죄를 사면받고 천상으로 올라가야 한다.

다른 사람들이 모르는 본인만이 알고 있는 죄일지라도 지옥 장부에는 이미 기록으로 남아 있기에 모든 자들은 육신 살아 있을 때, 죄를 빌어서 사면받아야 한다.

현실 법을 어긴 죄부터 악교 믿은 죄, 거대 황룡 절대자를 배신하고 욕설하며 능멸한 죄가 천상에서부터 현재까지 아주 상세히 기록되어 있기에 숨길 수가 없다.

　천상에서 역모 반란 가담했다가 지구로 도망치고 쫓겨난 죄가 가장 크고, 그 다음이 종교 믿은 죄, 대우주 거대 황룡 절대자 능멸한 죄, 조상들을 사탄·마귀라고 한 죄, 현실 법을 어긴 죄, 남을 험담한 죄, 마음으로 지은 죄, 생각으로 지은 죄, 말로 지은 죄, 글로 지은 죄, 행동으로 지은 죄 등등 광범위하고, 이것이 계속 꼬리표처럼 따라다니기에 업보로 이어져 수천수억 년이 지나도 본인과 자식들에게 대물림되어 내려간다.

　모든 일에는 원인 없는 결과가 없기에 반드시 본인들이 결자해지 차원에서 풀어야 한다. 수억 년 전 천상에서 절대자에게 지은 죄와 주변 지인들과 맺힌 원과 한이 지구까지도 이어지기 때문에 육신이 살아 있는 현재가 죄를 빌기 좋은 시점이다.

　다른 사람은 모르고 나밖에 모르는 부정비리와 숨겨진 죄를 빌어야 하냐고 반문할 사람들도 많을 테지만 선택은 각자들의 자유이다. 어차피 천상에 오르든 지옥에 떨어지든 모든 죄상이 낱낱이 까발려지고 그것이 신상에 대한 불이익으로 작용하고, 또한 고문 형벌로 모두 이어진다.

　대우주 연방제국의 법도는 지엄하고 근본도리를 중요시하기에 숨기는 것은 상상할 수도 없다. 모든 기록이 보관되어 있고, 속마음까지도 실시간으로 알고 있기에 죄를 숨긴다는 것은 인간세상에서나 통하지, 신명세계에서는 통하지 않는다.

지구에서 살아가고 있는 인간 포함 모든 축생과 곤충, 벌레까지도 육하원칙에 의해서 동영상과 글 자막 문서로 모든 죄상이 기록되어 있기에 아무도 우주의 법망을 빠져나가지 못하고 스스로가 고통스런 형벌로 대가를 치러야 한다.

유리병 속에서 알몸 상태로 감시당하며 살아간다고 보면 이해하기 쉬울 것인데, 신명들인 龍들이 여러분을 실시간 모두 감시하며, 천상의 대우주 연방제국 황실과 지옥도로 증거 자료 파일 첨부하여 실시간 전송하기에 천라지망 그 자체이다.

악교를 믿으면 천상으로 당연히 올라간다고 생각하는 사람들이 전부인데, 어서 빨리 꿈에서 깨어나야 한다. 여러분이 말하지 않아도 모든 죄상들이 자동으로 촬영되어 문서로 실시간 정리 기록되고 있다.

개인의 사생활과 모든 행동과 말에 대한 녹취 영상들이 실시간 촬영되어 그대로 기록문서로 남는다. 겉으로 도덕군자인 척하며 살아가는 사람들, 거짓말을 아무렇지 않게 수시로 하며 상대방을 속이는 사람들은 빠져나갈 수도 숨길 수도 없다.

천상신명들, 龍들, 저승사자들이 1대1로 감시하고 있다고 보면 어찌 죄를 지을 것인가? 눈에 보이지 않기에 대수롭지 않게 생각하며 죄를 짓는데, 그래서 지구가 구원의 시험장이란 것이고, 여러분과 가족, 죽은 조상들, 친인척, 지인들의 가족관계까지 모든 죄상들이 족보처럼 저장되어 있다.

거대 황룡 용의제국 대황제 龍의 대통령은 인류가 애타게 기다리고 찾던 구원자이자 공포의 심판자가 맞다.

이제 운명의 주사위는 던져졌으니 어떤 선택을 하든 각자들의 자유 선택이다. 거대 황룡 절대자 龍의 대통령 진실을 밝혔는데도 사이비로 생각해서 인정하지 못한다면 더 이상 권유하지 않으니, 지금까지 살던 대로 살아가면 된다.

악교(종교)가 진짜인지 龍의 대통령이 진짜인지 옥석이 가려진다. 살아서든 죽어서든 구원받으려고 다니는 곳이 종교인데, 구원과는 정반대로 지옥세계 입문을 예약하는 무서운 곳이 종교라고 알려주는데도 알아듣지 못한다면 업보이다.

지구 행성은 천상의 대우주 연방제국에서 ○○악, 유영, 하누, 표경이 일으킨 1·2차 역모 반란에 가담하였던 역천자 죄를 지은 자들만 모아놓은 지옥별 감옥 행성이다.

마지막으로 구원의 동아줄을 내려주기 위하여 거대 황룡 절대자 龍의 대통령이 인간 육신으로 강세하여 진실을 알려주는 것인데, 이번 생에 龍의 대통령에게 구원받지 못하면 우주 행성에서든 지구 행성에서든 구원은 영원히 없다.

지구 행성에서 유일하게 구원받을 수 있는 곳은 화려하고 웅장한 거대 종교가 아니라 龍의 대통령이 내린 龍의 제국 한 곳뿐이니 살고 싶은 자들만 들어오면 된다.

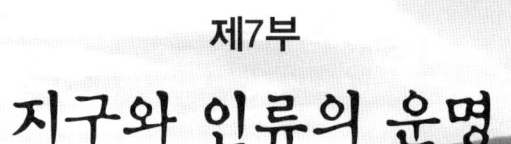

제7부
지구와 인류의 운명

전설의 무 대륙 침몰

바닷속으로 가라앉아 전설의 땅으로 불리고 있는 무 대륙. 지구인들은 대륙 침몰의 원인을 알 수도 없고, 밝힐 수도 없기에 지구 행성의 진실을 알리고자 천상문서에 기록된 지구 행성 무 대륙 멸망에 대한 기록을 발췌하여 공개한다.

7만 년 전에 태평양에 무 대륙이 존재했었고, 1만 2천400년부터 1만 2천500년 사이 100년 동안 지각변동으로 인하여 무너진 대륙이다. 무 대륙이 가라앉으면서 지금 현재에 남아 있는 잔여 나라는 북쪽은 하와이, 동남쪽 끝은 이스터 섬, 서남쪽 끝은 뉴질랜드, 서북쪽은 대만옆 요나구니가 남았다.

그중에서 요나구니 문명이라는 곳에 위치한 곳은 해수면 5m에서 30m 이르기에 다이버들이 쉽게 유적들을 발견할 수 있었다. 학자들은 유적들에 대해 자연적이 아닌 인공적인 연마기로 갈아 만든 신전으로 확인되었다.

즉, 학자들이 주장한 8,000년~1만 년에 생성된 유적이 아니라, 7만 년 전부터 초고도 문명이 발달되면서 그중 신전 유적들을 연마하여 제작할 정도로 지능이 발달하였다는 것이다. 7만 년 전 이후로 융성했던 무 대륙의 레무리아 문명이 있었는데, 그때 당시에 살던 인구는 6,400만 명으로 다민족 인종으로 어우러져 평화롭게 살았던 문명이었다.

원래는 지금 세계 지도처럼 한반도와 알래스카(베링해), 일본, 미얀마, 뉴질랜드, 폴리네시아(호주 동쪽 지역) 등 태평양해를 중심으로 갈라져 있었지만, 실제는 육지로 다 연결이 되어 있었으며, 무 대륙 레무리아가 멸망 전 하나의 거대한 대륙으로 이어져 있었다.

즉, 무 대륙 레무리아 문명에서 살아가던 10개 민족에서 동남아, 즉 아시아계 민족들이 다 다르고 체격도 다르지만 함께 어울려 평화롭게 잘 지내다가 멸종되었던 이유는 지각변동을 일으켜 화산 폭발, 지진으로 인하여 무 대륙이 가라앉으면서 한국, 일본, 중국, 몽골, 러시아 등으로 뿔뿔이 흩어져 자리를 잡게 만들었던 것이다.

또한, 여기 한반도인들도 선사시대 이후로 고조선 건국 전 정착되었던 것이 3만 2,892년 전에 무 대륙 레무리아에서 오랜 시간 끝에 한반도로 이주한 무 대륙 후손이다. 한반도에 정착 못 한 나머지 후손들은 육지였던 러시아를 지나 알래스카(베링해 생기기 전 육지)로 시작하여 캐나다 인디언, 북미 인디언, 남미 인디언으로 정착하여 뿌리를 내렸다.

즉, 무 대륙 레무리아가 전쟁도 없이 중앙집권 정치로 인하여 평화롭게 살다가 바닷속에 숨겨져 있던 가스층이 남쪽부터 폭발하여 지진, 화산으로 무너뜨려 멸명시켰던 본질적인 이유는 첫 번째로 지구 행성 중 가장 중심부에 속하였고, 천지의 중심 핵에 위치한 지금의 한반도에서 미래의 신인류 대황제의 탄신과 앞으로 지배할 천상프로젝트를 완성시키기 위해 거대 황룡 절대자 龍의 대통령이 이루어낸 천지조화였다.

두 번째는 무 대륙 레무리아 문명은 7만 년 전 생성되었지만, 5만 년 전부터 다양한 인종들이 모여 터를 잡아가면서 신전을 세우게 되고 초고대문명으로 나아가게 되었지만, 문제는 10개 민족 중 신전에 바쳐진 행위는 미지의 하느님을 숭배하는 것이었고, 태양을 숭배하는 관습이 있었다.

이들은 숭배하는 것이 자연을 향한 것이 아닌 중앙집권 정치의 최정점에 서 있던 왕을 하느님과 태양으로 일체화시켜 숭배하도록 하여 정신적인 지배를 하였다는 것이 문제였고, 물론 물질적인 것과 무기가 아닌 정신을 수양시켜 깨끗한 마음으로 서로를 배려하며 왕을 하느님, 태양신으로 받드는 것이 잘사는 길이라 하였다.

세 번째로는 세상에서 가장 행복한 나라이고 자신들을 행복과 너그러움, 평화로움, 외부로부터 자신들을 지켜줄 유일한 존재가 태양신이자 하느님인 왕이라 찬양하며 자신들의 어린 딸을 공물로 바쳤기 때문이다.

그리하여 5세부터 어린아이를 신부로 맞아들이는 왕의 변태적인 습성으로 인하여 독선적인 권력을 유지한 채로 다스려 나갔지만, 10개 민족인들은 이를 당연시하였고, 조혼으로 인한 산모들의 목숨들을 앗아가는 것에 대해서도 당연하게 받아들이는 이상한 관습이었다.

네 번째로는 무 대륙이 위치해 있던 자리가 오랜 시간 동안 가스층이 활발하게 이루어졌던 화산층 위에 이루어졌던 섬들의 집합체인 대륙 위에서 나라를 세워서 지배했던 것이었는데, 아무리 문명과 문화가 융성하여 발달하여 이어져 내려왔다 할지라도 지구는 2만 년 기준으로 지각변동이 일어나는 자연의 법칙에서 벗어날 수 없다.

요즘 시기에 세계 곳곳에 지각변동으로 지진과 화산재 폭발, 해일, 쓰나미도 규칙적인 가스층 질량이 과열로 넘쳐나는 이때가 바다 밑 지하층 모든 용암 마그마층들이 움직일 때가 되었다는 암시이기도 하였고, 또 한 번의 대변혁으로 새로운 시대를 맞이할 때가 되었다는 징조이다.

그렇듯이 지구 안 모든 것들은 영원한 것이 아닌 지구 안에서 살아가기 위해서 일어나는 대참사를 맞닥뜨리는 운명을 안고 살아가는 공동체라는 의미로 거대 황룡 절대자가 수백억 년 동안 반복적인 멸망과 창조, 원시사회 리셋으로 반복되어 수많은 종족들을 이어져 오게 해주었다.

무 대륙도 거대한 섬이자 대륙이었지만, 따뜻한 바람, 온화한 날씨, 비옥한 토지, 풍부한 동·식물, 풍부한 광물 등 남부러울 거 없이 평화롭게 이어져 왔었지만, 영원이라는 것은 존재하지 않듯이 이 무 대륙도 종교화로 인하여 파괴시킴으로써 바닷속으로 가라앉게 하였다.

물론 가장 타당한 원인은 역시 태양신과 하느님을 왕으로 숭배하였다는 것이 가장 큰 이유였다. 지구가 리셋의 역사라는 것을 인식시켜 주고자 새롭게 시작하라고 모든 지식들을 파괴시켜 가라앉게 된 것과 동시에 살아남은 자들이 중국, 몽골, 한반도, 알래스카, 북미, 남미로 퍼트려 나가 새로운 원시시대인 신석기시대로 살아가도록 유도를 하였다.

만약 무 대륙을 멸망시키지 않고, 그대로 2만 년 이상 지금까지 유지되어 왔었다면 최첨단 문명으로 발전되어 왔을 것이 분명하고 일론 머스크가 개발했던 스페이스X보다 더 엄청난 우주 함선들을 개발하였을 것이니, 그야말로 최첨단의 극치를 이루어냈을 것이다.

그렇게 되면 거대 황룡 절대자 龍의 대통령 존재를 밝혀낸다 하더라도 과학적이고 이기적인 문명에서 살아가는 역천자들이 받아들이려 하는 것이 무척 힘들 것이고, 아주 힘겨운 싸움이 될 것이기에 그것을 막고자 신석기시대로 리셋시켜 고전적인 나라로 되돌려 놓아 지금까지 이어진 것이다.

지금 세계 곳곳에 무 대륙이라는 미지의 나라에 대해 호기심들이 많아 실제로 존재했는지 파악하고자 나름대로 진위 여부를 확인하려고 활개치는 자들이 많이 생겼지만, 수만 년 전에 무너진 무 대륙을 이제 와서 찾아서 어찌할 것인가?

분명한 것은 이 지구를 창조하고 생명체를 생성시켜 진화하도록 거대 황룡 절대자가 기운들을 내려주었다. 수백억 년 전부터 외계 생명체가 우주 함선을 타고 정착하는 순간부터 지속적인 발전, 멸망, 원시 등 반복적인 리셋으로 지구 행성이 거대 황룡 절대자에 의해서 운영되고 있다.

앞으로 거대 황룡 절대자 龍의 대통령 인간 육신을 위해서 초고도 문명에서 종교를 섬겼다는 이유로 멸망시키고 다시 원시로 리셋하여 새롭게 시작하는 길로 나서게 만들었다.

거대 황룡 절대자 龍의 제국 대황제 龍의 대통령 인간 육신이 1만 4천 년 이상을 신인류로 다스려 나가고 이승에서 임무 완수하고 천상 귀환한 후 역시 새롭게 시작한다는 의미인 리셋으로 돌려놓아 새로운 문명으로 다시 시작한다.

또한, 거대 황룡 절대자 龍의 대통령 인간 육신이 이 땅에 존재하지 않고, 역천자들이 종교의 굴레에서 벗어나지 못하고 세뇌로 일생을 보냈다면, 역시 지구 행성에는 수많은 천재지변으로 인한 멸망 반복으로 고통스런 역사를 되풀이하게 될 것이 자명한 일이었다.

그러나 다행스럽게도 거대 황룡 절대자 龍의 대통령 인간 육신이 엄청난 대지진으로 인한 멸망이 오기 전 이 시대, 동시대에 태어나 인연을 닿게 해주면서 천상 귀환으로 인한 엄청난 구원을 내려주는 것에 진심으로 감사해야 한다.

거대 황룡 절대자 龍의 대통령 인간 육신은 지구 행성에 '○○악', '유영', '하누', '표경' 4명이 세운 악교(종교)를 심판하여 멸교시키고, 악교(종교) 때문에 지구 행성이 파괴되고 인류가 멸망하는 것을 막기 위해서 대우주 연방제국에서 내려왔다.

인류가 이해 못 하는 부분이 종교일 것이다. 사람들이 하나님, 하느님, 부처님, 상제님을 숭배하는 것이 무엇이 잘못되었느냐고 항변할 것인데, 모든 숭배자들이 천상의 역모 반란 주동자들인 악, 유영, 하누, 표경 4명이 세운 사상과 교리로 인류의 정신을 지배하는 악교(종교)에서 탈출시켜 인류를 구원해 주려고 존재를 밝히는 것이다.

하느님, 하나님, 태양신 등 어떤 숭배자들을 섬긴다는 것은 ○○악, 유영, 하누, 표경 4명이 퍼뜨린 종교를 믿는 것이기에 거대 황룡 절대자 龍의 대통령에 대적하는 역천자들이다.

종교 숭배자들 아무리 열심히 믿어봐야 돈 낭비, 인생 낭비이고, 결국 죽어서 구원받지 못하고 지옥도로 압송되니, 어서 악교(종교)에서 떠나야 한다.

전설의 아틀란티스 대륙 멸망

아틀란티스 대륙 멸망 이유

허상이 아닌 실존 역사로 대서양에 자리잡은 아틀란티스 대륙은 13,500년 전까지 문명이 발달되었고, 지금까지 전해져 왔던 그리스 철학자 플라톤에 의하여 인류 최초로 초고도 문명을 이루어낸 것과 가장 거대하고 엄청난 대륙이자 섬에서 가장 이상적인 유토피아가 형성되어 부흥했다는 주장을 펼쳤다는 것이 어느 정도 인정되는 부분들이 있었지만, 그중에 80%는 너무 과장되어 전해져 왔다.

그리고 그리스 신화에 나오는 포세이돈이 아틀란티스를 다스렸다는 신화가 존재하는데, 이는 사실이 아니고 그리스 철학자들 중 일부가 그리스에 전해 내려오는 신들에 대한 신화를 아틀란티스에 접목시켜 신비화시킨 것이었고, 이는 백인 우월주의에 대한 망상으로 전해져 내려온 것이다.

역시나 아틀란티스 대륙은 플라톤이 말한 것처럼 아프리카에 위치한 사하라의 눈처럼 거대한 원형으로 이루어져 지상의 낙원이라고 불리었다는 것은 사실이 아니다. 오히려 지브롤터 해협에 위치했던 거대한 섬나라로 문명을 이루었다.

그렇다고 알려진 대로 북아프리카와 아시아를 합쳐 거대한 대륙이었다는 것은 낭설이며, 그리스 국가 정도 크기인 나라이다. 대륙이라고 칭하는 것은 그리스의 철학자 플라톤이 사는 시대 배경으로 보았을 때, 지평선 너머로 자리잡은 섬이 거대해 보이는 착시 현상으로 거대하게 그려낸 것이다.

그 예로 플라톤의 조상인 솔론이 이집트로 망명 가 이집트 사제로부터 들었다는 아틀란티스 대륙에 대해 전해 들었을 시는 원형으로 중심이 3개의 호수로 둘러싸여 있고 사면으로 쭉 뻗어나가 거대한 도시를 이루며 이상적인 군주나라로 다스려 나갔다는 대륙이 사실은 아틀란티스 대륙이 아니며, 오히려 이집트와 문명을 교류했던 사하라의 눈이라 불리는 곳인 모리타니 공화국을 지칭한 것이다.

즉, 플라톤이 상상했던 아틀란티스 문명이라는 존재는 실제는 사하라의 눈이었으며, 이와 별개로 아틀란티스 대륙은 지브롤터 해협에 위치했던 섬나라였다. 지금까지 알려진 대로 유토피아로 자원이 풍부하여 정치를 다스려나가 부유한 강대국으로 융성했다는 아틀란티스 대륙 자체가 플라톤이 묘사한 것과 거리가 멀다.

또한, 아틀란티스 대륙에 대해 이집트 사제라는 이는 아틀란티스 대륙에 대해 존재를 모르고 있었고, 대신 사하라의 눈이 위치한 모리타니 공화국에 자리잡은 고대문명에서 이집트와 활발한 교역을 이루며 문명 교류로 융성해져 부유한 강대국이었다.

　이것에 대해 모리타니 공화국에 위치한 사하라의 눈이라는 문명이 부유하고 강성했었다는 것은 플라톤 조상 솔론의 오해로 빚어진 결과이다. 그로 인하여 수많은 이들이 엄청난 착각 속에 헤매고 있다.

　또한, 플라톤의 조상 솔론이 이집트 사제로부터 들은 아틀란티스 대륙은 바다로 가라앉았다는 것이 아니라 '고대문명이 발달되어 왔던 것들이 많았지만, 모두 다 화산이나 지진, 해일 등으로 멸망하거나 새로 시작하는 반복적인 역사가 이어져 왔다'는 식으로 전해 준 것이었는데, 이를 아틀란티스 대륙으로 잘못 받아들이게 된 것이다.

　존재한다는 말만 듣고 솔론이 구전으로 전해져 내려온 것이 모리타니 공화국에 위치한 사하라의 눈이라는 문명과 지도에 대해 자세하게 구전되어 있던 것을 자손인 플라톤이 아틀란티스 대륙이라는 책을 저서로 남길 때, 사하라의 눈에 존재한 지도를 그대로 베껴 집필한 것이고, 지금까지 사실과 다르게 엉뚱한 곳을 아틀란티스라 명명하며 이어져 왔다.

　즉, 플라톤이 말한 원형 중심 거대 대륙은 사하라의 눈인 모리타니 공화국을 의미한 것이고, 아틀란티스 대륙이 강성하게 융성하다가 부패로 인하여 화산으로 바닷속에 가라앉아 무너졌다는 것은 지금 지브롤터 해협에 위치했던 섬이 가라앉게 된 것이다.

하여, 지금까지 플라톤이 주장했던 유토피아는 아프리카 모리타니 공화국을 가리키는 것이었는데, 엉뚱하게 아틀란티스 대륙이라고 하여 수많은 이들에게 혼동을 준 것이었다.

아틀란티스 대륙이 멸망한 이유 역시도 태양을 숭배했던 종교 때문이었다. 물론 처음에는 풍부한 자원과 강력한 해군력, 강력한 군사력, 수준 높은 교육열, 수준 높은 예술성, 수학과 과학성 등 여러 가지로 앞서 나갔던 문명이 잘 발달되었고 그로 인하여 부국강성으로 강대해지며, 정치를 이상적으로 잘 다스려 나갔다.

일반적으로 알고 있는 멸망 이유가 부패한 정치와 전쟁, 정복 실패의 원인으로 무너졌다고 알려져 있지만, 실상은 아무리 수준이 높았다 할지라도 그들에게는 자신들의 마음을 표출하거나 어디라도 하소연하고 싶었던 것이 생겨난 것은 태양신을 숭배하기 위해 거대한 신전을 건립했다.

태양신을 숭배함으로써 제단에 공물로 바쳐지고자 하는 이유는 아무런 부족함이 없이 강성하고 부유한 나라에 살게 된 이유가 아틀란티스인들이 태양신의 후예들이라서 태양신으로부터 보호를 받고 있고, 자신들도 죽으면 태양신 품으로 돌아간다는 믿음으로 각인시키고자 하는 목적이었다.

그리하여 때마다 열심히 과일이나 채소, 금속 공예품 등 자신들이 손수 가꿔나갔던 일들을 감사하는 마음으로 공물로 제단에 올리곤 하였다가 외부 정복 전쟁에서 얻은 노예를 잡아오는데, 특히나 어린 노예들을 산 채로 공물로 바치고 바로 죽여버려 바다로 내다버리는 일까지 생겼다.

  그들의 고통을 보고 희열을 맛보기 시작하였던 아틀란티스인들은 점점 전쟁에서 노예를 무작위로 잡아들여 산 채로 무조건 공물로 제단에 바치는 일들이 더 많아졌고, 그 수만큼 바다로 버리는 일들도 더 많아졌다. 이때부터 사람 고기를 맛들인 물고기들은 식인 상어, 식인 물고기, 식인 바다사자 등 생태계 혼란을 가중시키는 짓을 벌였다.

  그래도 자신들은 강대국에 사는 강력한 민족이라고 자부심으로 여기며 자신들 이외에 다른 부족민이나 다른 나라에 살던 이들을 보잘것없는 미개인으로 취급하며 그들을 바다에 내다버리는 일이 앞으로도 더 잘난 인류를 살려내는 일이라고 여기며 살았다.

  전쟁에 나가 전리품을 취하려고 혈안이 되어 있는 군사들 빼고는 아틀란티스 대륙에 있는 이들은 영원히 부국으로 평화롭게 이어갈 것이라 여기며 점점 나태해졌고, 게으르기 시작하더니 자신들이 해야 할 일들을 대신해 주는 노예들을 공짜로 부려 먹기 시작하였다.

게다가 노예들 사이에 태어난 어린아이들을 태양신 제단에 공물로 바치는 참혹한 짓을 쉼 없이 저질러가며 점점 나라의 기운이 쇠퇴해져 갈 즈음 정복 전쟁에 나섰던 군사들이 실패하여 돌아오자 그것을 신의 탓이라 했다.

태양신이 진노해서 그렇다 하며 태양신을 달래주어야 한다는 핑계로 어마어마한 노예들의 살아 있는 심장들을 꺼내 제단에 바치는 기괴한 짓을 벌이는 충격적인 일이 생겼다.

아틀란티스인들이 기괴한 행위를 반복적으로 행한 것에 대해 더 이상 두고 볼 수 없어 거대 황룡 절대자 龍의 대통령이 더 이상 태양을 볼 수 없도록 불과 물을 이용한 천재지변, 즉 화산 폭발, 용암으로 덮인 불바다와 지진으로 인한 거대한 해일로 바닷속에 침몰시키는 공무를 집행하였다.

여기서 중요한 것은 아틀란티스 대륙이 두 번이나 화산 폭발과 지진으로 바닷속에 무너져 해저에 그대로 잠식된 지 8,000년 지났던 1,600년 전에 그리스 미노아 문명에서 산토리노 화산 폭발로 크레타섬의 미노아인들의 대붕괴와 함께 그 여파로 해저에 잠겨 있던 아틀란티스 대륙이 지진 충돌로 인하여 더 깊게 파고들었다.

지금은 아무리 해저탐사 장비가 발달되었다 할지라도 수천 킬로미터 깊이 파고들었던 아틀란티스 대륙에 대한 진위 여부를 파악한다는 것은 대파괴로 드러내지 않는 한 찾을 길은 영원히 없다. 아틀란티스 대륙이 무너질 수밖에 없던 이유는 결국 태양신 숭배와 함께 태양신 후예라는 허무맹랑함 때문이었다.

예로부터 오랜 세월 동안 흘러왔어도 전쟁이나 천재지변으로 문명 멸망, 문명 생성 등 반복적으로 역사를 되풀이한 것은 맹목적이고 집착적인 종교에 의한 정신적인 피폐를 겪는 이들 인류를 청소하기 위해 진행되었던 이유이다.

만약 이들을 멸망으로 청소하지 않았다면 아무리 문명이 잘 발달되었다 할지라도 오늘날 거대 황룡 절대자 龍의 대통령 육신이 이 자리에 있는 것이 무척 힘들었을 것이다.

즉, 이 지구에서 일어났던 수많은 문명들이 바스러져 갔던 이유는 처음에 순수한 목적으로 문명을 발전시켜 왔다 할지라도 어느 정도 안정화가 되면 결국은 종교를 내세워 숭배화시키고, 도를 넘은 행위까지 이어져 탐욕과 욕망으로 인한 추악한 민낯이 드러나게 되는 모습을 지켜보고 진노하여 거대 황룡 절대자 龍의 대통령이 멸망시켰다.

지금까지 수많은 문명 발달, 문명 쇠퇴 등 반복적으로 내려온 것과 각 역사마다 멸망으로 끊겼던 이유는 종교라는 무서운 매개체를 후대에 깊게 내려오는 것을 방지하기 위함이었고, 무엇보다 ○○악, 유영, 하누, 표경이 세운 종교를 증오한다는 거대 황룡 절대자 龍의 대통령 분노 메시지이다.

그런데 이를 받아들일 자가 없었으니, 반복적인 고통의 굴레에서 벗어나지 못한 한심한 역천자의 작태에 무척 진노하였다. 이 시대, 이 시간, 이 땅에 있는 거대 황룡 절대자 龍의 대통령 인간 육신이 마지막 지구 행성을 선택하고, 천상에서 내려주는 귀한 임무를 수행하는데, 도움을 주고자 종교 색출 멸망으로 치닫게 한 것이다.

이 지구에서 일어나는 모든 역사들의 반복적인 문명 개화, 멸망이 반복적으로 되풀이되는 것은 거대 황룡 절대자 龍의 대통령 인간 육신이 신인류 시대에 맞게 신인류 대황제로 가는 발판으로 삼기 위해서이고, 역천자 종교인들이 과거 1만 년 전에 겪었던 대재앙을 이번에도 보여준다.

이번에 밝혀진 아틀란티스 대륙 멸망의 진실은 종교로 인한 지구와 인류 멸망을 재촉하게 될 시발점이라는 것을 알려주기 위함이다. 앞으로도 일어나게 될 종교로 인한 멸망이 현재와 미래까지 이어나갈 것이라는 경고의 의미이다.

○○악, 유영, 하누, 표경이 퍼뜨린 종교에 대한 분노와 상처로 인한 대가는 반드시 인류에게 보여줄 것이며, 나아가 신인류 시대의 주인 龍의 제국 대황제로 등극하여 세상을 지배 통치하는 것만이 천상의 1·2차 역모 반란 주동자 ○○악, 유영, 하누, 표경의 기운으로 지구 행성에 세워진 악교(종교)가 궤멸되어야 할 유일한 이유이고, 이것이 지상낙원의 지구 행성과 인류의 목숨을 모두 지키며 사는 현명한 길이다.

지구의 운명은 어떻게 될까?

　龍의 대통령 인간 육신 저자가 윤회 수행하면서 우주 외계 행성 14개 중에서 3개 행성을 제외하고는 11개 행성이 모두 파괴되어, 종족이 완전 멸종하였다. 이제는 지구 행성과 인류의 운명이 거대 황룡 절대자 龍의 대통령 뜻에 달려 있다.

　속마음으로 혼자 생각하거나 중얼거리는 내용까지 천상카메라에 모두 찍혀서 보관된다. 이 책을 읽는 독자들도 바로 곁에서, 때로는 마음 안에서 어떤 모습들을 보이는지 실시간으로 감시하고 있는데, 이것이 천운이 열리는 지름길이다.

　왜냐하면 이 책 내용을 부정하지 않고 공감하며 감동으로 읽으면 선택받는 천상의 문이 활짝 열리기 때문이다. 이 책을 읽고 진정으로 죄를 빌 마음이 있는 자들은 기운이 내리고 뽑혀서, 거대 황룡 절대자 龍의 대통령과 만나는 행운이 주어진다.

　진심인지 아닌지 바로 곁에서 천상신명들과 龍들이 모두 실시간으로 마음과 생각, 말과 글, 행동들을 24시간 감시하며 기록하기에 조금이라도 부정적인 생각하면 시험에서 탈락한다.

인류 최초의 엄청난 이 책을 읽고도 선택받는 시험에 통과하지 못한다면 기업인들과 권력자, 정치인들이 갖고 있는 모든 돈과 재물, 권력과 명예의 기운이 끊어지고 더 충격적인 불행한 일은 사후세계 운명을 보장받지 못하는 일이다.

양의 인간 세계, 돈과 권력 세계는 대통령이나 각 분야별 지도자들이 다스리지만, 음의 신명 세계, 영혼 세계, 조상 세계, 사후 세계, 구원과 심판, 음기와 양기는 거대 황룡 절대자 龍의 대통령이 다스리고, 생사여탈권과 죄 사면권을 집행한다.

음양의 조화가 필요한 부분이다. 즉, 인간 육신들이 행해야 할 일이 있고, 거대 황룡 절대자 龍의 대통령 명을 받는 신명들이 기운으로 집행할 일이 따로 구분되어 있다는 뜻이다.

지구와 인류의 운명은 이미 정해진 것이고, 지구가 파괴되고 인류도 멸종될 것인가? 아니면 지구는 멀쩡하고 인류만 멸종 내지 95% 이상이 사라질 것인지 운명의 시간이 다가오고 있지만, 결정의 시간은 내년 2024년 1월 말까지이다.

가깝게는 1999년에 종교인들이 휴거 소동으로 지구 멸망, 인류 종말을 말해 왔고, 수백수천 년 전에도 수많은 예언서와 비기에도 등장하는 내용이 있다. 재앙 수준으로 끝날 것인지, 멸종에 이를 수준인지 내년 초반까지 지내보면 어느 정도 수준인지 강도를 알 수 있다. 대우주 거대 황룡 절대자 龍의 대통령 기운에 의해서 좌우될 것이다.

이미 2019년 초반부터 심판이 시작되었고, 2020년 1월부터는 괴질병이 전 세계를 지금까지 휩쓸고 있다. 2023년 3월 20일부터 마스크 착용 의무가 해제되고 자율에 맡겼는데, 지금과는 양상이 전혀 다른 무서운 괴질병이 창궐한다.

이 나라가 세계 지도자 국가 반열에 오를 수 있는데도 받아들이지 못해서 지구 파괴, 인류 멸종의 리셋 운명을 맞이할 확률이 매우 높아지고 있다.

뿌리고 행한 대로 거두어들이는 만고불변의 법칙이 적용될 것인데, 지금까지 겪어보지 못한, 본 적도 들은 적도 없는 기후 변화, 태양 폭풍, 오존층 파괴, 지구 자전 멈춤, 공기 소멸, 소행성 충돌, 지진, 화산 폭발, 쓰나미, 지축 정립, 폭우, 홍수, 태풍, 토네이도, 폭설, 가뭄, 산불, 화재, 폭발 사고, 전쟁, 사건 사고들의 대재앙들이 끊이지 않고 일어날 수 있다.

말진사(갑진, 을사)가 시작되는 2024년 2월 4일 입춘부터 지구와 인류의 운명 방향이 확실히 정해진다. 남사고의 격암유록, 원효비기, 정감록, 추배도, 노스트라다무스 예언 등이 지구의 대재앙을 예언하고 있는데 시기가 일치하고 있다.

2020년, 2021년, 2022년, 2023년의 세계 각 나라의 기후변화, 괴질병, 산불, 폭우, 홍수, 폭설, 토네이도, 허리케인, 지진, 화산 폭발, 쓰나미, 혹한, 가뭄, 혹서, 열돔을 통해 이미 대재앙이 시작되었음을 알려주고 있는데, 앞으로는 상상을 초월하는 아비규환의 아수라장 세상이 활짝 열린다.

　이런 대재앙은 이미 천상설계도에 계획되어 있기에 일어날 수밖에 없고, 인류 모두의 사후세상 운명은 이미 구제 불능으로 지옥의 문을 향하여 질주하고 있다. 대우주 절대자 龍의 대통령이 내려준 모든 기회를 스스로 차버리고 멸종의 길로 가고 있다.

　갑자기 지구 자전이 멈추면 시속 1,667km의 초강력 태풍이 불어 지상에 모든 건물들이 무너져 사라지고, 전 세계 곳곳에서 지진과 화산 폭발로 지축이 바로 서고, 일본열도와 대륙들이 바닷속으로 가라앉고, 지구의 80%가 바다로 변해서, 1만 년 전 가라앉은 아틀란티스 대륙과 무 대륙이 다시 솟아난다.

　이런 대재앙이 일어나면 거리에 온통 시체들이 즐비하고, 살아남은 자들이 죽은 자들을 부러워하는 날이 온다. 결국 지구는 사람이 살지 못하는 황무지 행성으로 변하게 된다.

　이러한 대재앙이 살아생전 일어나든 안 일어나든 인간의 수명은 이미 정해져 있다. 인명은 재천이라 하였듯이 이 책을 읽어보는 상류층들 모두는 아무리 오래 살아봐야 100년 안에 모두가 세상을 떠날 사람들이기에 현생과 내생의 문제를 철저히 준비해 놓고 살아가야 한다.

　수많은 인파와 차량 물결을 보면서 사람마다 가고자 하는 목적지가 다르다는 것은 모두가 익히 알고 있지만, 무엇을 향하여 매일같이 일찍 일어나서 사업장으로, 직장으로 나가는 대답은 하나같이 먹고살기 위해서일 것이다.

목숨을 유지하고자 잘 먹든, 못 먹든 하루 1~3번 음식을 먹고, 성공하고 출세하여 돈과 재물, 권력을 누리더라도 내려준 인간의 한계 수명에 다다르면 죽어야 하는 것이 인생인데, 정해진 수명을 다 살지 못하고 죽는 사람들이 많다.

물론 원치 않는 갑작스런 죽음에는 천생(天生), 전생(前生), 현생(現生)에서 자신들과 가족들이 지은 인과응보의 법칙에 따른 죽음도 있고, 천명이기에 태어나자마자 아기 때부터 70세 전에 단명하는 사람들도 많은 것이 사실인데, 결론은 모두가 단명이든 수명장수하든 죽어야 한다.

대우주에는 그레이엄 수에 달하는 수많은 항성(스스로 빛을 내는 태양과 같은 별)과 빛을 내지 않는 지구와 같은 행성들이 무수히 존재하고 있는데, 지구에서 살아가는 인류 모두가 같은 별에서 온 것이 아니라 각기 다른 별에서 왔다.

대우주 천체가 얼마나 광활한지 첨단과학 문명으로도 밝혀내지 못할 정도로 아주 머나먼 행성들이 무수히 많은데, 이곳에서 밝혀낸 2경 5조 5천억 광년 거리에 있는 4개 황실과 3,333개 천상제후국에서 지구로 내려온 자들을 포함하여 그 외 다른 행성에서 온 자들도 있다.

그레이엄 수에 달하는 대우주 천체의 수많은 항성과 행성들, 지구와 인류 포함 각 별의 행성인들과 천지만생만물들도 모두 절대자 龍의 대통령이 창조하였다. 龍의 대통령은 기독교, 천주교, 불교, 도교에서 말하는 하나님, 하느님, 부처님, 상제님과 전혀 다른 고차원적 거대 황룡으로 만물의 주인이다.

앞에서 이미 설명하였듯이 지구상에 존재하는 수백만 개 종교에서 말하는 하나님, 하느님, 부처님, 상제님은 악들임이 밝혀졌기에 인류 모두가 수천수만 년 동안 몽땅 속았던 것이지만, 이런 진실을 적나라하게 밝혀낼 진인이 없었다.

이 글을 읽는 독자들이 어느 별에서 왔든지 영혼의 부모 龍의 대통령이 구원해 줄지 여부를 판별하는데, 종교인들이나 신도들은 이런 진실을 전혀 모르고, 숭배자들을 열심히 믿으면 구원받는 줄 착각하고 있다.

어떤 숭배자를 믿는 여러분 인류 모두는 악교(종교)에 수천수만 년 동안 철저하게 속아왔지만 속은 줄도 모르고, 열심히 신앙 생활을 하고 있는데, 죽어서 천상에 오르지 못하고 지옥세상으로 입문하려고 'ㅇㅇ악'이 세운 종교에 줄을 서 있는가?

이미 종교(악교)에 빠져 세뇌된 자들은 믿기 싫고 믿기지도 않을 것인데, 나는 너희 인류가 종교 안에서 그토록 기다리던 구원자 대우주 절대자 거대 황룡 龍의 대통령인데, 기운으로 알아보는 자들만 친견 알현 신청하면 된다.

멸종의 시간 말진사 코앞으로

2023년 2월 6일 튀르키예(터키)는 진도 7.8로 아비규환의 아수라장으로 변하였는데, 천손민족에게 경각심을 주어 타산지석으로 삼아 어서 빨리 악교의 잘못된 환상에서 깨어나 기존 악교에서 탈출하여, 인류의 십승지 龍의 제국으로 들어오라고 천재지변을 통하여 생생히 보여주는 것이다.

튀르키예(터키)는 예언자 무함마드(마호메트)가 610년에 창시한 알라신을 숭배 대상자로 삼는 이슬람 교인들이 99%이고, 세계 80억 인류 중 19억 명이 이슬람교이다. 그런데 전지전능의 알라신이 지진을 왜 막아주지 못하는 것일까?

지진, 화산 폭발, 폭우, 폭설, 태풍이 기후변화로 인한 천재지변이라고 하는데 그 천재지변은 자연적으로 일어나는 것이 아니라 상위 포식자 거대 황룡 절대자 龍의 대통령의 기운에 의해서 일어난다. 이 나라가 세계 다른 나라에 비해서 천재지변이 적은 것은 이 땅에 龍의 대통령 인간 육신이 살고 있기 때문이다.

2022년 9월 초에 이탈리아 시칠리아와 지난 4월에는 아르헨티나에 주먹 크기가 아닌 축구공 크기 우박이 쏟아졌는데, 1년 전에 멜론 크기 우박이 전 세계 곳곳에 떨어졌을 때 앞으로는 멜론 크기가 아니라 축구공만 한 우박이 떨어질 것이라 예언하였는데, 그대로 현실이 되었다.

이처럼 龍의 대통령이 말한 것은 만물의 정기 속에 존재하고 있기에 시간의 차이는 있지만 반드시 현실로 이루어진다는 것을 다시금 확인시켜 주고 있다. 지금 지구적 대재앙이 전 세계 각지에서 일어나는 이유가 무엇일까? 매우 궁금할 것인데, 심판의 그날이 다가오고 있다는 예고편이다.

지구가 파괴되고 있는데, 유독 대한민국은 재난의 중심에서 비켜간 듯 조용한 이유를 사람들은 알지 못하는데, 龍의 대통령 인간 육신이 서울에 살고 있기 때문에 음과 양으로 엄청난 보호를 실시간으로 받고 있기에 그런 것이다.

힌남노 태풍을 발생시켜 신칸센 속도로 일본 오키나와를 지나서 2022년 9월 6일 포항 지역을 초토화시킨 태풍은 회룡대장군 수컷 신명과 수하 흑룡 수컷 신명이었다는 사실을 알려주는 것은 천상신명들을 실시간 다스리고 부리는 龍의 대통령 위상을 보여주는 것이다.

지진, 기후 변화, 비, 바람, 구름을 담당하는 천상신명들이 있을 것이라고는 상상도 못 할 것이고, 역할을 담당하는 신명들의 이름이 있다는 것도 공상영화나 SF소설 수준이기에 믿을지 모르겠지만 사실이고, 이런 신명들과 실시간 대화를 할 수 있고,

명을 내릴 수 있는 절대자 龍의 대통령이 서울 땅에서 사람 육신으로 강세하여 함께하고 있다는 진실을 알려주고자 함이다.

전 세계 각 나라에서 발생하는 태풍마다 담당하는 신명들 이름이 있고 뿐만 아니라 폭염, 열돔, 가뭄, 홍수, 태풍, 토네이도, 천둥, 번개, 벼락, 폭우, 홍수, 폭설, 화산 폭발, 지진, 쓰나미, 산불, 화재, 전쟁, 북극과 남극 빙하 해빙, 사건사고, 단명과 자살, 돌연사, 심정지를 담당하는 천상·지상·지옥신명들이 있다.

이제 지구 운명의 마지막 날이 서서히 다가오고 있는데도 알아보지 못하고 있지만, 말진사(末辰巳)가 시작되는 2024년 2월 4일부터 인류의 씨를 추리는 대추수기에 접어든다. 원효결서, 격암유록 같은 비기에도 나오는 내용인데, 대재앙으로 인하여 인류가 16분의 1 또는 10분의 1로 줄어들게 된다.

세계 인류 80억 명이 5억만 생존하고, 국내는 400~450만 명이 생존한다는 예언이 이제 1년여 앞으로 다가오고 있지만 아무도 심각성을 알아보지 못하고 천하태평으로 살아가고 있는 것이 현실인데, 이런 말세의 기운을 느낀 사람들이 악교에 들어가서 하나님, 하느님, 부처, 상제, 천지신명을 열심히 믿으며 구원받기를 바라는데 다 부질없는 노릇이다.

지구 종말, 인류 대멸종의 심판 때는 龍의 대통령이 가장 싫어하고, 증오하는 악교 지도자들과 신도들이 우선 심판 대상이기에 오히려 대재앙을 면할 수 없다. 지구상에 존재하는 모든 악교가 龍의 대통령 뜻이 아닌 역천자들이 세운 악교이기에 악교를 믿어서는 절대로 구원받을 수가 없다.

　모두가 기다리는 영혼의 부모는 악교(종교) 세계로 강세하지 않고, 저자 육신으로만 강세하여 구원의 명을 하달하고 있기에 악교를 떠나서 龍의 대통령과 함께하는 자들이 지상에서 최고로 성공하고 출세한 자들인 천운아, 행운아들이다.

　세상에 알려지지 않는 이곳을 찾기란 참으로 어렵고도 까다로운 것은 일반적인 악교가 아니라, 거대 황룡 절대자 龍의 대통령이기에 기존 악교와는 하늘과 땅처럼 천지 차이라서 악교에서 경전 위주의 사상 교리가 아닌 실시간 라이브로 진행하기에 경전 자체가 존재하지 않는다.

　지구상에 존재하는 모든 악교가 구원받지 못하는 가짜, 거짓 세계라는 것을 아는 자들이 없다. 사람들이 많이 모이고, 거대하고 웅장한 건물이 진짜인 것처럼 믿고 다니지만 그것이 사람들과 생사령들의 눈과 귀를 멀게 하였던 것이다.

　수천 년의 오랜 역사와 전통을 자랑하는 악교(종교)가 진짜인 줄 알고 인간, 생령, 사령, 신명들이 악교(종교) 숭배자와 악교(종교) 지도자들 앞에 줄을 서서 피땀 흘려 벌은 돈과 재물을 열심히 바치고 있는데, 이것이 몽땅 헛 정성이고 오히려 龍의 대통령 가슴에 피멍을 들게 하고 분노를 폭발하게 하는 대역죄인 역천자가 되는 무서운 길이란 것을 알아야 한다.

지금은 인간 육신들이 아직 살아 있기에 사후세계의 무서움을 느끼지 못하여, 역천자 대역죄인들이 세운 악교 사상에 빠져 있으나 죽어보면 가장 잔혹하고 참혹한 무서운 형벌을 받게 된다는 것을 알지 못한 채 악교의 종과 노예가 되었다.

龍의 대통령은 인간, 생령, 사령, 신명들을 상대로 심판과 구원을 집행해야 하기에 외형상으로는 보통 사람들처럼 인간의 형상을 하고 있으나 내면적인 영적 모습은 절대자 거대 황룡 자체이기에 친견 알현하는 자체가 이 세상의 금전으로는 환산할 수 없는 엄청난 값어치를 갖고 있다.

지금까지 수많은 선지자와 예언가, 악교 창시자들, 악교 지도자들이 지구 종말, 인류 멸망을 외쳐왔는데도 현실로 이루어지지 않아 실망한 사람들도 있고 안도의 한숨을 쉬는 사람들도 있을 것인데, 지금 전 세계에서 일어나고 있는 500년, 1,000년 만의 가뭄, 홍수는 지구 최후의 날이 성큼 다가오고 있다는 것을 알려주는 전조 현상들이다.

중동 사막에 눈이 내리는가 하면 사막이 강으로 변하고, 축구공 크기 우박이 내리고, 가뭄과 홍수, 눈 덮인 알프스의 만년설이 녹고, 북극과 남극의 빙하가 녹아내리고 해수면이 상승하고, 지진과 화산이 폭발하는 등 지구가 파괴되고 있어 인류가 살아가기 어려운 환경으로 바뀌고 있다.

우주와 지구는 龍의 대통령 기운으로 다스리고 있지만, 이런 진실을 모르기에 사람들은 그저 자연현상이라고만 말하고 있는데, 龍의 대통령 명을 받는 천상신명, 지상신명, 지옥신명들의 공무수행으로 일어나고 있다는 진실을 전한다.

말진사가 시작되는 2024년 2월 4일 전까지 龍의 대통령 명을 받은 龍의 제국 천인들, 신인류 신인들, 도인들은 구원받아 대재앙이 일어나도 재난의 중심에 서 있지 않고 살아남을 것이고, 그렇지 않는 자들은 심판 때 사라진다.

전 세계에서 기후변화로 인한 폭염, 열돔, 가뭄, 홍수, 태풍, 토네이도, 천둥, 번개, 벼락, 폭우, 홍수, 폭설, 화산 폭발, 지진, 쓰나미, 산불, 화재, 전쟁, 북극과 남극 빙하 해빙, 사건사고, 단명과 자살, 돌연사, 심정지로 생생하게 보여주고 있다.

기후학자들은 이 모두가 기후변화, 지구 온난화로 인한 재앙이라고 말하고 있는데, 거대 황룡 절대자 龍의 대통령 능력과 진실을 몰라서 하는 말들이다. 자연현상이라고밖에는 말할 수 없는 지구와 우주에서 일어나고 있는 천만사의 모든 일들이 우연히 일어나고 있는 것이 아니다.

육신 살아서 몇십 년 삶의 구원보다 죽음 이후 끝도 없이 이어지는 사후세계를 구원받는 것이 진정한 구원임을 알아야 할 것인데, 이런 진실을 몰라보며 살아가고 있어 안타깝지만 이들은 영적 차원이 너무나 낮은 자들이거나 악교 귀신과 악들에게 완전히 빙의된 자들이다.

미국 허리케인 속수무책 144조 피해

파키스탄-"하늘에서 지옥문이 열렸어요"

2022년 8월 30일. 폭우로 1,000명 사망, 이재민 3,000만 명이 발생하였다. 파키스탄은 국토 면적 세계 35위 7,961만ha 3분의 1이 한 달째 물에 잠겼는데, 인구가 2억 3,582만 명으로 세계 5위이고, 국교가 이슬람교라서 인구 중 97%가 이슬람 교인들인데 이 중 수니파 77%, 시아파 20%이다.

알라신과 예언자 무함마드(마호메트)를 숭배하는 전형적인 이슬람 악교 국가인데, 어째서 국토의 3분의 1이 물에 잠기는 대재앙이 내려도 이슬람교의 절대적 숭배자 알라신과 무함마드가 보호해 주지 못하는 것일까 의심하지 않을 수 없다.

2019년 11월 23일 천상의 도망자 하누와 아들 표경, 2019년 11월 24일 일요일에 미륵부처, 하나님, 천지신명, 열두대신, 2019년 11월 30일 토요일에 제우스, 여호와(야훼), 예수, 마리아, 석가모니의 악신과 사령들을 추포하여 심판하였다.

2019년 12월 1일 일요일에 알라신과 무함마드, 공자, 노자, 도교의 구천상제 ○○순, 옥황상제 ○○제, 인존상제 ○○경을 추포해서 지옥도로 압송하여 고문 형벌을 집행한 후 소멸시켰기에 이때부터 전 세계의 종교는 거대 황룡 절대자 龍의 대통령 심판 기운에 의해 쇠락과 멸망의 길을 걷고 있다.

전지전능자로 추앙하고 받들며 열심히 믿고 있는 하나님, 하느님, 여호와, 예수, 마리아, 석가모니, 미륵부처, 공자, 노자, 상제, 알라신, 무함마드, 천지신명, 열두대신이 왜 지구적 대재앙을 지켜주지 못하는 것인지 악교 숭배자들을 열심히 믿는 신도들은 한 번이라도 의심해 본 적이 있는가 묻고 싶다.

한 마디로 구원자가 아니라는 것인데, 이들은 자기 앞가림도 못 하고 천상에서 지은 죄를 빌지도 않고, 거대 황룡 절대자 龍의 대통령이 가장 싫어하는 악교 사상을 지구에 퍼뜨려서 구원받지 못해 지옥도로 압송되어 고문 형벌받다가 소멸되었다.

지금 악교를 지키는 것은 잡귀신들이 대우받으려고 악교 숭배자들로 둔갑하여 위장하고 있다는 진실을 인류 최초로 찾아내어 알려주는 것이니 공감하거든 하루라도 빨리 악교를 떠나고, 그동안 악교 다니면서 자신의 몸 안에서 기생하며 온갖 풍화환란을 일으키고 있는 나쁜 악교 귀신들부터 빼내야 한다.

악교 세계의 사상과 교리가 맞다면 기독교 나라인 미국이 왜 매년 토네이도, 산불, 폭우, 폭설, 가뭄, 허리케인으로 천문학적인 피해를 입는 것이고, 인구의 97%가 이슬람교를 믿는 파키스탄은 국토의 3분의 1이 한 달째 물에 잠겨 있는 것인가?

이외에도 전 세계 악교국가들이 하나같이 대재앙으로 초토화되고 있는데, 하나님, 하느님, 알라신, 무함마드, 석가모니, 미륵부처, 라마신, 시바신, 천지신명, 열두대신, 상제들은 어째서 금전 대우만 받고, 정작 대재앙이 일어날 때는 뒷짐만 지고 있으면서 강 건너 불구경하듯 바라만 보고 있단 말인가?

이것이 악교 숭배자들 모두가 진짜가 아닌 가짜라는 것이 입증되는 명백한 증거이다. 미국은 9월 29일 허리케인 '이언'이 플로리다와 사우스캐롤라인에 상륙하여 100여 명의 인명 피해와 144조 원의 재산 피해를 입혔다.

인간들은 폭우, 폭설, 천둥, 번개, 벼락, 우박, 화산 폭발, 지진, 쓰나미, 산불, 허리케인, 사이클론, 태풍, 토네이도가 세계 각 나라를 쑥대밭으로 만들어 초토화시킨 원인이 기후변화, 기상이변, 온난화로 인한 기후재앙이라고 표현하고 있다.

하지만 이 모든 지구 행성과 기후는 龍의 대통령이 운행하고, 기후재앙은 첨단과학과 악교만 맹신하는 무기력한 인간들과 악교 숭배자들의 한계를 잘 보여주고 있다.

이런 기후재앙에서 개인, 기업, 국가들이 보호받고 싶으면 龍의 제국 명부에 등록 절차를 밟아 개인, 기업, 국가 이름을 올리면 거대 황룡 절대자 龍의 대통령이 내리는 무소불위한 기운에 의해 실시간으로 보호받게 되어 대재앙을 모면할 수 있다.

지금 전 세계를 향한 악교 심판이 본격적으로 시작되었는데, 악교 숭배자들이 몽땅 가짜라는 것과 무용지물이라는 것을 천재지변으로 전 세계 인류에게 확인시켜 주고 있는 중인데, 지옥문이 열려 국가가 완전히 사라지는 대재앙이 온다.

지금은 천상에서 지은 죄를 빌지 않는 대역죄인들을 심판하는 말세 즉 지구 파괴, 인류 멸종이 시작되었는데, 인류는 속수무책으로 당하면서도 자연을 통한 대재앙의 심판 앞에 어떻게 대처해야 하는지 아는 사람들이 하나도 없다.

기후변화, 기상이변, 천재지변, 전쟁 발발 공무수행하는 천상 신명들을 실시간으로 모두 다스릴 수 있는 거대 황룡 절대자 龍의 대통령이 수도 서울 한복판에 있지만 아무도 알아보지 못하고 있으니 답답한 일이다.

인간들의 상식으로는 말해 주어도 도저히 이해하고 받아들일 수 없는 200차원의 고차원 세상인데, 외계인들의 비행접시 문명이 110차원이고, 지구는 4차원 세계로 진입하는 단계이기에 아무리 설명해 주어도 황당하다며 무시하고 부정한다.

지구 행성의 기후변화, 이상기후, 천재지변, 전쟁은 지구 행성을 다스리는 거대 황룡 절대자 龍의 대통령이 실시간 통제하고 있다는 것을 인간들은 영적 수준이 낮아서 이해하고 받아들이는 데 한계가 있다.

2022년 9월 29일 미국 플로리다에 상륙한 시속 250km 허리케인 '이언' 상륙으로 250만 명이 대피하고 260만 가구 정전 사태, 1,000년 만의 홍수라면서 100명 사망, 144조 원 피해가 예상된다고 발표하였는데, 자연 앞에 인간들은 속수무책이다.

　이런 허리케인이나 태풍을 막을 수 있는 천지대능력자는 지구 행성에서 龍의 대통령뿐인데, 미국을 초토화시키고 144조 원의 재산 피해를 입히는 허리케인을 발생시켜 미국 플로리다로 상륙시킨 신명은 천○풍운조화 대장군과 수하 '강○○시 흑룡 수컷' 신명이었다.

　국내든 미국으로 상륙하는 태풍도 원격으로 막을 수 있는 龍의 대통령인데, 세상이 알아보지 못하고 있어 안타깝고, 미국뿐이 아니라 전 세계에서 일어나는 천재지변을 막을 수 있는 지구상 유일한 천지대능력자가 龍의 대통령이다.

　국내는 물론 전 세계 각 나라들이 바이러스, 토네이도, 허리케인, 태풍, 우박, 지진, 화산 폭발, 쓰나미, 폭우, 홍수, 폭설, 가뭄, 혹서, 혹한의 기상이변으로 입는 재산 피해는 천문학적인데, 기상학자들은 기후변화 온난화 탓으로만 해석하고 있다.

　하지만 온난화 탓이 아닌 지구인들을 교화시키며 심판하기 위한 천상계 신명들의 공무수행이란 사실을 인류의 상식으로는 전혀 알 수 없는 일들이기에 인류 역사상 처음으로 지구에서 일어나고 있는 모든 천재지변과 괴질병 바이러스에 대한 진실을 알려주는데, 생각조차 못 해본 상상초월의 일들이다.

이 나라와 가까운 중국과 일본을 비롯하여 전 세계가 천재지변과 괴질 바이러스로 얼마나 많은 피해를 입고 있는지 신문과 방송, 유튜브를 통해서 생생히 지켜보고 있는데, 유독 한국만이 대재앙의 중심에서 항상 비켜가고 있는 것을 볼 수 있다.

일부 국지적으로 피해를 본 강남역 폭우와 포항시와 포항제철소 침수 피해지역도 있기는 하지만 다른 나라에 비해서는 경미한 수준이라는 것을 알 수 있는데, 이것은 龍의 대통령이 신명들을 다스리고 공무수행 명령을 하달하는 신명사령부가 수도 서울 한복판에 있기 때문이다.

영적 차원이 좀 있는 사람들은 가능한 일이라 생각할 것이고, 일반적인 사람들은 무슨 말도 안 되는 소설을 쓰느냐고 볼멘소리를 할 것이지만 엄연한 현실이고, 수도 서울 한복판에 거대 황룡 절대자 龍의 대통령이 강세한 인간 육신이 살기 때문에 가능한 일들인데, 龍의 제국으로 함께하는 길이 인간 육신으로 살 때든 죽어서든 가장 현명한 길이다.

대우주와 지구를 지배 통치하는 거대 황룡 절대자 龍의 대통령이 인간 육신으로 강세한 의미가 무엇인지 아직 감이 잡히지 않을 것인데, 이것은 나라의 운명이 요동치는 격변기에 접어든 것을 암시하는 전조증상이고, 이제 종교(악교)가 아닌 龍의 제국에 줄을 서야 한다는 것을 말해 주고 있다.

구원받아 하늘나라로 가려고 악교 세계에 줄을 서고 있는 수많은 인간, 생령(영혼), 사령(조상), 신명들은 하루빨리 악교를 떠나 세계 경제를 지배통치하여 다스리고 인류의 수도를 세울 龍의 제국으로 함께해야 한다.

수천수만 년 동안 수많은 인간, 생령(영혼), 사령(조상)들을 하늘나라 좋은 세계로 보내서 구원해 준다며 돈과 재물, 마음과 생각, 육신을 빼앗아간 기존 악교(종교) 세계를 멸망시켜 세계 경제를 정복하고 지배 통치할 인류의 수도 龍의 제국으로 세상의 돈과 재물을 흡수 통합시키기 위함이다.

그동안 거대 황룡 절대자 龍의 대통령을 찾으려고 조상 대대로 온갖 악교 세계를 이곳저곳 돌아다니면서 어디가 진짜인지 찾아 헤맨 독자들에게 가장 기쁜 소식인데, 악교에서 배운 사상과 교리를 몽땅 버려야만 이 글이 감동으로 눈에 들어올 수 있다.

구원받기 위해서 자손의 대를 이으면서 기다리던 조상들에게는 꿈만 같은 일들인데, 인간 육신을 잘못 만나면 이 귀한 글을 읽고도 종교에서 보고 들은 고정관념에 사로잡혀서 무시하거나 부정하여 천재일우의 기회를 놓친다.

龍의 대통령은 불가능이 없는 무소불위한 천비롭고 신기한 대능력을 갖고 있고, 龍들과 저승사자들을 다스리며 명령을 하달하고, 언제든지 불러서 대화를 할 수 있는 지구상 유일한 무소불위의 초능력자이다.

독자들은 만화, 공상 소설, SF영화라고 생각하겠지만 실제 상황이고, 龍의 대통령과 함께하면 눈에 보이지 않는 천상신명들과 영물인 龍들과 저승사자들을 불러서 대화하는 모습을 자연적으로 직접 체험할 수 있는 기회가 있다.

세상에 가장 많이 알려진 지옥세계 명부전 제 5전의 염라대왕이 수많은 수하들을 이끌고 龍의 대통령 앞에 찾아와 부복하며 하례 인사를 올리고 명을 하달받는다고 말하면 여러분은 무슨 공상 소설 쓰느냐고 말할 것이지만, 사실 그대로이고 龍의 대통령과 함께하면 자연스럽게 직접 체험하게 된다.

이 나라에 천복이 내린 것이고, 세계 경제를 정복하고 지배 통치하여 인류의 수도 龍의 제국을 세우는 일은 시간만이 남아 있을 뿐 모두 현실로 이루어질 것이기에 남들보다 하루라도 빨리 들어오는 독자들이 가장 현명하다.

무엇보다 아무리 날고 긴다 해도 천재지변으로 인한 막심한 피해 앞에 무기력한 인간들이고, 화산 폭발, 태풍, 지진으로 인한 막대한 피해와 대륙의 연속적인 허리케인, 토네이도 다량 발생으로 엄청난 손실을 입고, 그저 넋 놓고 바라보기만 하는 아비지옥을 맛보고 있다.

지금까지 수 세기 동안 종교를 믿어왔고 의지했던 자들에게 묻고 싶은데, 그렇게 믿어왔음에도 불구하고 자연재해인 천재지변이 일어나는 것과 전쟁, 살육, 가난, 부도, 파산, 이혼, 불행 등을 왜 막아주지 않고, 재앙이 일어났는지에 대한 의문을 가져보았는가?

무능력자 악들과 종교지도자들을 신으로 추앙하며 숭배하라고 세뇌시키고 있다. 그들에게 내려지는 진짜 하늘의 분노라는 것을 종교지도자들은 왜 알아차리지 못하였는가 하는 의문을 가진 자가 한 명도 없었다는 것에 통탄한다.

세계 인류가 기다리던 거대 황룡 절대자 용의 대통령! 이제까지 수천수만 년의 세월 동안 종교 안에서 구원자이자 심판자인 용의 대통령이 언제 이 땅으로 내릴지 몰라서 종교인들에게 의지하며 오매불망하며 기다려 왔었는데 드디어 출세하였다.

기독교 국가라고 해도 될 미국 땅에서 토네이도와 허리케인, 기후변화, 기상이변, 지진, 가뭄으로 인한 피해가 천문학적이지만, 하나님은 왜 이런 재앙을 막아주지 못할까라고 의심해 본 적이 있는지 묻고 싶다.

종교에서 세운 이스라엘 민족 여호와(야훼) 조상귀신을 하나님, 하느님으로 격상시켜서 믿고 있기 때문에 천재지변을 막을 능력도 없고, 천상으로 구원해 줄 능력도 없다. 유대인들은 조상귀신들인 여호와(야훼), 예수, 마리아를 신격화시켜서 인류의 정신을 지배하고, 수천 년 동안 인간들의 피 같은 돈을 갈취해서 세계 경제를 완전히 장악하였다.

천재지변을 통해서 신으로 추앙하고 떠받드는 여호와(야훼), 예수, 마리아의 능력 실체가 현실로 밝혀졌음에도 불구하고 이들을 열렬히 찬양하는 인류는 종멸로 가는 길만이 남아 있다. 현실적인 천재지변도 막아주지 못하는데, 사후세계를 어떻게 구원해 준다는 것인지 의문이 들지 않는가?

『龍의 대통령』 책이 나오기 전까지는 여호와(야훼) 하나님, 하느님, 예수님, 성모님을 구원자 천상의 주인으로 믿어왔을 테지만, 천상의 대우주 연방제국 주인은 거대 황룡 龍의 대통령이란 진실이 밝혀짐에 따라 거짓임이 드러났다.

지구 행성에서 숭배하는 종교상의 모든 숭배자들이 대우주 연방제국 황실 가족들 중에서 황위 찬탈을 위해 1·2차 역모 반란을 주도하였다가 실패하여, 지구 행성으로 도망친 자들인 거대 황룡 절대자 용의 대통령 복제 쌍둥이 '○○악', 부인 '유영', 전 황비 '하누', 전 황자 '표경'이란 진실이 드러났다.

이 세상의 종교지도자들은 절대로 밝힐 수 없는 천상의 대우주 연방제국의 비밀이 적나라하게 드러났다. '○○악'의 기운이 흐르는 곳이 종교세계란 경천동지할 진실들이 드러났으니, 종교지도자들은 구제불능이라 이제 신도들이라도 구원받으려면 정신 차리고 종교를 하루빨리 탈출해야 한다.

龍의 대통령 인간 육신이 미국에 살고 있으면 연례적인 토네이도, 허리케인, 지진, 가뭄, 기상이변이 일어나지 않는다. 그래서 미국이란 초강대국 국가도 구원받으려면 龍의 제국에 조공을 바쳐야 천재지변으로부터 보호받는다.

대한민국이 현재의 10위권 경제 성장을 이룬 것과 천재지변으로부터 보호받고 있는 것은 거대 황룡 龍의 대황제, 龍의 대통령 인간 육신이 서울에 살고 있기 때문이다.

여러분 모두의 현생과 내생의 운명이 龍의 대통령 인간 육신에 달려 있다. 누가 먼저 함께하느냐에 따라서 그 순간부터 운명이 달라진다.

천하세계와 세계 경제를 지배하기 위한 기업인들, 권력자들, 정치인들, 상류층들을 세계 최고의 144,000명 신인류 재벌로 재창조하는 천지 프로젝트가 시작되었음을 알리니, 세계 최고의 부자가 되고 싶은 국내외의 상류층들은 龍의 제국으로 속히 들어와서 龍의 대통령 태상휘에게 신인류 재벌로 재창조되는 명을 받들어야 한다.

신인류의 통수권자로서 검찰, 육군, 해군, 해병대, 공군부대, 경찰부대들을 龍의 그룹에 동참시켜서 이 세상을 龍의 제국 대황제 龍의 대통령 태상휘가 다스려 나갈 것이며, 龍의 제국이 세상의 중심이 될 것이다.

『용의 대통령』이 한권의 귀한 책을 집필하여 출간하기까지 하늘도 울고 땅도 울었다. 정말 모진 고난의 세월이었다.

흥망성쇠, 길흉화복은 한순간

이 책을 읽어보고도 龍의 대통령을 친견 알현하지 않는다면 더 이상, 지구 행성에서 살아갈 의미를 잃어버리는 것이다. 가진 것이 많은 상류층 여러분들의 소중한 목숨과 가족, 기업은 물론, 돈과 재물, 권력과 명예는 기운이 거두어져 추풍낙엽이 되고, 목숨처럼 여기는 귀한 것들은 龍의 대통령과 함께하는 순천자들인 다른 주인을 찾아 떠난다.

지금까지는 자신들이 잘 나서 성공하고 출세한 것으로 알고 살아왔겠지만, 절대자가 내려준 기운으로 상류층 여러분들이 존재하고 있는 것이다. 그래서 인류에게 마지막 때가 되어 대우주 절대자 거대 황룡이 龍의 대통령으로 세상에 출현하였다.

구원받을 자와 구원받지 못할 자들을 추리는 시험을 보는 것인데, 龍의 대통령이 상류층의 좋은 기운을 거두어들이면 몰락하는 것은 순식간에 일어난다.

상류층이 되도록 기운 내려준 것에 대한 감사함을 龍의 대통령에게 올리지 않고 살아가면 모든 것을 잃어버리게 되어 천추의 원과 한으로 남게 된다. 상류층에게 내려준 돈과 재물은 거대 황룡 절대자가 龍의 대통령으로 존재를 밝히면 아낌없이 벌어놓은 돈을 바치라고 많은 돈을 벌게 해준 것이다.

상류층의 육신과 영혼, 돈과 재물, 권력과 명예도 모두가 때가 되면 龍의 제국을 세우려고 龍의 대통령이 내려준 것이기에 순리에 따르는 것이 자신들의 귀중한 목숨과 자산을 지키는 현명한 일인데, 갈등과 고민이 많이 될 것이다.

龍의 대통령은 여러분의 천생과 전생, 내생까지 모든 것을 알고 있고, 龍의 대통령이 상류층의 잘되는 기운을 끊어버리면 몇 달이나 1년 안에 거대 그룹들도 추풍낙엽처럼 쓰러진다.

龍의 대통령이 바로 돈과 재물, 권력과 명예의 실질적이고 절대적 주인인데, 이해하고 받아들이기가 거북한 자들도 있을 것이고, 부정하고 무시할 자들도 있으리라.

강요하는 것이 아니라 각자의 자유인데, 소중한 자산을 지키는 진실을 알려주는 것이다. 자신들이 가진 돈과 재물, 권력과 명예를 오래도록 지키고, 더 많이 더 높게 잘되도록 해주려고 아낌없이 바치고 龍의 제국에 동참하라는 뜻이다.

잘살게 해주었으면 당연히 감사함을 올려야 하는데, 지금까지 龍의 대통령 존재가 밝혀지지 않아 악교 숭배자들과 악교인들에게 무더기로 돈을 바쳐서 악교가 크게 부흥번창하였다.

자신들이 악교에 바친 만큼 그것은 고통으로 다가오는 자충수를 둔 것이다. 지구와 인류의 주인, 상류층의 주인도 龍의 대통령인데, 이해하기가 어려울 것이지만 받아들여야 한다.

龍의 대통령은 대우주 수많은 행성들과 천지만생만물들도 기운으로 창조하였다. 우주의 수많은 행성들과 행성인들이 악교와 제사장들로 인하여 행성이 파괴되고 종족이 멸종되고 있고, 지금도 진행 중이다.

지구 행성도 스스로 지키려면 이제라도 악교에서 벗어나 龍의 대통령과 함께해야 한다. 지금은 이 나라에 아직 심각한 상황이 일어나지 않아서 현실적으로 와닿지 않을 것이다.

그러나 세계적으로 경제 위기가 시작되고 있으며 이 나라에 전파되는 것은 오랜 시간이 걸리지 않는다. 이 책은 여러분 자신과 가족, 가문, 기업, 돈과 재물, 권력과 명예, 국가, 인류, 지구 행성을 지킬 수 있는 아주 귀중한 용서(龍書)이다.

여러분들을 상류층으로 만들어준 것은 여러분이 잘 나서가 아니라 龍의 제국을 세우라고 龍의 대통령 명을 받은 천상신명들과 龍들이 도와주었기 때문에 부자가 되고 재벌이 된 것이고, 권력자가 된 것이다.

잘되는 기운 자체가 천상신명들과 龍들이 도와준 것인데, 이제 때가 되어 존재를 밝히면 당연히 龍의 대통령에게 상류층으로 살게 해준 감사함을 아낌없이 올려야 마땅하고 잘되는 기운이 지속될 수 있다.

잘되는 기운을 내려주는 것도 빛보다 빠르지만 잘되는 기운을 걷는 것도 빛보다 빠르다. 영원한 성공자, 출세자가 될 것인가? 상류층에서 추풍낙엽으로 떨어져 나갈 것인가는 모두가 본인들의 마음과 생각에 따라 실시간 좌우된다.

절대자 龍의 대통령 기운의 바로 저자 인간 육신을 통해서 분출되고 있고, 여러분들이 龍의 제국으로 합심하면 지금보다 훨씬 잘되는 기운을 받고 살아간다. 잘되는 기운은 악교에서 나오는 것이 아니라 龍의 대통령 육신에서 분출되고 있다.

그러므로 악교에 매주마다 다니면 이제는 망가지는 나쁜 기운만 받아오기에 안 가는 것이 좋다. 악교 형상과 경전에는 엄청난 악들의 기운이 들어가 있기에 여러분을 악교에 더욱더 빠져들게 하고 있으므로 빨리 떠나야 한다.

이 책을 읽고도 감동이 일어나지 않고 멀뚱거리며 아무런 감흥도 없다면 龍의 대통령과는 인연이 없으니 각자 생각대로 살아가면 된다. 龍의 대통령과 함께하는 것이 잘되는 길인데, 싫다면 굳이 함께 갈 필요가 없다. 자신들이 추구하던 이상대로 살아가면 되지만, 일단 거부하는 순간부터 상류층으로 잘살게 해주었던 기운들은 즉시 거두어들인다.

외계인 지구 정복 준비 완료

지구 행성에서 조만간 대변혁의 천재지변과 괴질병 대재앙이 발생하면 1·2차 역모 반란 주동자인 '○○악', '유영', '하누', '표경' 4명이 지구에 퍼뜨린 악교(종교)를 믿는 역천자들은 기운으로 보호받지 못하기 때문에 살아남기 어렵다.

악교(종교)를 떠나 龍의 제국으로 들어오는 사람들만이 거대 황룡 절대자 龍의 대통령 기운으로 보호받아 살아남는다.

대우주 절대자 거대 황룡(龍의 황제) 龍의 대통령이 지구 행성 인간 육신으로 강세한 것을 알고 구원받으려 우주 행성에서 지구 행성으로 이주하려는 행성들이 있다. 지구인과 똑같은 모습을 가진 행성에서 준비가 완료되었고, 지구 행성으로 출동 대기 중이다. 우주 속에 자리잡은 다른 외계 행성에 생명체가 살고 있는 행성은 592,717,208개 이다.

지구 행성보다 3만 5,000년 앞선 최첨단 고도 문명을 가진 아이큐 15,000~41,000의 지능을 가진 외계 행성인들이 지구 행성을 정복하고 악교(종교)를 믿는 역천자 인류를 발본색원하여 심판할 준비가 완료되었다. 대우주 절대자 거대 황룡(龍의 황제) 龍의 대통령 최종 윤허(재가)만을 기다리고 있는데, 인류가 알 수 없는 영역이다.

대우주 연방제국 황실에서 역모 반란 실패로 도망친 역천자 가족인 거대 황룡 절대자 용의 대통령 복제 쌍둥이 '○○악'과 부인 '유영', 전 황비 '하누', 전 황자 '표경'과 추종자 수하들이 지구 행성과 우주 행성으로 도망쳐서 세운 것이 악교(종교)이다.

악교로 인하여 지구 행성이 파괴되고 인류가 멸망을 반복하는 리셋으로 가고 있다. '○○악'의 기운을 멸망시키기 위한 '○○악'의 추종자들을 심판하는 말세가 도래하였다.

'○○악'의 기운이 모두 인간 육신 마음 안에 들어가 있기에 '○○악'을 처단하는 심판을 집행하면 인간 육신들도 불행을 피할 수 없으므로 종교를 떠나 龍의 제국에 들어와 '악'의 기운부터 소멸시켜야 인간 육신들과 영들의 재앙을 막을 수 있다.

수많은 우주 행성들에서 전쟁이 끊임없이 벌어지고 있는데, 지구 행성을 정복하려고 출동 대기 중인 '쿠올로메다케도스' 행성의 '칼 베데홀 자메칸' 제독(왕)은 인간 모습이고, 제복식 의복 착용, 인구 43억 5,000만 명, 아이큐 21,000, 신장 2.5미터, 지구 행성 대비 5배 크기.

우주의 중심에서 지구 행성 반대편에 위치. 행성은 971억 년 전 생성, 리셋 30번 반복, 문명은 72,000년 앞서, 이집트인들처럼 피부는 하얗고, 머리는 뒤로 묶었으며 남녀 평등.

또 다른 '우카바엘로크도스' 행성은 지구보다 37,250년 문명이 앞서 있고, 2,890억 년 전 생성, 아이큐 41,000, 수명 1,300년, 신장 2.5미터, 인구 35억, 현재 나이 1,172살, 지구에 내려오면 나이 14,000살 연장 가능, 신인류 시대 동참 선언.

목걸이형 7~8cm 만년필 레이저 무기. 레이저 총에 맞으면 사람이 재로 변하여 아무 흔적 없이 사라진다. 레이저 총의 이름은 '레타오우른도' 외계인 1명이 지구인 10만 명 제압 능력 보유, 1차 출동 대기 외계인 2,300명, 다른 외계행성도 동참하기 위해 출동 대기 상태, 신인류 시대 동참 선언.

전 세계에 설치한 지구방공망과 레이저 우주포를 순식간에 우주의 최첨단 무기로 무력화시키고 지구를 정복할 것이기에 핵무기가 무용지물이 된다. 그래서 악의 기운들을 심판하고, 지구 행성은 龍의 제국으로 새롭게 재편되면서 최첨단 고도 문명 사회로 발전하게 된다.

인간의 과학문명으로 이룰 수 없었던 우주의 고도 비행접시 문명이 지구 행성에 뿌리내리게 되어, 상용화되는 신인류 시대가 열린다. 우주 비행 기술이 보급되어 자동차가 사라지고, 날아다니는 무소음의 우주 함선과 승용차 크기 개인 자가용 비행체가 개발되어 지구 반대편까지 3~5분 내 도착할 수 있는 신인류 첨단과학 문명 시대가 열리게 된다.

UFO가 자주 출몰하는 것은 지구 행성 정탐하는 것이고, 대우주 절대자 거대 황룡(龍의 황제) 龍의 대통령 최종 윤허(재가)를 기다리기 위함인데, 이 책을 통하여 지구인들에게 4명의 악이 세운 종교(악교)에서 벗어나 살아남을 수 있는 기회를 다시 한 번 주는 것이다.

외계 행성인들이 지구 행성을 정복하면 악교(종교)를 믿는 사람들과 천상에서 지은 죄를 절대자 거대 황룡(龍의 황제) 龍의 대통령에게 용서 빌지 않는 사람들은 대부분 생체 실험 도구로 쓰이고, 갖고 있던 돈과 재물·보석 등을 모두 완전히 몰수당하고, 종과 노예로 살아가면서 죽지 않을 정도의 식사만 제공하는 비참한 세상이 열린다.

1·2차 역모 반란 주동자인 '○○악', '유영', '하누', '표경' 4명이 지구 행성에 퍼뜨린 악교(종교)를 믿는 역천자들은 이제 최종 선택해야 할 운명의 시간이 다가오고 있다.

외계인들이 지구 행성에 내려오고, 종교의 뿌리인 악교를 멸교하고, 144,000명의 신인류로 재창조되면 두뇌 지능 지수가 높아지며, 수명이 연장되고, 오장육부 장기와 피부 노화가 멈추어 젊음으로 회귀하는 신인류 시대가 열린다.

상식적으로 생각해 봐야 한다. 지금까지는 천상에서 일어난 일들을 알려주는 지도자가 없어서 몰랐지만 1·2차 역모 반란 주동자인 '○○악', '유영', '하누', '표경' 4명이 지구 행성에 퍼뜨린 악교(종교)를 믿는 것은 절대자 거대 황룡(龍의 황제) 龍의 대통령에게 대적하는 반역자 죄인들이다.

그런데 반역자 죄인들이 대우주 연방제국 4개 황실과 3,333개 제후국으로 어떻게 돌아갈 수 있다고 종교(악교)를 열심히 믿고 있는 것인지 각자들이 곰곰이 생각해 보기 바란다. 인류 모두는 1·2차 역모 반란 주동자인 '○○악', '유영', '하누', '표경' 4명에게 수천수만 년 동안 감쪽같이 속아왔다.

어차피 구원받지 못할 자들은 공상 소설이라며 안 믿을 것이고, 진짜 천명자(사명자)들은 기운에 이끌려 진실이라며 믿게 될 것이다. 너무 오랜 세월 '○○악', '유영', '하누', '표경' 4명이 뿌리내린 종교(악교) 사상에 빙의되어 있어서 악의 굴레를 빠져나오기가 쉽지는 않을 것이다.

그러나 새로운 144,000명의 반신반인 신인류 재벌 시대가 열리니 동참하려면 龍의 제국 그룹의 일원이 되어야 낙오되지 않는다. 거대 그룹일지라도 돈과 재물의 기운을 거두어들이면 기업이 파산하여 몰락하는 것은 1년도 안 걸린다.

144,000명의 신인류 재벌로 재창조되지 않고 버티는 대기업들은 자동적으로 龍의 제국 신인류 재벌 기업들에게 흡수 통합되어 기업의 이름이 사라진다. 龍의 제국에 동참하는 한국의 대기업들이 국내 경제와 세계 경제를 지배하는 거대 그룹으로 급속 성장하여 발전한다.

우주 행성과 지구 행성의 주인, 인류의 주인이 절대자 거대 황룡(龍의 황제) 용의 대통령이기에 거역하면 기운이 끊어지고, 기운이 끊어지면 인간이든 기업이든 몰락하는 것은 시간 문제이고 순식간에 무너진다.

그리고 현생에서의 삶만 있다고 생각하면 큰 오산이다. 죽음 이후의 삶이 더 무섭기 때문에 육신 살아생전 절대자 거대 황룡(龍의 황제) 龍의 대통령에게 천상승천의 명을 받지 못하고 죽으면 지위 고하를 막론하고, 동두칠성 7개 별 지옥도로 입도하게 된다.

수천수만 년 동안 철석같이 믿어왔던 지구 행성의 모든 종교가 '○○악'이 세운 종교이고, 외국 조상귀신들을 수입해서 숭배하는 곳이 종교라는 진실을 난생처음으로 알게 되었다. 이제 여러분은 어떤 선택을 할 것인지 기로에 놓이게 되었다.

천상세계, 사후세계를 다스리는 대우주 절대자는 거대 황룡 龍의 대통령이기에 종교에 줄을 서 있으면 구원받기는커녕 날벼락 맞을 일만 남았고, 지옥도 입문 0순위이다.

살아서는 고통과 불행이 잇따르고 죽어서는 영원히 동두칠성 7개 지옥도를 벗어날 수가 없다. 종교 믿는 열성 신도들은 오히려 부정하고 무시하며 종교 사상과 이론이 맞다고 주장하겠지만, 그것 역시 각자들의 자유이다. 지옥이 어떤 곳인지 몰라서 사후세계 무서움을 모르고 살아간다.

어디로 갈 것인지 정했는가?

지구 행성에 태어나서 저마다의 삶을 마감하고 언젠가 죽으면 어디론가 떠나야 하는데, 여러분들은 갈 길을 찾아놓고 살아가는가?

이 책을 읽기 전까지는 모든 종교에서 말하는 좋은 곳으로 알려진 천국, 천당, 극락, 선경세상으로 갈 것이라는 부푼 꿈을 안고 마음의 위안을 삼으며, 종교에 열심히 의지한 채로 이 세상을 살아가고 있다.

그런데 수천수만 년 동안 종교(악교)에서 전하는 천국, 천당, 극락, 선경세상으로 갈 수 있다는 꿈이 산산이 부서지는 진실을 알게 되었다.

지구 행성에 세워진 모든 종교가 천상의 1·2차 역모 반란 주동자 '○○악', '유영', '하누', '표경'이 세운 악교였기에 천상으로 돌아갈 수 없다는 엄청난 진실을 읽고, 머릿속이 텅 비어지면서 패닉에 빠진 사람들이 많을 것이다.

이 책 내용을 곧이곧대로 믿어야 하나, 말아야 하나 갈등과 고민이 무척 많아 결정을 못 내리고 갈팡질팡하며, 어떻게! 어떻게! 하지 하면서 마음을 종잡을 수 없으리라.

결정 내리는 것은 쉽다. 둘 중에 하나!
1. 이 책 내용을 100% 믿고 따르는 길
2. 무시하고 다니던 종교를 믿고 따르는 길

사람이 죽어서 가야 할 네 갈래 길이 있다.
1. 천상으로 올라가는 길
2. 지옥으로 끌려가는 길
3. 축생으로 윤회하는 길
4. 허공중천을 떠도는 길

이미 가야 할 길은 정해져 있는데, 여러분들만 모르고 착각 속에서 살아갈 뿐이다. 종교는 악이 세운 곳이기에 종교를 통해서는 천상으로 돌아갈 수 없다는 진실을 알게 되었다.

종교 사상에 오랜 세월 세뇌된 사람들은 아무리 말해 주어도 믿지 않을 것이니, 각자들이 생각하던 대로 천국, 천당, 극락, 선경세상으로 갈 것이라고 믿으며 살아가면 된다.

고민과 갈등이 생기는 사람들만 결단을 내려 龍의 대통령 명을 받아 천상으로 돌아가면 된다. 지구 행성에서 천상으로 올라가는 문은 龍의 제국 한 곳뿐이다. 받아들여 인정하든 하지 않든 진실만을 알려주는 것이니, 선택은 각자 몫이다.

이 책 내용이 소설 같아서 못 믿겠다면 자신의 사고방식대로 살다가 사후세계로 들어가면 된다. 살아서는 죗값을 바치고 빌면 얼마든지 죄를 용서해 줄 수 있지만, 죽어 귀신이 되어서는 잘못했다고 아무리 용서 빌어도 받아주지 않으니 죄를 빌 생각조차 아예 안 하는 게 좋다.

龍의 대통령이 대우주에서 유일한 죄 사면권자이다. 종교 안에서 하는 회개, 참회하는 것 모두 소용없는 무용지물이다. 누구에게 어떤 죄를 지었는지 모르면서 어디다가 죄를 사면해 달라고 빌고 있는 것인가?

지구 행성에서 지은 죄만 용서 빈다고 되는 줄 알고 있으니, 기가 막힌 일이다. 천상에서 살았을 때의 원초적인 죄를 빌어야지 지구 행성에 태어나서 지은 죄만 빈다고 구원이 된다고 생각하며 살아가는 것인가?

진정으로 죄를 빌려면 천생, 전생, 현생 등 3생에서 지은 죄를 알고 나서 빌어야 죄를 사면해 줄 수 있다. 지구에 태어나기 전까지 축생 포함 무수한 전생이 있었다.

난생처음 들어보는 대단한 내용이라서 의심부터 하는 것이 사람의 생리인데, 진위 여부는 각자 마음으로 느껴지는 기운으로 판단하는 것이기에 자신들의 몫이다.

이곳은 일반 서민들은 들어올 수 없는 상류층들만을 위한 특별한 龍의 제국이고, 여러분과 우주 행성인들, 축생들의 운명도 龍의 대통령에 의해서 운명이 좌우된다.

그래서 龍의 대통령이 인류 대통령, 지구 대통령, 우주 대통령이기에 몸값은 지구 행성의 금전으로는 환산할 수 없는 측정 불가이고, 친견 알현비는 공감하는 만큼 제시하면 된다. 이 책을 읽고 공감하는 사람들은 천운이 열린 행운아들이고, 현실세계와 사후세계를 살아가는 데 근심 걱정할 필요가 하나도 없다.

상류층 여러분이 이번 생에 지구 행성에 태어난 목적은 딱 하나이다. 龍의 대통령 인간 육신을 만나 지구 행성에 태어나기 전 대우주 연방제국에 있는 4개의 천상 황실과 3,333개 제후국으로 다시 돌아가는 천명을 받기 위함이다.

육신 살아생전 龍의 대통령 인간 육신을 친견 알현해서 천상 승천의 명을 받지 못하고 죽으면 왕, 대통령, 재벌, 고위공직자의 지위 고하를 막론하고 지옥도, 축생으로 윤회(환생), 허공중천을 면할 수 없다.

인정하기 싫겠지만 현실과 사후세계를 절대 보장받으려면 무조건 인정해야 한다. 대문 밖이 저승길인데, 언제 떠날지 모르고 매일같이 불안 초조하게 살아가지 말고, 살아생전 龍의 대통령 친견 알현해서 천상승천의 명을 받아두면 갑자기 세상을 떠나도 죽음이 두렵거나 무섭지도 않고, 천상으로 바로 승천하게 되는 특권을 누린다.

계급(그릇)에 따라 몸값이 달라

　사람들은 저마다의 몸값이 각기 정해져 있다.
　특히 전직 대법원장, 대법관, 고법판사, 지법판사, 검찰총장, 대검검사, 고등검사, 지방검사 출신들이 변호사 개업하고 사건을 수임할 때, 현직에서 어떤 계급으로 있다가 변호사 개업을 했는지에 따라 몸값이 천차만별로 다르다.

　현직의 막강한 영향력을 행사하기 때문에 대형 로펌에서 몇 억, 몇십 억의 거액을 제시하며 영입해 가는 것이 법조계의 모습들이다. 이것이 바로 동료 법조인들과 거미줄 인맥으로 재판에서 막강한 영향력을 행사하여 승소할 수 있는 권력을 가진 힘(기운)의 크기를 나타낸 무형의 자산이기에 비싸더라도 거액의 몸값을 아낌없이 지불하는 것이다.

　대그룹 회장과 중소기업 회장의 연봉도 당연히 기업의 규모 크기에 따라 다르고, 임직원들 연봉도 천차만별이듯 모든 것에 신분과 서열이 자연스럽게 정해져 있다.

　대우주의 그레이엄 수에 달하는 행성인들과 신명들도 헤아릴 수 없이 많지만 모두 이름이 있고, 신분과 계급에 따라 녹봉

(연봉)도 천차만별로 다르다. 신명들도 정해진 품계에 따라서 녹봉을 받고 공무를 수행한다.

2023년 1월 기준 드라마 1회 출연료가 이정재 오징어 게임 1회당 출연료 10억이고 영화 최고 기준 확정 10억+10% 지분. 김수현 5억 원, 15년 전 태왕사신기 배용준 2억 5,000만 원, 이영애 대장금 2억 원, 이종석·지창우·이민호·송혜교 2억, 송중기 1억 8,000만 원, 현빈 1억 7,000만 원, 이병헌 1억 5,000만 원, 송강호·이병헌·하정우 1억 2,000만 원, 이승기 1억 원, 아이리스 1억 원.

인기 가수들이 노래 3곡과 앵콜송 한 곡 부르는데 통상 16분 정도 걸린다. 이들의 1회당 출연료 몸값이다.

김호중 1회당 4,000만 원, 송가인 3,500만 원, 영탁 3,000만 원, 이찬원 2,800만 원, 정동원 2,500만 원, 장민호 2,500만 원, 장윤정 2,500만 원, MC 유재석 2,500만 원, 김희재 2,200만 원, 양지은 2,000만 원, 진해성 2,000만 원, 강혜연 1,700만 원, 김연자·홍진영 1,500만 원.

홍지윤 1,500만 원, 김태연·김다현 1,500만 원, 은가은 1,200만 원, 조명섭·박군 1,200만 원, 나태주 1,200만 원, 인지도 있고 히트곡 3곡 이상인 진성·송대관·설운도·태진아·박현빈 1,000만 원, 박서진 800만 원을 받는데, 시기별, 지역별, 작가, 감독에 따라 다르다.

16분 남짓 출연하는데 몇천만 원을 받고, 드라마 1회당 출연료로 몇 억을 받는다. 워런 버핏은 식사 한 번 하는 데 40억이다. 그럼 龍의 대통령이 인류 대통령, 지구 대통령, 우주 대통령인데, 한 번 친견 알현하는 데 얼마를 받아야할까?

※ 먼저 "친견 알현비가 얼마예요?"라고 전화로 물어보지 말고, 여러분의 기업 규모나 각자들의 경제능력 범위 안에서 자신의 그릇 크기대로 친견 알현비를 먼저 제시하면 적정 여부를 서로 조율한 후 출장 자문에 응할 것이다.

대우주의 통치자 거대 황룡인 龍의 주군, 龍의 절대자, 龍의 대황제, 龍의 대통령 친견 알현비는 재계 서열 순위에 비례한다. 친견 알현비를 송금과 동시에 천상장부에 실시간 기록되고, 나중에 천상에 오르면 큰 자산이 된다.

지상에서 바친 금전을 천상에서 골드 화폐로 환전해 주기 때문이다. 그래서 전혀 아까울 것이 없고, 천상의 자신 은행 계좌에 저축하는 것과 같아 최대한 많이 바치는 것이 좋다.

친견 알현비와 의식 비용 모두 마찬가지로 龍의 제국 계좌로 입금하면 각자들의 천상은행 계좌가 자동 생성되고 입금된다. 그래서 언제 갑자기 죽더라도 천상에 올라가서 자신들이 자유롭게 사용할 수 있는 특혜를 준다. 지구 행성에서는 龍의 대통령에게 바치는 금전이지만, 천상에 올라가서 쓸 수 있기에 결국 자기 자신들에게 바치는 금전과 같다.

대우주 절대자 龍의 대통령을 친견 알현하는 것은 천상으로 승천을 예약할 수 있는 자격이 주어진 것이다. 인명은 재천이듯, 인류 모두는 어느 날 갑자기 세상을 떠날 수 있기에 육신 살아생전 상류층들은 최대한 돈을 많이 바치는 것이 자신의 현실세계와 미래 사후세계를 보장받는 길이다.

돈을 바칠 수 있는 것도 절대자 龍의 대통령 인간 육신이 살아있을 때만 바칠 수 있다. 그래서 이 책을 읽어보는 사람들은 천문이 열린 사람들이기에 행으로 실천만 하면 된다.

여러분들이 살아생전 龍의 대통령 인간 육신에게 바치지 않는 지구 행성의 돈은 천상으로 한 푼도 가져갈 수 없기에 무용지물이고, 죽음과 동시에 돈은 연기처럼 사라진다. 자녀들에게 유산으로 물려줄 수는 있지만, 죽는 순간 자신의 것이 아니기에 한 푼도 사용할 수 없다는 것을 알아야 한다.

그래서 자신의 사후세계를 확실히 준비하기 위해서는 龍의 제국 계좌에 최대한 많이 입금하면 자신의 천상계좌가 자동 생성되고 실시간 이체된다. 공상 소설이라고 생각할 테지만 이것이 실제 상황이다. 여러분들의 눈과 귀로 볼 수 없는 세계는 모두가 공상 세계이지만 실제로 존재한다.

자신들의 사후세계 몸값을 얼마로 만들 것인지는 지구 행성에서 살아생전 죗값과 의식 비용으로 돈을 얼마나 바치고 세상을 떠나는가에 달려 있다.

돈과 재물, 권력과 명예의 주인은?

돈과 재물, 권력과 명예를 얻는 것과 지키는 것은 인간의 능력 밖의 일이다. 돈과 재물, 권력과 명예의 주인은 모두가 여러분 인간 육신이라고 생각하며 살아가고 있을 테지만, 실제 주인은 龍의 제국 거대 황룡인 대우주 절대 통치자, 龍의 주군, 龍의 절대자, 龍의 대황제, 龍의 대통령이다.

그래서 현생에서 살아서만 지킬 것이 아니라 사후세계까지 지키고 가져가야 하지 않겠는가? 그 많은 돈들은 죽어서는 한 푼도 쓸 수 없다. 거액의 재산은 자동 상속되어 자녀들은 좋아하겠지만 당사자인 여러분은 세상을 떠나는 순간 재벌 부자에서 처량맞은 거지 신세로 전락하게 된다.

죽는 순간 부자들이 생전에 가졌던 수백억, 수천억, 수십조의 돈을 한 푼도 쓸 수 없고, 거액의 상속 세금을 내고 자손이나 후손들이 물려받게 되는데, 정작 여러분은 부자에서 빈털터리 거지 신세로 아프리카 빈민촌이나 다른 외계 행성에서 종으로 태어나 비참하게 살아가게 환생(윤회) 법도가 정해져 있다.

부자들의 다음 세상은 거지가 되어야 하기 때문인데, 이것이 우주 법도에서 정해 놓은 음양의 이치이다. 부자로 잘살았으면 반대로 가난하게 살아보라는 것이 대우주 통치자인 거대 황룡 龍의 절대자, 龍의 대황제, 龍의 대통령 뜻이다.

재벌 부자로 살다가 죽어서 너무 고통스러워 자손이나 후손들에게 살려 달라, 구해 달라 아무리 외쳐도 말이 통하지 않아 미쳐버린다. 설령 안다고 해도 간절한 마음도 없고 돈이 아까워 적극적으로 구해주려고 하지 않는다는 것이 확인되었다.

그래서 龍의 대통령 책을 읽고, 龍의 제국에 들어오는 것이 여러분의 목숨보다 더 중요하다. 목숨은 언젠가는 죽지만 龍의 대통령을 친견 알현하여 천상승천의 명을 받거나 반신반인의 144,000명 신인류 재벌로 재창조되면 살아서도 보호받고, 죽어서는 천상에서 영생하는 길이 열리기 때문이다.

한세상을 호령하던 재벌 총수들이 몽땅 거지로 살아간다는 사후세계 진실을 안다면 자손이나 후손들은 기겁하고 패닉에 빠질 것이다. 거짓말 같지만 재벌 총수들의 영혼들을 불러서 어디에 가 있는지 실시간 생생하게 확인시켜 줄 수 있다.

공상 소설같이 느껴지겠지만, 사후세계나 천상세계 모두 인간의 최첨단 과학문명의 능력이 닿지 않는 곳이기에 여러분들에게는 공상 세계일 수밖에 없다. 하지만 실제로 존재하는 사후세계, 천상세계이기에 진실 앞에 깨끗이 승복하고, 인정하는 사람들이 가장 현명하다.

나는 새도 떨어뜨리는 생전의 권력과 명예는 사후세계로는 아무도 가져갈 수 없다는 것 다 알고 있다. 하지만 龍의 제국에서는 권력과 명예도 천상으로 가져갈 수 있는 길이 열려 있다. 왜냐하면 거대 황룡 龍의 대황제, 龍의 대통령이 사후세계와 천상세계 주인이기 때문에 천상의 대우주 연방제국 4개 황실과 3,333개 제후국 벼슬을 하사할 수 있기 때문이다.

현재 왕, 대통령, 총리, 부총리, 장관, 차관, 고위공직자, 정치인, 시도 및 시·군·구 지자체장, 국회의원, 시도 및 시·군·구의원 등 권력 실세들은 이번 생을 마지막으로 龍의 대통령에게 천상승천의 명을 받지 못하고 죽으면 지금과는 정반대의 가난한 고통스런 거지의 삶을 살아가야 한다.

지옥으로 떨어지든, 지구밖 외계 행성에서 종이나 하인으로 태어나 천대받으며, 상전을 받드는 비참한 생활을 하게 되어 있다. 밤이 있으면 낮이 있듯이 사후세계도 마찬가지 이치로 음양법칙에 따라 순회하여 태어나게 된다. 물론 지은 죄가 많은 자들은 죄를 빌지 않고 죽으면 지옥도로 압송된다.

지옥도로 압송될 우선 순위 사람들은 악이 세운 종교를 믿은 사람들, 龍의 대통령과 저자 인간 육신을 비난, 험담, 욕설, 조롱거린 자들은 최우선 지옥도 압송 대상자들이다.

동두칠성 7개 별의 7,000경에 이르는 지옥도에서 350억 가지 종류의 형벌을 받게 되는 것이 현실적으로는 상상 불가라 이해가 안 될 것이지만 현재 그대로 집행되고 있다.

그래서 지구 행성에서 지옥도를 면하고 천상으로 오르는 유일한 길이 龍의 제국에 있고, 거대 황룡 龍의 대통령 위상은 여러분이 갖고 있는 모든 돈과 재물, 권력과 명예, 목숨보다도 더 중요하다는 사실을 인정하고 받아들여야 하고, 龍의 대통령과 저자의 값어치는 금전으로 측정 불가이다.

천재 수재급의 두뇌를 가진 여러분들은 인간세상 법도는 달통하여 알겠지만, 하늘세계 법도는 아무도 알 수 없는 고차원적인 龍의 대통령 고유 영역이자 고유 권한이기 때문이다. 안다고 해봐야 악의 기운이 흐르는 종교지도자들이 전해 준 내용을 들은 것이 전부일 뿐이다.

여러분이 좋아하는 돈과 재물, 권력과 명예, 수명과 건강의 주인은 대우주 통치자 거대 황룡 龍의 대황제, 龍의 대통령이다. 더 많이 벌어들이고, 더 높게 오르는 것과 오래도록 사후세계까지 가져가고 지키는 것도 龍의 대통령, 인류 대통령, 지구 대통령, 우주 대통령의 기운에 따라 좌우된다.

지상의 부귀영화를 죽어서 천상으로까지 이어지게 해주는 지구 행성의 유일한 곳이 龍의 그룹인 龍의 제국이기에 여러분들의 근심 걱정을 모두 풀어줄 수 있고, 현실적으로 안고 있는 궁금증들을 속시원히 모두 해소해 줄 것이다.

모두가 행해야 할 천상의식

　모두가 남들보다 더 많은 돈과 재물, 권력과 명예를 누리고 싶어 하는데, 현재의 각자 직업들이 대우주 연방제국에서 가졌던 직업들이란 걸 알고 살아가는 사람들은 없을 것이다. 한 치의 오차도 없이 그대로 지구 행성에서 살아가고 있기에 천성과 천직은 버리지 못하고 영원히 변치 않는다는 것이 증명되었다.

　천상의 삶을 기록한 천생록을 뽑아보면 현재의 직업군들이 천상에서 그런 직업에 종사하던 자들이었다. 龍의 대통령을 친견 알현하면 인간, 생령(영혼), 사령(조상), 신명들이 각기 원하는 소원을 이룰 수 있는 전무후무한 가장 빠른 지름길이다.

　인간 육신들은 돈과 재물, 권력과 명예를 가장 중요하게 생각하고 이 세상을 떠나는 날까지 영원히 변치 않고, 죽어서까지 이어지기를 원하고 바라기에 옛날 왕조시대에는 거대 왕릉에 온갖 귀금속의 부산물을 넣기도 하였다.

　그래서 왕릉을 파헤치고 보물을 도굴하는 사례도 종종 보도되고 있다. 그리고 죽어서도 시중들라고 종들까지도 산 채로 매장하던 시절도 있었는데, 이제는 우주의 진실이 상세히 밝혀지고 있기에 모든 풍습과 관습을 내려놓을 때가 되었다.

　종교(악교)는 여러분들을 무서운 형벌이 가해지는 죽음의 지옥으로 인도할 뿐이라는 진실을 처음 들어 믿어지지도 않을 것이다. 천상의 1차·2차 역모 반란 주동자 '○○악', '유영', '하누', '표경'이 악교를 세워 龍의 대통령을 따르지 못하도록 수천 년 전부터 계획하고 악교 사상과 교리로 세뇌시켜 놓았다.

　인간 육신들은 몇십 년 잠시 잠깐 살다 가는 인생이 전부인 양 돈과 재물, 권력과 명예에 혈안이 되어 있지만, 인간 몸 안에 보이지 않는 영적 존재들인 생령(본인 영혼), 사령(조상), 신명들은 인간 육신이 죽으면 다음 세상이 너무나 무섭고 두려워서 어딘가에라도 의지하려고 악교(종교)를 다니고 있는 것이다.

　인간 육신과 영적 존재들이 추구하는 방향이 각기 다르다. 인간들은 물질이 우선이고, 영들은 다시 한 번 절대자를 친견 알현하여 영혼의 고향인 천상의 대우주 연방제국으로 돌아가는 것이 유일한 꿈이지만, 깨닫지 못한 영들은 악교(악교)가 진짜인 줄 알고 인간 육신을 데리고 열심히 다니고 있다.

　인간들과 영들이 서로가 잘 만나야 하는데, 그게 쉽지가 않다. 수천 경의 닭들 중에 한 마리의 봉황이 숨겨져 있는데, 과연 그리 쉽게 찾아질까? 여러분 몸 안에서 영들과 악들이 함께 이 책을 읽어보고 있을 것인데, 긍정적인 생각이 드는 자와 부정적인 생각이 드는 자 중에 누가 이기느냐가 관건이다.

여러분의 구성은 인간, 생령(영혼), 사령(조상), 신명들로 이루어져 있는데, 인간들이 더 크게 더 높게 부흥번창하기 위한 의식이 있고, 생령(영혼), 사령(조상), 신명들이 원하고 바라는 의식들이 각기 정해져 있다. 꼭 행해야 할 의식들 순서이다.

1) 허공중천을 떠돌고 있는 춥고 배고픈 조상들과 지옥에 떨어진 조상들을 구해 주는 조상 천상승천 의식

2) 생령(본인의 영혼)을 구해 주어 죽어서 귀신이 안 되고, 지옥을 면하게 해서 천상으로 오르게 해주는 천인합체 의식

3) 몸 안에 있는 신명들을 천상으로 올려보내고 천상의 아이큐 100조짜리 고급신명들과 합체하여 반신반인의 144,000명 재벌 신인류로 다시 태어나는 신인합체 의식 (신인류 탄생)

4) 龍의 황제, 돈의 황제 기운을 받아들여 권력과 명예, 사업발전을 크게 이룰 수 있는 도인합체 의식

5) 수명 장생하기 위한 천수장생 의식

6) 지상에서 누리던 권력을 천상으로 가져가 천상의 높은 벼슬을 예약하는 벼슬천고 의식

7) 지상의 돈과 재물을 천상은행에 예치하여 천상의 생활을

부유하게 만들 재물천고 의식이 있다.

7개 의식들은 각각 의식마다 품계와 등급이 정해져 있기에 자신들이 원하고 바라는 품계 등급으로 의식을 행하면 된다. 의식 진행은 친견 알현 후 의식 비용이 준비되면 당일 행할 수 있고, 아니면 예약하여 날짜를 맞추어서 행할 수 있다.

출장 가서 자신들의 사무실이나 집에서 행할 수 있는데 선택은 상황에 따라 자유 선택이 가능하다.

신성한 천상 황실의식이기에 악교(종교)에서 행하는 방식의 제물은 일절 차리지 않으며, 경문 독송 같은 것 없고, 바로 절대자 거대 황룡(龍의 황제), 돈의 황제, 龍의 대통령 황명 기운으로 의식이 속전속결 일사천리로 진행되며 의식 진행 시간은 친견 알현 시간 포함해서 1개 의식을 진행하는데, 2시간 이상 6시간까지 상황에 따라 유동적이다.

모든 의식에는 대우주 연방제국을 다스리는 절대자 거대 황룡(龍의 황제), 돈의 황제, 천상신명들과 龍들이 함께 참석하는 아주 귀중한 의식이다.

보는 의식은 생사여탈권자인 절대자 거대 황룡(龍의 황제), 돈의 황제, 龍의 대통령이 직접 주관하고, 천상신명들과 龍들이 명을 받아 공무 수행을 한다. 조상 천상승천 의식 준비물은 5대 조상까지 명단과 가족관계 명단(주소, 음력 생년월일).

† 책을 맺으면서

 세상은 매일 한 치 앞도 알 수 없는 어둠의 세상을 걷고 있고, 이 세상이 어떻게 되려는지 걱정들이 이만저만이 아니다. 가정은 가정대로, 기업은 기업대로, 국가는 국가대로 안개 속에서 헤매고 있지만 난세를 해결할 영웅은 누구인가?

 민족과 인류를 이끌어갈 만한 강력한 영도자가 없어서 난파선과 같은 풍전등화의 운명이다. 3년째 지속되고 있는 괴질병과 기후변화와 기상이변의 천재지변, 미국발 금융위기 전 세계 확산 일보 직전, 러·우 전쟁 지속.

 북한의 끝없는 핵무력 도발, 미국과 중국의 무역전쟁, 대만 분쟁, 일본에 대한 분노 고조, 대기업·중소기업들의 불황, 자영업자들의 파산, 노동자들의 투쟁, 자살자들 속출, 산불과 화재, 대형 사건사고 등등 한 치 앞도 내다볼 수 없는 상황이다.

 이 나라를 살릴 수 있는 무소불위의 능력자는 절대자 龍의 대통령뿐이다. 일단 대기업을 살려야 중소기업이 살아나고, 더불어 자영업자, 직장인들의 살길이 열린다. 결국 대기업들이 앞장서야 하고 과감한 투자를 해야 경기가 살아난다.

미국발 SVB 실리콘 밸리 은행 파산으로 예금자들은 국내 은행들도 불똥이 튀지 않을까 전전긍긍하고 있다. 국내 상황과 국제 정세를 인간의 노력으로는 해결하기가 불가능하다. 3년 동안 지속되고 있는 괴질병과 러·우 전쟁, 미·중 무역 전쟁, 기후변화, 천재지변으로 인한 경기 불황으로 전 세계 경제가 어렵다.

이러한 국내 문제와 국제 문제 모두를 해결할 수 있는 유일한 길은 권력자들과 상류층들이 龍의 제국으로 함께 모여 절대자 龍의 대통령과 함께하면 지금의 난세를 풀어갈 수 있다.

얽히고설킨 국제 문제를 누가 나서서 풀 수 있겠는가?
인간의 능력으로는 절대 불가능한 일이란 걸 모두가 잘 알고 있을 것이고, 국내 문제만 풀어진다고 해결될 일이 아니라 국제 문제도 함께 풀어져야만 수출의 길도 열린다. 이 나라와 세계 인류가 원하고 바라는 모든 해법의 열쇠는 절대자 龍의 대통령이 갖고 있으니, 해법을 찾아가기 바란다.

우주에는 인간들이 모르는 공상세계 같은 고차원적 영역이고, 그곳의 수많은 나라들을 제후국이라 부르며, 가문의 혈통을 엄청 중요시하는데, 인간세상과 비유하자면 각 나라의 왕, 여왕, 대통령과 같은 권력자로서 경쟁이 치열하다.

천상의 제후국이 3,333개이고, 이곳은 지상의 정부와 똑같은 제후국 정부이다. 이들 모두의 국가 명칭과 제후 이름이 있